主编的话

在学界同仁的帮助下，《比较文学与跨文化研究》第一期终于化蛹成蝶，与读者见面了。带着感恩，我们将不忘初心，砥砺前行。

比较文学与跨文化研究在西方由来已久，但时下遭遇逆风，前者被部分国外学者渲染成“死亡”学科，后者陷入“文化泛论”的困境。比较文学自诞生之日起就“危机四伏”，从法国中心主义的比较文学论调，到美国的“文学性”美学观点，再到“文化转向”和“学科之死”的纷争，其学科史无不呈现在争议中前行的特点。表面上是学术观点相左，实质上是权力话语之争，不乏政治隐喻。跨文化研究亦称“比较文化研究”，早期源于人类学和社会学的研究成果，经历了文化类同性和差异性研究的不同阶段。进入全球化时代之后，跨文化研究的交叉学科属性日趋明显，涉及传播学、文学、历史学、哲学、社会心理学和人类学等多个学科，甚至在技术的推动下进入自然科学领域。也正由于此，其边界模糊不清的泛文化性备受诟病。

任何危机都蕴含着机遇。比较文学与跨文化研究在国外的“危机”恰恰是展现中国学者智慧的难得机遇。“这是最好的时代，也是最坏的时代；这是智慧的时代，也是愚蠢的时代……”狄更斯100多年前的话，依然构成对当下时代的隐喻。眼下反全球化的民粹主义思潮似有蔓延之势，单边主义、甚至新民族主义有将世界拖入更大动荡、甚至冲突的危险。但我们更希望通过中国学界，乃至国际学界的共同努力，把“最坏的时代和愚蠢的时代”变成“最好的时代和智慧的时代”，并贡献自己的才智。中华文明是世界上最古老的文明之一，在现代转型中正呈现勃勃生机。在西方社会陷入种种危机之时，世界正把眼光投向正在迅速崛起的中国。国际上有识之士也希望中国有历史担当和世界情怀，一起携手共建“人类命运共同体”。在这个大背景下，我们应该把握机遇，在充分吸收中华文明优秀遗产精髓的基础上，以中国文化博大精深的思想为根本、基准，而不是西方文化理论观点为参照，来研究世界性学术问题。

文学是思想、情感存在的家，文化是价值、精神存在的家。尽管比较文学与跨文化研究属于基础性的人文研究，经济价值有限，但在各种思想激荡、矛盾交织的“最坏的时代和愚蠢的时代”，其沟通心灵、促进交流的作用越发显得重要。比较文学研究是跨越国界的文学间性研究，越来越具有跨文化、跨学科性质，展现了不同文学、文化之间相互影响、相互借鉴、甚至相互融合的关系。比较文学既是文学的本体论研究、认识论研究，也可以是方法论研究和辩证论研究。文学与文化密不可分，文学作为文化生动而形象的载体和有力的传播者，在人类文明进程中发挥着不可替代的独特作用。它通过文字和文本，既创造性地发挥其承载功能，表征文化，又通过具有文化内涵的文学表达，感受文明的进程和发达程度，使之成为文明的感受器和活化石。与此同时，文化和文明又是文学创作取之不尽、用之不竭的资源，为文学的繁荣发展提供了肥沃的土壤。文化既是多彩的和多元的，也是平等的和包容的。跨文化研究并非泛文化研究，不仅在宏观上与文学、哲学、历史、传播等密切关联，而且在微观上与文化记忆、民族身份和国家认同等不无关系。跨文化研究无法绕开多元文化，甚至是跨文化研究的起点，即使将多元文化视为一种视角或者方法来研究文学，也可以考察人与自然、人与人、人与社会、人与自我等复杂关系及其蕴藏的价值观和话语权力机制。比较文学与跨文化研究的内容和方法多种多样，但它们共同揭示的是文明互学互鉴、文化交流共生的人类精神。

每年两期的《比较文学与跨文化研究》丛刊，坚持开放、包容的理念，秉承交叉、融合的跨学科原则，热忱欢迎国内外学者赐稿，并就学术思想前沿、多元文化、国别与区域文学、比较文学和翻译、跨文化交际等话题发表独特洞见，为构建中国风格的学术话语体系做出贡献。我们期待，在大家的呵护下，这个丛刊尽快从“蒿草萌芽方破土”发展成“一棹白花次第开”、甚至“清姿馥郁艳群芳”的局面。

彭青龙

2017 年 1 月 10 日

比较文学与跨文化研究

Comparative Literature and Transcultural Studies

第1卷　第1期　2017年6月

目　录

当前外国文学的若干问题

陈众议

© 2017 比较文学与跨文化研究（1），1–5 页

内容提要：外国文学和文学理论“大破”之后远未大立。尽管它们正在或已然“转向”，但这种“转向”所导致的依然是发散性的多元。于是，“甲方唱罢乙登场”变成了共时性狂欢。这不仅在当下，而且在可以想见的未来也将是一种“国际化”常态，它符合跨国资本主义的发展态势。同时我们也应看到，多数外国学者，包括西方学者一直孜孜矻矻地执著于文学经典，或者回归了“本体阐释”、“传统方法”。他们并非不了解形形色色的当代文论，却大都采取有用取之，无用弃之的新老实用主义态度。但是，我国的一些外国文学研究者近来却有意无意地将歌德式的世界主义和马克思主义的国际主义混为一谈，从而模糊了空想与科学的界限。

关键词：转向　世界主义　国际化

名家思想

一

正所谓“他山之石，可以攻玉”，外国文学及文论的译介和研究本该为我国的文学创作和批评理论、研究范式提供可资借鉴的有益养分，而不是来者不拒，甚至引发肠胃功能紊乱的盲目吞噬。且不说大多数西方学者一直孜孜于经典研究、“本体阐释”，一些曾经的后文学、后理论“新贵”也早已转向。譬如文学伦理学的发展，分析实证主义的回潮，生态批评与后人道主义的合流，认知美学的崛起等等，都是这种转向的佐证。以英美批评界为例，2012年至今，伊格尔顿[1]接连发表了试图重构文学理论的《文学事件》(2012)、《如何阅读文学》(2013) 及《文化与上帝之死》(2014) 等重要著述。它们是伊格尔顿回归文学本体及作家-作品-读者“三位一体”的一次“寻根之旅”，也是在“后信仰时代”强调文学教化功能和社会责任的有益尝试。[2] 同样，帕特里希亚·沃等人在《文学理论和批评：牛津导引》等相关著述中，对“后文学”、“后理论”进行了反思，并将“理论之后”或“后理论之后”的文学批评和文论归结为八大趋势，其中前四项为：(一) 运用现有理论进行文学阐释；(二) 关注作家写作，关注文学责任；(三) 重视心理学、精神分析和创伤理论；(四) 反思理论。后四项为：(一) 继续对抗经典，如后殖民研究及身体、空间、流散、幽灵等方面的研究；(二) 环境主义和生态批评；(三) 认知美学，如认知修辞、认知叙事学和新老诗学、接受美学等；(四) 后文学文化批评。[3] 尽管概括未必全面，但这里所昭示的已然是个大杂烩，它们至少不是清一色的“后主义”，而是既有“前”，也有“后”，并看多面。当然，这仅仅是一种概括，但问题是我们的一些学者似乎已经习惯了偏食，而且偏听偏信，以致沉溺于世界主义这样胡子眉毛一把抓的抽象话题。

世界主义由来已久，且从来内涵模糊、外延不清。它几乎可以追溯到遥远的先秦和古希腊时代。孔子曰：“大道之行也，天下为公。选贤举能，

---

1 伊格尔顿在《理论之后》(*After Theory*, London: Penguin, 2003) 一书中对文学及文学批评的自我放逐忧心忡忡，谓它们对道德伦理漠不关心，对邪恶和痛苦沉默寡言，对公平公正、真理和客观性羞羞答答、认识肤浅，久而久之，终于发现自己对重大问题丧失了发言权。

2 Terry Eagleton, *The Event of Literature*, Yale University Press, 2012.

3 Patricia Waugh, *Literary Theory and Criticism: An Oxford Guide*, Oxford: Oxford University Press, 2006.

讲信修睦。故人不独亲其亲，不独子其子。使老有所终，壮有所用，幼有所长，矜寡孤独废疾者皆有所养。男有分，女有归。货恶其弃于地也，不必藏于己。力恶其不出于身也，不必为己。是故谋闭而不兴，盗窃乱贼不作。故外户而不闭。是谓大同”（《礼记·礼运篇》）。同理，柏拉图在《理想国》中有过类似的怀想，他将理想国描绘得美轮美奂，并将国民划分为三个等级，即哲学家等级、勇士等级和大众等级；至于诗人缘何必须被逐，则是另一个话题。在他看来，大众受欲望驱使、按欲望行事，他们是体力劳动者，即工匠、商人和农民。勇士作为二等公民靠勇气生活，是国家的卫士（军人）。作为最高等级的哲学家（爱智者）则用智慧治理国家；一旦由智者掌握权力，那么动乱就无处栖身，天下也就太平了。这是文人的一厢情愿，美虽美矣，然非现实，及至两千多年以后的当今世界一仍其旧。

尽管孔子的大同社会和柏拉图的理想国都有明确的等级区分，却或可算作世界主义的雏形。而第欧根尼则是第一个用行为艺术践行了世界主义的“犬儒主义者”。他以世界公民自诩，并像印度托钵僧或浮浪者那样四处飘流，同时竭力宣扬友爱；这友爱不仅指向人类，而且兼及动物。

与此同时，世界在倾轧和反倾轧中飘摇、燃烧，再飘摇、再燃烧，没完没了。老子所谓的“大国者下流”（《道德经》）也完全是一厢情愿。一晃飘过许多时光，直至“现代宗教”在自然宗教的基础上脱颖而出，化生为形式相左、本质一致的精神慰藉（马克思则称之为鸦片）。在西方，《米兰敕令》颁布后，基督教成为罗马帝国的合法宗教。但是，随着罗马帝国的坍塌，基督教迅速向两个极端发展：一方面，纯爱主义、博爱主义大行其道；另一方面，宗教迫害愈演愈烈。前者表现为放弃一切世俗欲念的纯而又纯的“精神之爱”（类似于佛家的四大皆空）、“普世之爱”（这为资产阶级所利用）；而后者除了十字军东征，还有臭名昭著的宗教裁判所。[1]

十六世纪，新教崛起，德国迅速摆脱天主教“神圣罗马帝国”。正是在这样的背景下，德国率先完成了古典哲学的建构。一如文艺复兴运动，古典哲学，顾名思义，是对古希腊哲学的继承与发展，是明显的托古为今。同时，古典哲学从中世纪神学脱胎而出，并迅速作为后者的“天敌”呼应和发展了人文主义。作为相对独立的学科，古典哲学启程远航，扬起爱智的风帆。于是，理性被提到了至高无上的地位。在此基础上，康德提出了无限自由的概念。在他看来，“无限”不仅仅是思想，而且也是现实。世界万物皆有“自己”，有了“自己”的始终或“目的”。这是《判断力批判》的“整体论”思想。在这个只有人（或智者）才能发现和判断的“整体”中，一切皆是“自己”与“自己”的关系，这种关系并不能仅仅归结为机械的“因果”关系，而且也是“自由”关系。康德认为，倘使没有一个“完善因-终结因-目的因”，如何会有这样一种“杂多”中的“统一”局面呢？[2] 无独有偶，程颢有“万物静观皆自得”之说，“自得”即自我完善，人人处在“自由-和谐”的关系之中，而非“同中有异”，“异中有同”，“相生相克”，“相克相生”。在启蒙运动和法国大革命时期，自由、平等、博爱作为“普世价值”被进一步确定下来，以至于圣西门认为革命的主要动力是思想和思想者，而不是别的。圣西门声称，哲学家的主要任务，就是让人类的绝大多数过上幸福的生活。因此，他们必须认识最适合于社会的组织体系，并促使统治者和被统治者采纳与完善这种体系；而当它达到完善的最高阶段时，再将它推翻，并利用各方面的专家“建立新的体系”。[3] 这种观点多少回响着柏拉图的声音，同时又是法国资产阶级革命以后西方哲学思想的一次变异，为科学社会主义的产生提供了参照。

如果将世界主义这个模糊而又宏大的概念缩小至可喻的范畴，那么首先它与源远流长的理想主义一脉相承；其次它业已在跨国资本主义时代

1 宗教裁判所（Inquisitio Haereticae Pravitatis），或称异端裁判所，最早是公元1231年教皇格列高里九世授意多明我会设立的宗教法庭。此法庭负责侦查、审判和裁决异端，是天主教会的最高行政机关，曾监禁和处死无数异教徒和异见者。

2 叶秀山、王树人，《西方哲学史》第一卷，江苏人民出版社，2004年，第171页。

3《圣西门选集》第3卷，董果良、赵鸣远译，商务印书馆，1997年，第211页。

演化为残酷的现实：去民族化的“国际化”趋势；再次它的消费主义取向违背了文学经典的伟大传统。

然而，正是在“大同”、“博爱”等世界主义思想的指引下，“世界文学”被提到了议事日程。“世界文学”这个概念由德国浪漫主义作家歌德最先提出，歌德在浏览了《好逑传》等东方文学作品和亲历了欧洲文学的“相互作用”之后，于1827年首次宣告了“世界文学”时代的来临，并断言“民族文学不再重要”。[1] 此后，英国学者波斯奈特在《世界文学》一文中将人类受相似的社会发展过程所产生的文学规律泛化为“世界文学”，认为“这种过程可以在希伯来和阿拉伯、印度和中国文学中观察到”。[2] 同时，丹麦人勃兰兑斯从文学的翻译、流播看到了“世界文学”，“马洛、柯尔律治或雨果、左拉、易卜生等众多作家均不仅属于自己的国家”（《世》：48-52）。泰戈尔则认为伟大的文学没有国界，而“世界文学”乃是具有世界意识的作家合力构建的。“我们必须明确我们的目标：摆脱肤浅狭隘，在世界文学中探求普遍的人性”（《世》：53-64）。同样，郑振铎先生视文学为人类精神与情感的反映，而人性具有共通性，因此人类的文学也具有一致性，即“统一观”（《世》：66-76）。但马克思、恩格斯对“世界文学”的认知是建立在对资本从地区垄断到国家垄断再到国际垄断的批判性基础之上的，也就是说，他们认为它是资产阶级以自己的方式建立世界（包括物质和精神形态）的必然结果；同时，由于国际市场的建立，“民族的片面性和局限性日益成为不可能，于是由许多种民族的和地方的文学形成了一种世界的文学”，[3] 这也是事实。但它们是一个问题的两面，前提是资本对民族性的消解；而且在这个“世界文学”格局中，各民族和地方文学的地位并不平等。所谓的“世界文学”本质上不外乎欧美文学或极少数为欧美所认可的亚非拉作家作品。而我们，甚至不清楚周边国家文坛都有些什么，何谈“世界文学”？当然，世界文学作为一个实际的存在是另一回事，老挝有文学，柬埔寨有文学，缅甸也有文学，但世界市场和时流风尚有所偏侧，古来如此。

如今，在全球化时代，“世界文学”被许多学者视为人类情感“共舞”和精神“狂欢”的必然结果，不少人对此持审慎态度，甚至提醒共存和交流的背后正出现前所未有的文化单一性。持后一种观点的多为西方马克思主义者，其中包括詹姆逊、伊格尔顿、佛克马，以及一些比较文学研究家和东方文学翻译家如阿普特、韦努蒂等。

与此同时，世界文学市场已然形成，资本对文学的主导地位也已初露端倪。村上春树、阿特伍德、波拉尼奥、赛阿维达以及丹·布朗等（这个名单亦可无限延续）东西方作家的国际化、“全球化”取向和市场份额有目共睹。因此，村上战胜大江、阿特伍德战胜门罗、郭敬明战胜莫言在市场的天平上毫无悬念。

二

一如民族与世界的前述关系，民族文学不一定就是“世界文学”的组成部分。反过来说，所谓的“世界文学”恰恰是建立在消解民族文学，尤其是发展中国家民族文学传统基础上的。譬如当前“世界文学”的“国际化”或“全球化”倾向，概而括之，便大抵与以下因素有关：一是绝对的相对主义盛行；二是文化消费主义和文学国际市场的形成；三是文学创作机制、创作理念的改变，即“畅销书”背后不仅有文化工业和市场等强大的推手，也有理想主义脱离实际的面壁虚构，等等。这显然与《世界文学》杂志的宗旨背道而驰。

先说第三点（前两点则或可不言自明）：

例证之一：相对于门罗“经典化传统写作”的阿特伍德。后者创作于1969年的长篇处女作《可以吃的女人》讲述了一个凄美的故事：姑娘玛

1《歌德谈艺录》，朱光潜译，人民文学出版社，1978年，第113页。

2《世界文学理论读本》，达姆罗什等编，北京大学出版社，2013年，第31-46页。后文出自同一著作引文，将随文标出该书标题首字（《世》）和引文出处页码，不再另注。

3《马克思恩格斯选集》第1卷，人民出版社，1995年，第255页。

丽安有了未婚夫，正等着结婚。她上班下班，过着常人的生活。她喜欢她的生活，喜欢她的工作，但对未来的婚姻生活却充满了狐疑。于是，表面顺利、自然而然的日子悄悄发生变化，玛丽安发现自己并不喜欢就这么结婚、生子、一天天老去……这种内心的不安破坏着她的结婚计划，并对她的消化系统产生了影响。随着婚期的临近，玛丽安发现她愈来愈厌恶食品，简直无法正常进食了。最后她做了一个真人般大小的蛋糕，让它参加婚礼，自己却逃之夭夭了。1975年，阿特伍德发表了更为大胆的《强奸幻想》。小说甫一发表，便引起轩然大波，以至于当作者在美国结集出版其作品时，小说被编辑部“无情剔除”了，理由在于它的内容太过刺激。小说从某通俗杂志的一个俗不可耐的话题展开：《强奸，及其相关的十个问题》。这类似于时下满目皆是的网络垃圾。作者藉叙述者之口，说所有女性都有被强奸的幻想，并且认为现代女性的最大“绝症”便是性冷淡，而强奸是治疗这种冷淡的唯一有效方式（或“疫苗”，其中的性暗示近乎明言）。这个话题迅速传播，小说于是写到五位女性牌友，其中一位叫克莉丝的打破沉默，说：“女士们，我们来谈谈这个吧，你们有过强奸幻想吗？”接下来的内容可想而知，她们围绕这个话题透露隐私。小说表面上批评了媒体迎合读者的窥阴、暴力、猎奇等阴暗心理，同时变本加厉，大有过之而无不及。

然后是她的代表作《盲刺客》(2000)。作品曾荣获2000年布克奖。性冷淡的“绝症”依然是作品的主题。小说写一个普通家庭的两性关系：父亲整日酗酒，寻欢作乐，而母亲只能默默忍受。于是他们成了熟悉的陌生人，同床异梦，两颗心永远走不到一起。女儿艾丽丝慢慢长大，继承了母亲的“传统美德”。当父亲为了利益把她嫁给理查德时，姑娘虽极不情愿，然而还是出于“义务”，消极地服从了。她一声不吭，最后还是一声不吭。婚后的艾丽丝沉默无语，成了“睁眼瞎”，唯一的工作似乎只是在丈夫需要的时候张开双腿，闭上嘴巴。艾丽丝的妹妹固然具有反抗精神，却同样未能逃脱理查德（姐夫）的侵犯。最后，她的控诉被曲解为疯言疯语。而所谓的“盲刺客”说穿了是男人的暴力、男人的性器官。当然，作品相当“复杂”：首先，作为女主人公之一的劳拉一开始就在车祸中死去了；而她姐姐艾丽丝则生活在死者的阴影中。“盲刺客”的故事被告知是劳拉生前所著，写二十世纪三十年代一个富家小姐爱上了一个在逃的穷小子。同时，故事想象了发生在另一个星球——赛克隆的故事（其中，一个盲刺客奉命追捕一名在逃的女牺牲品。后者出身在一个注定要为祭祀仪式提供女祭品的家庭，结果却令盲刺客一见钟情）。这个虚构的故事里充满了虚幻。而现实生活中，艾丽丝嫁给了富商理查德，在外人看来，这是一桩美满的婚姻。殊不知，她只是继承了母亲的衣钵：分开双腿，一声不吭，一声不吭，一声不吭……而且，理查德还将魔爪伸向了小姨子劳拉。小说埋下的伏笔是理查德颇有些政治野心。于是，劳拉的车祸成了悬念。小说的另一个空间则是“历史的”：姐妹俩的祖辈从一粒纽扣开始创建的衬衫厂——民族工业。但这只是个非常模糊的背景。

可见，阿特伍德是一个很会用“女性”素材、“女性”话语夺人眼球的女作家。换言之，她是拿自己的性别做卖点的“女权主义”作家。此外，她的畅销与其说是在建构加拿大的“传统”，毋宁说是在消解之，而其有效方法无疑是拥抱国际元素。

例证之二：相对于大江健三郎的村上春树，其《挪威的森林》自1987年问世以来，在日本国内即创下了近千万册的销售纪录。这部被村上春树本人及其东西方粉丝奉为经典的作品，2010年被搬上了银幕。小说很简单，可以说简单得不能再简单了，因为它只是个普通得不能再普通的三角恋爱：男主人公渡边在多情善感、沉默寡言的直子与阳光而不乏野性、活泼而充满幻想的绿子这两位性格迥异的女性之间所经历的迷茫摇摆和颓废无助（说穿了是脚踩两只船）。后来，直子自杀，这表面上似乎与男主人公无关，因为早在后者爱上绿子之前她已然躲进了偏远的精神病院。最后，男主人公在直子的病友玲子的鼓励下开始新的生活。

随后是《海边的卡夫卡》(2003)。作品写一个自称卡夫卡的少年在十五岁生日的前夜离家出走。

出走的原因是逃避父亲的预言：弑父，娶母。卡夫卡四岁时，母亲就失踪了，还带走了卡夫卡的姐姐（其实是父母的养女）。因此，他不认识母亲，后来运命使然，卡夫卡来到某私立图书馆，馆长佐伯女士是位五十多岁，但风韵犹存、气质高雅的美妇。卡夫卡一方面怀疑她便是自己的亲生母亲，另一方面又抑制不住内心的冲动：不仅爱上了她，而且和她发生了关系。这是小说的主线，也是奇数章的内容，作为副线的偶数章讲述一个名字叫中田的老人：他在二战期间经历过一次神秘的昏迷，从此丧失了记忆。当时他还在读小学，后来长大了，并在神智失常的情况下杀死了一个自称琼尼·沃克的“英国人”，而后一路来到卡夫卡所在的图书馆。女馆长佐伯将这两个故事联结起来，终于明白：原来琼尼·沃克是卡夫卡乃父乔装改扮的，而真正的凶手也不是中田，却极有可能是卡夫卡。

再后来便是《1Q84》(2011)，村上自诩恭敬：即藉此向乔治·奥威尔（《1984》的作者）致敬。不过，奥威尔写的是指向未来的反乌托邦小说；而村上则是回溯过去：写一对十岁时相遇尔后便各奔东西的而立男女。两位主人公青豆与天吾曾就读于同一所小学并邂逅，但分道扬镳后再未谋面。1984年，东京发生了一连串事件。是年，青豆和天吾恰好三十岁，青豆既是健身教练，也是一名杀手，专门刺杀家暴妇女的男人；天吾是高中补习班的数学老师，同时也是一名作家。青豆和天吾于某一时间进入青豆命名的1Q84。1Q84与1984的主要差别在于前者天空上出现了两个月亮，而1984年发生的一系列事件阴差阳错地将青豆和天吾引入了一个被称之为先驱的宗教社团。该团体的背后有一个Little People。Little People不属于这个世界，它具有制作空气蛹的能力，并通过空气蛹来到这个世界。青豆和天吾在1Q84从不同的角度了解世界：青豆借助于一次的暗杀获得了自觉；而天吾则是通过文学创作发现了Little people与两个月亮。二人因缘巧合在Book 2结尾时透过空气蛹有了短暂的相逢。作品的一些细节令人迁思丹·布朗。

类似例证多多，譬如拉丁美洲的阿连德和波拉尼奥，阿拉伯世界的赛阿维达，等等。欧美作家中这样的“国际化”写家更是不胜枚举。

以上作家作品无论技巧还是内容都具有鲜明的“国际化”倾向，故而也十分有利于全球传播。抽去其人物姓名、事发地点，那么他们和它们完全可以是世界上的任何个人、任何地方。这些作品甚至连时间都相当模糊，盖因其来源不再是生活，即传统意义上的现实，而是各种文本。此外，不是巧合的巧合是，以上三个作家的代表作均有“科幻小说”的影子和众多畅销元素。

总之，跨国资本汹涌，全球化势不可挡，盖因文明的演进犹如时尚，虽系人为，却非无本之木、无源之水，它甚至是强制性的。强势文化对其他文化及其传统明显具有强迫性、颠覆性与取代性。千万不要自欺欺人地以为全球化只关涉经济。上层建筑、意识形态能与经济基础相割裂吗？事实上，跨国资本正急剧地使发展中国家的民族自主性、民族传统由外而内、由内而外地面临威胁，而所谓的世界潮流（及其流行声色）正在使许多传统乃至语言化为乌有。但是，跨国资本主义（国际化、全球化）的历史必然与发展中国家的文化传统及情感诉求构成矛盾。无论是自易还是被易，相对薄弱的经济基础和相应的、不相应的上层建筑决定了发展中国家介入国际化、全球化狂欢所必需付出的高昂代价。中东和拉美便是其中的两个个案。前者不必说，后者自上世纪八十年代（经济危机之后）引入新自由主义以来，很快失去了平衡。以墨西哥为例，这个二十世纪四十至八十年代初高速发展的欢乐、好客的国家顿时倾斜并面临坍塌。社会矛盾严重激化，欲望空前膨胀，贩毒、爆炸、暗杀等恐怖事件层出不穷。而且，这不仅止于墨西哥这样的发展中国家，发达国家同样面临源自跨国资本（如商品流动及劳动力市场和投资移民等）引发的现实矛盾、伦理危机和精神错位。世界在空前的二律背反中不知所措。地球村变成了地雷村！

伊格尔顿们或许正是基于莫大的忧患意识，希望文学在这个“后信仰时代”承担起拯救灵魂的责任。他们的梦想能实现吗？

（作者单位：中国社科院外文所）

多元文化视野下的大洋洲文学研究学术史综论[1]

彭青龙 王敬慧 刘略昌 王晓凌

© 2017 比较文学与跨文化研究（1），6–18 页

大洋洲文学

内容提要：具有鲜明多元文化特质的大洋洲文学是世界文学的重要组成部分，其显著成就受到了世人越来越多的关注。研究发现，自20世纪70年代以来，大洋洲文学批评呈现出由实用批评向理论批评、再到跨学科批评的两次转向，这既是其内部社会文化思潮使然，也与外部的全球化趋势不无关系。本文通过对多元文化现象、大洋洲文学理论、文学史、作家作品等研究成果进行梳理和分析，论述其学术思想流变的特点及从多元文化视野下研究大洋洲文学的意义。

关键词：大洋洲文学　多元文化　澳大利亚文学　新西兰文学　南太平洋岛国文学

进入新世纪以来，有关人类文明形态、进程以及东西文明兴衰关系的讨论持续不断，其焦点之一就是西方文明的衰落和东方文明的崛起。这既是东西方文明交流、碰撞的结果，也是人类社会发展的客观规律使然。曾经辉煌的西方诸国陷入了政治保守、经济停滞、文化分裂的泥沼，西方思想界变得忧心忡忡和焦虑不安：人类文明将何去何从？在此背景下，逆全球化和单边主义思潮似有蔓延之势，其有力证明就是近期发生的英国脱欧事件、难民危机、极端组织建国以及美国接二连三的种族主义暴力事件。但是，无论是文明冲突论，还是历史终结论，都反映了西方根深蒂固的自我-他者的“冲突型”思维，东西方文明和文化水火不容的镜像，在西方政客和保守文人的渲染下似成世人的想象。源自西方的多元文化主义也遭受质疑，英国前首相卡梅伦和德国总理默克尔相继宣布“多元文化主义失败”。但多元文化主义真的失败了吗？

事实上，西方国家所宣称的“多元文化主义失败”只是为其国家治理失败寻找借口，企图再次恢复具有排他性的欧美中心论。伴随着当今世界权力结构、制度结构和观念结构发生的历史性变化，面对休戚与共的地球村，人们很难想象再回到过去曾经孤立、封闭的体系中。在浩瀚的历史长河中，人类创造和发展了多姿多彩的文明。可以毫不夸张地说，多种文明互学互鉴、多样文化交流共生才是全球化时代的潮流，因此，构建人类文化共同体、文明共同体和命运共同体应该是我们着力探究和实现的目标，这既是国家的需要，也是哲学社会科学工作者的历史使命。多元是一个事实，但并不意味着不同文化等值等效；多元是一种需要，但并不意味着它们已经完全融合融洽；“多元一体”[2]是一种可能，因为“全球化”，也因为是一种需要。围绕这些命题开展研究，对多民族文化共存的我国有极大的借鉴意义。文学作为文化生动而形象的载体和有力的传播者，在人类文明进程中发挥着不可替代的独特作用。它通过文字和文本，既创造性地发挥其承载功能，表征文化，又通过具有文化内涵的文学表达，感受文明的进程和发达程度，使之成为文明

1 本文系2016年度国家社科基金重大项目《多元文化视野下的大洋洲文学研究》的阶段性成果，项目批准号为16ZDA200。

2 “多元一体”，受到了费孝通于20世纪90年代出版的《中华民族多元一体格局》一书的启发，在此致谢。“多元一体”中的“多元”指不同民族有不同的起源、形成、发展的历史，在文化上表现出相互区别的多样性和差异性。“一体”是指整体性、共同性和一致性，是各种文化交流融合化过程形成的共同体意识，主要体现在国家利益和民族认同等方面。“多元一体”是一种可能，一种理想，也是多种文化交流融合的目标。

的感受器和活化石。与此同时，文化和文明又是文学创作取之不尽、用之不竭的资源，为文学的繁荣发展提供了肥沃的土壤，这种相互依存、生成互动的关系使得我们能够通过文学，反映多样文化的丰富性，彰显多种文明之间相互渗透和影响的融合性，甚至共生性。在这样大的背景和前提下，我们试图从多元文化的视角研究大洋洲文学，并通过其文学文本所展现的多元价值观，揭示除了东西方文明之外的第三种文明——“混合文明”也具有勃勃生机和活力，以此证明，深受东西方文化影响的“混合文明”恰恰是文明互学互鉴、文化交流融合的结果。之所以选择大洋洲文学，是因为我们在长期的研究中发现，在众多探索多元文化发展的国家和地区中，大洋洲常常是一个被忽视但却有价值的考察对象，近50年的多元文化实践，不仅促进了社会的和谐稳定，而且带来了各民族文化、文学的发展繁荣，一大批作家在国际上屡获大奖，如诺贝尔文学奖和布克奖等，文化研究近年来更是引领世界、后殖民理论也在世界范围内产生重大影响。需要指出的是，大洋洲主要国家并不是一开始就走上了多元文化的发展道路，而是经历了从外来文化到本土文化再到多元文化的曲折历程。如，脱胎于英国文化母体的澳大利亚，尽管在摧毁了土著文化的基础上建立了单一白人文化，企图形成以西方文化价值观为纽带的三A（Anglo-America-Australia）文化帝国，然而其长期实施的白澳政策在国际化浪潮的冲击下土崩瓦解，不得不实行多元文化政策，逐步形成了各种文化交互影响的五A（Aboriginal-Anglo-America-Asia-Australia）文化共同体，这既是其内部文化博弈使然，也是外来文化影响的结果。近50年来，随着亚洲移民的增多，它受到东方文化的影响日益增大，多元文化特征更加明显。其100多个民族能够和谐相处的事实，至少说明多种文化可以交流融合、共生共荣。澳大利亚多元文化政策总体成功的案例也是对“多元文化主义失败”的反讽。为何欧美失败而作为西方国家一员的澳大利亚能够成功，甚至新西兰也积极地由二元文化向多元文化转变。诚然，所谓“多元文化主义失败”原因很复杂，但从文学、文化、文明的思路去研究这个现象不失为一个新路径。本课题从理论和实践两个层面，系统而深入地研究大洋洲多元文化思想及其文学成就，借鉴其正反两方面的经验和教训，不仅可以回答多元文化研究中的重大理论问题，如全球化与本土化、民族认同与国家身份、文化多样性和统一性、文化多样性与共生性等，而且对于繁荣中国各民族文化事业，促进中国文学走向世界具有重要理论和现实意义。

多元文化主义研究学术史

多元文化现象由来已久，可以追溯到几千年前的古希腊、古罗马、古埃及以及古亚洲各个王朝，其直接原因是人口流动而使文化差异显性化。多元文化主义作为一种社会思潮和思想理论，有其历史条件和理论基础，在世界范围产生重大影响则是二战以后的事情。首论文化多元主义者是德裔犹太人、青年哲学家霍勒斯·卡伦，他于1915年撰文质疑当时美国流行的“熔炉”理论，用了“文化多元主义”一词。二战后，建立在种族优越论基础上的殖民体系纷纷瓦解，种族屠杀的残酷事实使得有良知的知识分子开始反思民族差异和认同问题，战后移民步伐的加快使得多元文化主义的兴起有了社会基础和民族根基。20世纪60年代，以尊重差异和要求平等为诉求的民权、民主运动席卷全球，极大地唤起了民族意识和各群体的平等意识。20世纪70年代，在精英知识分子中间，关于文化多元主义的争论日趋激烈，哈贝马斯的民主宪政思想、查尔斯·泰勒的政治承认说，以及德里达的解构主义理论和福柯的后结构主义观点成为多元文化主义的思想理论基础。由于来自政治学、社会学、人类学、教育学和文艺理论等不同领域学者的加入，多元文化主义甚至被称为“杂论”，有人说它是一种教育思想和方法，也有人说它是一种历史观和文化观，更多的人则认为它是国家治理的一种政治理念，不同背景的人各取所需，视其为一种思想资源。但不容否认的是，多元文化主义对于少数族裔争取与主流文化一样的平等权利和包容性看待文化差异发挥了显著的影响和作用。

多元文化主义自20世纪70年代开始在瑞典、英国、法国、荷兰、比利时、丹麦、加拿大、美国等欧美国家进行了不同程度的社会实践，效果各异。作为西方国家的一员，澳大利亚也在这前后取消了以同化为目的的“白澳政策”，实施以尊重差异和平等权利为目标的多元文化政策，并取得显著成效。1980 年，澳大利亚建立了世界上唯一的多语种广播电台和电视台（SBS TV），从世界上600多个城市和地区选出高质量的节目，用60多种语言向澳大利亚观众播送，同时向移民教授英语。SBS电台和电视台的建立是澳大利亚政府贯彻实施多元文化主义政策的重要象征之一，被认为是反映多元文化的一面镜子。值得一提的是，正是在这一时期，澳大利亚才真正打开国门，让更多的非白人移民进入澳大利亚。1975年越南战争结束，东南亚国家出现人道主义危机，数百万人逃离越南、老挝和柬埔寨，大批“船民”涌向澳大利亚。弗雷泽政府勇于担当，决定在1983年前安置来自东南亚的七万难民。这是澳大利亚从白色澳洲向多元澳洲的重大转折点。在文学艺术领域，澳大利亚政府设立了旨在鼓励作家进行创作的基金和奖项，主张国际化的“新派小说”就是在这一背景下发展起来的。土著文学和以亚裔为主的新移民文学也呈发展之势。

多元文化政策缓解了社会矛盾，促进了各族群和睦相处和文化事业的发展，因此，澳大利亚被誉为最适合居住的国家之一，其中一层的含义就是较宽松的多元文化社会环境，但这并不是说多元文化主义在澳大利亚毫无争议。被称为“澳洲多元文化之父”的泽西·兹韦克在《创造澳大利亚》一书中指出，“用多元文化主义取代白澳政策使得澳大利亚拥有更加成熟且前景广阔的未来，有利于形成新的民族认同感”（168-170）[1]。然而，由于国际政治、经济形势的变化，特别是难民潮、极端势力和经济萧条带来的负面影响，澳大利亚也因为担心出现泛亚洲化的局面而陷入争论之中，重新审视、甚至批判多元文化政策的调门变得越来越高，卡梅伦·麦肯茨在《多元文化的威胁》一书中将多元文化一词与“种族异教”并列，认为澳大利亚实施多元文化政策只是出于政客为了拉选票的需要[2]。多元文化主义对于澳大利亚具有破坏性的影响，会腐蚀澳大利亚的民族性，导致亚洲化，甚至会引发种族暴乱等。对此，凯瑟琳·贝茨在其著作《澳大利亚移民分裂的政治》指出，从不同地区来的移民，给澳大利亚带来了丰富的物质和文化财富，澳大利亚本身就是一个多种族的移民国家，移民背景的知识分子对移民的情况更熟悉，应该更有权利决定国家的事务（292）[3]。另一位学者乔恩·斯特拉顿也同样批评说，澳大利亚本是一个移民国家，也是一个多民族国家，文化多样性十分明显，前总理霍华德与保守议员汉森提出的单一主流文化论调，与多元文化价值观相冲突，不利于民族之间的相互了解和协调发展（16）[4]。

在澳大利亚文化与文学界也出现了左翼和右翼围绕怀特地位的“文化战争”。代表性人物包括詹妮·弗鲁塞福、约翰·杜克和帕特里克·巴克里奇等，表面上看是讨论文学经典的问题，实质上是对话语权的争夺，尤其是如何界定白人文化、土著文化和移民文化在澳大利亚多元文化中的地位问题。由于多元文化已成为澳大利亚的一项基本国策，这些不同的意见基本上没有削弱澳大利亚人对多元文化的接受，澳大利亚被世界公认为一个成功实施多元文化政策的国家。新近出版的多部澳大利亚文学史，如《剑桥澳大利亚文学史》（2009）等，反映了多元文化视角，收录了最新研究成果，遗憾的是这部分内容不够厚实且散落在各个章节中。其他有影响力的文化、文学专著还包括杰曼·格里尔的《女太监》（1970）、格雷·姆特纳的《民族化：民族主义与澳大利亚流行文化》（1994）、斯内加·古纽的《多元性架构：多元文化文学研究》（1994）、戴维·卡特的《澳大利亚文化：政策、公众与项目》（2001）和海伦·蒂芬

1 Richard White, *Inventing Australia*, Sydney: Allen & Unwin Ltd., 1981.
2 Cameron McKenzie, *The Menace of Multiculturalism*, Praeger, 1997.
3 Katherine Betts, *The Great Divide-Immigration Politics in Australia*, Sydney: Duffy & Snellgrove, 1999.
4 Jon Stratton, *Race Daze-Australia in Identity Crisis*, NSW: Alken Press Pty. Ltd., 1998.

等著的《逆写帝国》（2002）等。它们或反思殖民文化与现实的关系，企图在拷问历史中寻求现实定位，或将民族主义的触角延伸至通俗文化，窥探大众心理的变迁，或通过论述女性的遭际还原社会的本质，并将这种不公投射至男性至上的传统文化基因，或分析语言同化在殖民过程的作用，揭示其承载的不可替代的社会功能。这些专著写得较有深度，具有很高的理论价值。

在国内，尚未发现从多元文化视角研究大洋洲文学的专项成果。但从文化、经济、政治、外交、民族、教育等角度研究多元文化主义的著述颇丰，论文达数百篇之多，专著也不少，相比之下，关于多元文化主义与文学研究主题的各类论文数量则只有十几篇，专著也不多。从研究内容来看，以论文为例，主要集中在三个方面：[1]

一、理论层面，即从宏观层面探讨多元文化主义对文学理论的影响和意义。如胡谱忠的《多元文化主义》一文在系统剖析“多元文化主义”的缘起与争论的基础上，指出虽然多元文化主义在上世纪90年代以来遭遇多重挑战，却仍然是当代西方国家内部以及国际文化政治中可贵的批判性资源，为文化研究和文学批评开拓了广阔的空间（102）。[2]刘小新的《多元文化主义与‘少数话语’》的文章，重点论述了当代美国文学批评界出现的“少数话语”理论，可被视为结合了后结构主义和后现代主义理论，是激进的革命的“多元文化主义”（104）。[3]赵文书的文章《美国文学中多元文化主义的由来——读道格拉斯的〈文学中的多元文化主义系谱〉》着重分析了20世纪美国文学中文化主义文学、同化主义文学、文化民族主义文学三阶段框架，在肯定成就的同时，也指出现阶段的文化民族主义文学模糊了文化与种族的界线，又落入了多元文化主义所反对的生理决定论的种族主义逻辑陷阱（167）。[4]

二、国别文学与民族文学层面，即多元文化主义与具体国别文学或民族文学间的关系。如王宁的论文《多元文化主义与加拿大文学》对加拿大的多元文化特征、其与美国多元文化格局的差异及原因进行了深入的剖析和研究，认为虽然两国文学同属后殖民地文学，美国文学在边缘步入中心的过程中却大大先于加拿大文学，但多元文化主义在美国的文化语境下只是一种临时的策略。而加拿大的多元文化主义特征并非作为一种文化策略，而仅仅体现了其多种写作/话语并重的实际状况，这就保证了在英—法语主流文学的双峰并峙的语境之下其他语言的文学也能得以生存和发展（77）。[5]曾洪伟的文章《当代美国文学批评领域的反多元文化主义潮流与论争——以哈罗德·布鲁姆为代表和中心》，认为布鲁姆反对多元文化主义的本质在于反对非审美因素对文学批评的介入和干预，以及它对审美的排斥；其抵制多元文化主义的根本原因在于多元文化主义的意识形态性与其去意识形态化、去道德化的唯美主义的文学价值观想抵牾（98）。[6]

三、文本层面，即多元文化主义对具体文学文本创作的影响或文学文本中体现出的对多元文化主义的见解，其中多以亚裔美国文学为研究对象。如张亚丽的《多元文化主义语境中的亚裔美国文学》一文，探讨了亚裔美国书写的两种形态，即保守的多元文化主义书写和批判的多元文化主义书写。前者指在书写中淡化叙述所处的历史和政治语境，将重点放在亚裔作为“模范少数族裔”的叙述中，强化美国主流社会和少数族裔之间不平等的权力结构；后者指将对亚裔的书写置于具体的历史语境中，引导读者去关注美国社会的现实环境对于亚裔在美国生存状况的决定性影响（89）。[7]赵文书的《在多元文化语境中重新检视华美文学中的文化民族主义》将华美文学置于

1 该部分文献由罗昊整理，特此说明并致谢。

2 胡谱忠，多元文化主义，《外国文学》，2015年第1期，第102-110页，第159页。

3 刘小新，多元文化主义与‘少数话语’，《福建论坛》（人文社科版），2014年第3期，第104-111页。

4 赵文书，美国文学中多元文化主义的由来——读道格拉斯的《文学中的多元文化主义系谱》，《当代外国文学》，2014年第1期，第167-171页。

5 王宁，多元文化主义与加拿大文学，《文艺争鸣》，1997年第1期，第76-80页。

6 曾洪伟，当代美国文学批评领域的反多元文化主义潮流与论争——以哈罗德·布鲁姆为代表和中心，《东方丛刊》，2009年第4期，第98-114页。

7 张亚丽，多元文化主义语境中的亚裔美国文学，《外语研究》，2015年第5期，第89-95页，第112页。

多元文化主义语境中，以文化价值观为核心，以《华女阿五》等五部作品为例，考察了华美文化民族主义的流变，梳理了华美文学的发展脉络，认为华美文化民族主义有倾向同化主义、拥抱美国价值观、传承中国传统的三种不同模态（89）。[1]

除上述视角外，还有一些研究触及了多元文化主义与文学教学的议题。如陈华的《多元文化主义、多元文化教育和美国的文学教学》等。此类文章数量较少，即使有为数不多的论著从多元文化的角度探讨外国文学，也主要是研究欧美国家的文学与文化。对于多元文化与大洋洲文学的关系研究，国内几乎没有相关成果，偶有著述，如杨洪贵的专著《澳大利亚多元文化主义研究》（2007）也主要是从社会学和历史学的角度展开论述，系统而深入地从多元文化的角度研究大洋洲文学的成果缺失。

大洋洲文学理论研究学术史

大洋洲文学属于新兴文学，历史并不很长，但所取得的成就不容小觑，并已成为世界文学的重要组成部分。相比于新西兰和南太平洋岛国文学，澳大利亚所取得的文学成就最大。从1788年英国移民首次登上澳洲大陆之日起，迄今为止不过200多年，经过100多年的英国殖民统治，澳大利亚和新西兰于1901年和1907年分别独立建国，南太平洋岛国曾是隶属西方不同国家的殖民地，20世纪70年代才纷纷独立。由于这些国家地理位置和历史文化相近，因此，其文学发展的历程也有很多相似之处。20世纪70年代以来，多元文化思潮在西方国家兴起，大洋洲文学、尤其是澳大利亚文学开始走向世界，涌现了一批闻名世界的作家。1973年，澳大利亚作家帕特里克·怀特获得诺贝尔文学奖之后，世人便以前所未有的热情，关注澳大利亚文学，并给予很高的评价。在此之后，澳大利亚新人辈出、佳作纷呈，先后有彼得·凯里、托马斯·基尼利、亚历克斯·米勒、蒂姆·温顿、理查德·福莱纳瑞根等先后荣获布克奖和英联邦作家奖。新西兰和南太平洋岛国文学也取得骄人成就。凯瑟琳·曼斯菲尔德虽然不是在实行多元文化政策之后而饮誉海内外的新西兰作家，但她为新西兰赢得了世界声誉。弗兰克·萨吉森、珍妮特·弗雷姆、凯里·休姆、埃莉诺·卡顿也以他们优秀的作品，被海内外读者所喜爱。西萨摩亚最杰出作家阿尔伯特·温特的小说,巴布亚新几内亚的短篇小说等为世人展现了南太平洋岛国人民独特的物质生活和精神追求。

20世纪七八十年代，大洋洲文学中的澳大利亚文学研究出现了从传统批评范式向具有国际化色彩的现代批评范式的转变。新西兰文学发展几乎跟澳大利亚文学同步，南太平洋岛国则由于刚刚独立还在极力发展各国的民族主义文学，显得相对滞后。在澳大利亚，三个重要事件对澳大利亚文学研究产生了重大影响，一是怀特获得诺贝尔文学奖。怀特以创作现代主义小说而闻名于世，其作品获奖不仅提升了澳大利亚民族的自信心和自豪感，而且引起了批评家对澳大利亚文学批评传统的反思。过去一味强调本土现实主义文学的思想观点开始动摇，文学批评渐显国际视野；二是1977年成立了澳大利亚文学研究会。这个旨在推动澳大利亚文学研究和交流的学术组织，汇集了其国内大部分文学研究力量，成为促进文学研究学术化和国际化的重要平台。三是1988年反英200周年纪念，澳大利亚文学界出版了一批历史小说，开始从土著文化、女性文化等角度拷问历史与现实、白人与少数族裔之间的关系。三个历史事件在澳大利亚文学研究中留下了很深的印记。澳大利亚文学批评不再局限于作品本身，逐渐出现从社会、文化的维度研究澳大利亚文学。这一时期的重要著作包括蒂姆·罗斯的《澳大利亚自由主义与国民性格》（1978）、约翰·多科尔的《批评的条件》（1984）、卡罗尔·费里尔的《性别、政治与小说：20世纪澳大利亚妇女小说》（1985）、罗伯特·迪克森的《帝国轨迹》（1986）、亚当·舒梅科的《黑字白纸》（1989）、海伦·蒂芬等人的《逆写帝国》（1989，2002）和肯·格尔

1 赵文书，在多元文化语境中重新检视华美文学中的文化民族主义，《外语研究》，2015年第5期，第89-95页，第112页。

德和保罗·赛尔兹曼合著的《新多样性：澳大利亚小说1970-1988》(1989)等。值得一提的是，尽管这一时期的研究成果对文学的价值和批评标准还存在诸多的争论，如新派小说与传统现实主义小说，本土化与国际化，民族性和世界性等，但澳大利亚文学批评受到欧美文学理论的影响无容置疑，土著文学和女性文学被越来越多的学者纳入研究的视野。如斯内加·古纽运用福柯和克里斯蒂娃等人的理论发表了论文《他者叙述》，伊恩·利德从马克思主义、符号学等角度论述《文学文本与经典身份》，莫杰斯卡的《家中的被放逐者》则吸收女性主义的成果，重新解读了19世纪三四十年代的小说等。这表明，澳大利亚在文学研究领域加快了融入国际社会的步伐。在新西兰，20世纪70年代的毛利文艺复兴运动和1990年的《怀唐伊条约》签订150周年纪念活动，都在文学史上留下了浓墨重彩的一笔，对新西兰文学发展产生了重大影响，众多白人作家和毛利作家纷纷通过文学创作，反思殖民历史，在反思中憧憬着更加和谐的族群关系和国际融合关系。

20世纪90年代至今，大洋洲文学研究，尤其是澳大利亚和新西兰两个国家出现了重视理论和跨学科研究的倾向，前者主要表现在90年代的理论创新，后者主要是新世纪之后文学与文化研究的共谋和融合。20世纪90年代以降，新历史主义、后殖民主义、后结构主义、文化批评等理论粉墨登场，包括大洋洲各国在内的“理论热”席卷全球，在文学研究领域甚至到了“言说必理论”的地步。尽管澳大利亚国内的文学研究没有像欧美诸国那样痴迷于“炙热”的文学理论，但年轻一代的学者则积极融入文学理论发展的大潮，试图展现“澳式”理论突破。蒂芬等人的《后殖民研究读本》(1995) 是至今最权威的后殖民理论书籍之一，涉及移民、奴隶制度、压制与反抗、种族、性别等众多问题；迪克森的《书写殖民冒险》(1995) 透露出强烈的政治意识和历史批判的观点；特纳的《民族化：民族主义和澳大利亚流行文化》(1994) 和《作为社会实践的电影》(2002) 极力打破高雅文学和流行文化的界限，并探讨了电影研究中的理论问题；大卫·卡特的《澳大利亚文化：政策、公众与项目》(2001) 一书聚焦20世纪文学、知识分子运动、文化制度和现代性之间的关系，其独特之处在于将文学或者文化历史的研究方法理论化；斯内加·古纽的《神出鬼没国家：多元文化主义的殖民向度》(2004) 阐释了多元文化主义与后殖民理论如何在英语国家描述移民群体，以及他们与英国殖民遗产之间的联系。2009年，肯·格尔德和保罗·赛尔兹曼再次联手出版了《庆祝之后：澳大利亚小说1989-2007》(2009) 一书，以“归属、再殖民化、类型小说、有女性的章节吗、文学政治”等为专题来安排章节，这种做法颇有新意，是澳大利亚文学研究值得参考的学术专著。在新西兰，视角多元的著作也不断涌现。如，凯·詹森的《完整男人：新西兰文学的阳刚传统》(1996)、《交叉的身份：新西兰当代小说中的族群、性别和性欲》(2013) 等，它们分别从新西兰文学传统、文化多样性、族群和女性主义的视角，从理论上建构了新西兰文学批评思想。值得一提的是，伊丽莎白·卡芬和安德鲁·梅森有关文学发展机制的专著《源源不断：新西兰文学资助史》(2015) 别出心裁地剖析了文学资助的衍变历程，突出其与文学生产和流通的密切关联，显示出从跨学科角度研究文学的倾向。

上述这些主要理论成果折射出大洋洲多元文化与文学研究的新变化：文学理论研究从20世纪七八十年代的排斥或者欲迎还拒的矛盾心理，到90年代以来的兼容并蓄、甚至全盘接受，并深入到当代文学批评之中。在后殖民理论、女性主义和文化批评等领域产生了一批具有澳大利亚特色、在国际上享有较高声望的学者，如后殖民主义理论家海伦·蒂芬、比尔·阿史克拉夫特，文化批评理论家格雷姆·特纳德、托尼·贝内特，女性主义理论家斯内加·古纽等。澳大利亚在文学理论研究方面取得了令人瞩目成就的事实，不仅使它不再是欧美文学理论的对立或者补充，而且在世界范围内发挥更加积极的作用。正如麦克尼·瓦克所言：“澳大利亚文化最大的优点就是它的非原创性，换句话说，它大胆从国外借鉴各式各样的东西，然后自我改编、重装，甚至成为后殖民主义、文化批评和女性主义等作品的国家了。”[1] 与此同时，文学批评中的“越界”日益增多，即从政治学、历史学、媒体学、传播学等跨学科的角度研究文学及其文学性，出现了所谓的“泛文化”文学研究。文学研究不再是纯艺术的高雅批评，越来越多的学者将文学经典跟影视、文化节、娱乐活动联系起来，试图吸引更多的大众参与其中。文学也不再是单一的文类，自传、传记、游记、纪实文学、传奇文学、犯罪小说、科幻小说成为文学的有益补充，文学批评的方法也变得丰富多样。文学史家伊丽莎白·韦伯在谈及近十年文学批评时说：“在没有新理论出现的十余年，澳大利亚与其他地方一样，又出现反对从政治和理论角度解读文学作品的转向。很多学者对以研究为导向的方法更感兴趣，如书籍史，以及从国际视阈而不是国内视角来研究澳大利亚文学的范式”(60)。[2] 韦伯的评论，不仅适用于澳大利亚，也是新西兰和南太平洋岛国的写照，所不同的是后者的成果略显单薄罢了。

在国内，从事大洋洲文学理论研究的学者很少，研究成果更是凤毛麟角。国内学者通常对处于强势地位的欧美文学和文化理论推崇有加，对大洋洲文学理论缺乏热情。因此，直到近几年，中国才刚刚开启对澳大利亚文学批评传统和文化的理论研究。迄今为止，尚未出现研究新西兰和南太平洋岛国文学理论的成果。

文学批评传统和走向及批评家思想是国内学者关注的重要内容之一。王腊宝的《‘理论’之后的澳大利亚文学批评》一文勾勒和评述了当代澳大利亚文学批评的走向，指出“当代澳大利亚批评中的新经验主义不是一种简单的反“理论”范式，它是一种后“理论”方法，它主张将“理论”与丰富的文学研究数据结合在一起，以翔实的资料给无生气的“理论”输送鲜活的氧气，因此它是澳大利亚文学批评在新时代、新技术条件下的一种与时俱进”(143)。[3] 虽然论文着眼于近几年澳大利亚文学文化研究的动向，但对于了解西方国家学术研究的变化有参考价值。另外两篇文章《帕特里克·怀特与澳大利亚文学批评》和《澳大利亚的左翼文学批评》分别论述了澳大利亚文学批评新左派和保守派之间的尖锐对立和左翼文学思潮在澳大利亚的演变轨迹及对澳大利亚文学创作和批评的影响。李震红的论文《G.A. 维尔克斯论澳大利亚民族文化》从“勾勒民族文化的发展轨迹、反思民族文化迷思和探寻民族文化发展之路”三个方面阐释了维尔克斯对澳大利亚民族文化的思考(49)。[4] 佘军的《A.G.斯蒂芬斯：澳大利亚文学批评的奠基人》则从“文学创作标准论、文学经典认识论和文学民族主义论”三个角度梳理了斯蒂芬斯的文论观点(86)。[5] 2016年《澳大利亚文学批评史》正式出版，收录了上述研究成果。

值得一提的是，徐德林近年来发表的有关大洋洲文化研究的文章颇有新意。《文化研究的全球播散与多元性》一文指出“受新自由主义的崛起及‘文化兴趣的复兴’等因素的影响，诞生于伯明翰当代文化研究中心的‘文化研究’在1980年代开始了它的环球之旅，先后播散到了澳大利亚、美国及世界其他各地，建立起了‘三A轴心’的文化研究共同体……已然播散、正在播散的文化研究，在呈现出以揭示文化与权力之间关系为己任的同质性的同时，清晰地显露出缘于理论及理论家的旅行、成长生态等因素的纠缠的异质性与多元性”(129)。[6] 另一篇文章《被屏/蔽的澳大利亚文化研究》则聚焦澳大利亚在西方文化研究中的地位，认为“20世纪80年代末、90年代初，随着伯明翰当代文化研究中心等具有实体性质的文化研究机构的消失，文化研究史书写中出现了一种‘去中心化’趋势，澳大利亚文化研究因此屏显在了‘三A轴心’帝国之中，联袂英国文化研究、美国

1 陈弘，《澳大利亚文学批评》，上海外语教育出版社，2006年。
2 彭青龙，澳大利亚现代文学与批评——与伊丽莎白·韦伯的访谈，《当代外语研究》2013年第2期，第57-60页。
3 王腊宝，‘理论’之后的澳大利亚文学批评，《当代外国文学》，2013年第3期，第143-152页。
4 李震红，G.A.维尔克斯论澳大利亚民族文化，《国外文学》2012年第4期，第49-55页。
5 佘军，A.G.斯蒂芬斯：澳大利亚文学批评的奠基人，《苏州大学学报》(哲学社会科学版)，2009年第4期，第86-89页。
6 徐德林，文化研究的全球播散与多元性，《外国文学》，2010年第1期，第129-138页。

文化研究，合力支配全球文化研究”（56）。[1] 这两篇文章之所以让人眼睛一亮，是因为作者站在世界的高度，来审视西方文化帝国构建背后的权力运作以及澳大利亚文化研究的独特地位。

新世纪才出现的文学批评传统和文化研究是否会有更多的成果还难以下结论，但从已有的这些成果可以看出，它们代表了两种视野和方法：“内视角”和“外视角”。文学批评传统研究主要从澳大利亚社会文化内部，考察文艺思潮、文学批评思想的演变和纷争，而文化研究则跳出民族文化的束缚，从国际的角度来俯视澳大利亚文化生态景观及权力运作机制。当然，这种内外视角的区别只是相对而言，阐释过程中的“视角越界”比比皆是。而正是这种交叉互动，让我们看到文学文化如影随形，知识与权力密切相关，民族主义和国际主义，甚至世界主义不可分割，而这也许是新世纪文学文化研究的鲜明特色（174）。[2]

大洋洲文学史类研究学术史

文学史是本课题研究的基础性文献资料，值得梳理。但研究发现，大洋洲出版了不少国别文学史，但尚未出现区域性大洋洲文学史。就国别而言，澳大利亚出版的文学史类书籍最多，新西兰和南太平洋岛国相对较少。20世纪70年代以来，先后出版了多部有重要影响的文学史。如杰弗瑞·达顿的《澳大利亚文学》（1976）、丽奥内·克拉默的《牛津澳大利亚文学史》（1981）、肯·古德温的《澳大利亚文学史》（1985）、威廉姆·威尔克斯等人的《牛津澳大利亚文学史》（1994）、布鲁斯·贝内特等人的《牛津澳大利亚文学史》（1997）、伊丽莎白·韦伯的《剑桥澳大利亚文学指南》（2000）、彼得·皮尔斯的《剑桥澳大利亚文学史》（2009）。限于篇幅，不可能对文学史的内容一一做出评述，但从上述多部文学史的内容和风格来看，澳大利亚文学研究悄然发生了很大的变化。主要变化有三：其一、土著的口述文学被载入文学史中；其二、知名的新移民作家的作品获得点评；其三、新世纪以来的文学文化史、出版史作为重要的章节进入文学史。这些新增加的内容反映了澳大利亚社会的主流民意和民族心理的变化。土著口述文学，包括土著作家作品被载入史册意义重大而深远，它说明主流精英认可土著人在澳大利亚历史中的地位，还原了历史真相，赋予土著人平等的权利，这从侧面也反映了澳大利亚社会的进步和多元文化政策渐入人心。编辑出版文化史进入文学史说明文学研究的跨学科趋势。

在新西兰，编写文学史起步晚，但发展快。据调查，1990年以前，新西兰E. H.麦考密克的《新西兰文学概观》（1959）是新西兰国内唯一的文学通史，进入1990年代后，随着帕特里克·伊文斯的《企鹅新西兰文学史》（1990）、特里·斯特姆的《牛津新西兰英语文学史》（1991, 1998）和马克·威廉姆斯的《新西兰文学史》（2016）的陆续问世，文学史书籍日益增多。《企鹅新西兰文学史》把新西兰文学置于较为宽广的文化史、出版史和国际文学史的语境中进行考量，但对毛利文化和颠覆新西兰民族身份的后现代创作关注较少。《牛津新西兰英语文学史》是迄今为止规模最大的新西兰文学史，它首章即设立了毛利文学概述，并把大约40%的篇幅用于描绘20世纪六七十和80年代的文学创作。2016年出版的《新西兰文学史》则从18世纪欧洲人对新西兰的最早想象开始追溯新西兰的文学谱系，它尤为关注殖民主义、双元文化主义和多元文化主义对新西兰文学产生的长远影响。

在南太平洋岛国，两部文学史性质的书籍值得关注，一是诺曼·托比·思美斯主编的《南太平洋作家：双目录百科全书》（1991），收录了500位南太平洋主要作家的传记条目，10,000本小说、文集、回忆录、文化研究及文学期刊词条，并按照国别/地区的方式列出了索引，这既是一本工具书，也是了解南太平洋岛国文化的窗口。二是苏

1 徐德林，被屏/蔽的澳大利亚文化研究，《国外文学》，2012年第4期，第56-64页。
2 彭青龙，新世纪中国澳大利亚文学研究的趋向，《当代外国文学》，2014年第3期，第165-176页。

布拉·马尼撰写的《南太平洋文学：从神话到虚构》（1992），该书按照时间顺序，论述了南太平洋岛国文学的起源、流变和现状。特别值得一提的是，该书对于西萨摩亚著名作家如温特等做了详尽的介绍。南太平洋岛国文学起源于神话，结束于寓言，这既是对南太平洋文学发展的现实记载，也是对社会现实的揶揄。这本书是目前有关南太平洋文学史的代表作之一。

此外，三个国家和地区出版了数量不少的体裁文学史和族群文学史。如，约翰·川特等人编著的《企鹅澳大利亚现代诗歌》（1991）和布鲁斯·贝内特的《澳大利亚短篇小说史》（2002）、约翰·汤姆森的《新西兰戏剧插图史：1930—1980》（1984）和莉迪亚·威弗斯的《新西兰的故事：新西兰短篇小说史》（1990）等，这些更加专业的史学资料是对文学史的有益补充，也是本课题研究的重要参考文献。纵观大洋洲文学史出版情况，尽管上述史类书籍内容不尽相同，风格各异，但有一点可以肯定的是，少数族群文学被纳入主流文学史，尽管分量有差异，如澳洲土著人的分量轻一些，新西兰毛利人的笔墨要重一些，这与他们的社会地位和文学成就密切相关，但总体上表现出社会进步的程度和文学史家更加宽广的胸怀，也说明文化多元的趋势势不可挡。

在国内，同样尚未出现区域性大洋洲文学史，但《澳大利亚文学史》（1996，2014）、《新西兰文学史》（1994，2015）和《南太平洋文学史》（2006）填补了国内大洋洲文学史的空白。《澳大利亚文学史》由国内著名澳大利亚文学批评家黄源深撰写，具有较高的学术价值。这部书与澳大利亚人出版的文学史不同，如：澳洲本国的文学史通常采用夹述夹议的写法，而黄源深的文学史则"扼要介绍了作者生平和作品情节，尤其突出了影响作家创作的有关经历，并在评论作家作品时适当联系了某些其他中外作家和作品"（895）。[1]由国内著名学者虞建华撰写的《新西兰文学史》也是这一领域的扛鼎之作，作者排除西方学者的种族偏见，创新性地论述了欧洲与毛利文化传统相互影响渗透的关系，正是这种关系才使得新西兰文学获得了与众不同的鲜明特性。新《新西兰文学史》从当代视角出发，对初版进行了全面的修订，信息追踪到2013年。《南太平洋文学史》由著名南太平洋文学研究专家汪晓凌撰写，从文学发展史的角度，对南太平洋地区（除澳大利亚和新西兰之外）的12个国家的历史演变、文学起源和文学发展作了全面论述，重点评述了重要作家和作品以及他们对岛国文学发展所起的推动作用，同时对南太平洋文学现状与前景发展作了评析与展望。这三部史书共同构成了大洋洲文学史研究的"三部曲"，具有重要的学术地位。此外，国内还出版了彭青龙和黄源深合著的《澳大利亚文学简史》（2006）和向晓红编著的《澳大利亚妇女小说史》（2012），前者带有普及性质，后者"是国内第一部研究澳大利亚妇女小说发展历史的学术专著"（封面）。从比较的角度来看，中外学者几乎同步，在质量上也并不比国外的文学史逊色，甚至可以跳出国外学者的偏好和偏见，更加客观公正地反映文学史发展的全貌。

大洋洲作家作品研究学术史

大洋洲出版了大量的作家作品个案研究专著，它们是从事本课题研究的重要文献。部分国际声誉高、获奖多的单个作家甚至拥有多部的专著，成为学界关注的热点和重点。据不完全统计，自上世纪70年代以来，澳大利亚就有60多部研究作家作品的专著，涉及很多当代作家，如帕特里克·怀特、彼得·凯里、托马斯·基尼利、蒂姆·温顿、大卫·马洛夫、约翰·库切、亚历克斯·米勒、戴维·威廉森、萨利·摩根等。在他们当中既有白人作家、移民作家，也有颇有名气的土著作家，既有小说家、诗人，也有戏剧家和儿童文学作家。其中诺贝尔文学奖获得者怀特和库切、布克奖获得者凯里和基尼利等被众多学者研究，专著达五六部之多，有些专著还在学界引起了广泛的讨论，如西蒙·杜林1996年出版的一部专著

1 黄源深，《澳大利亚文学史》，上海外语教育出版社，1996年。

《帕特里克·怀特》挑起了澳大利亚文学批评新左派和保守派之间的“文化战争”。从专著的内容来看，大部分作家个案研究的学术专著都是以作品为单元或者章节，分别加以评价和论述。如，安东尼·哈瑟尔写的《在碎石路跳舞：彼得·凯里小说研究》（1994，1998）就是按照作品发表的顺序，分别从不同的角度，对凯里的短篇小说和长篇小说逐个评述。值得关注的是，过去鲜有专著的土著作家也日益受到青睐。如德里斯·伯德的《谁的家园？论萨利·摩根的〈我的家园〉》（1992）是第一部专门研究萨利·摩根的小说《我的家园》的论著。其他有关土著文学的专著如前文提及的亚当·舒梅科的《黑字白纸》（1992）和穆德鲁鲁的《边缘写作：澳大利亚现代土著文学研究》（1990）等。

新西兰的作家作品研究情况跟澳大利亚类似。对于新西兰当代的一些重要作家，如珍妮特·弗雷姆、莫里斯·吉、莫里斯·谢德博特、莫里斯·达根、布鲁斯·梅森、威蒂·依希马埃拉等人，都有相应的研究专著，其中较为出色的有大卫·达根的《布鲁斯·梅森介绍》（1982）、拉尔夫·克莱恩的《终结沉默：莫里斯·谢德博特批评论集》（1995）、索姆·普拉卡什的《跨文化的上帝，金钱与成功：R. K. 纳拉杨与莫里斯·吉》（1997）、伊恩·理查兹的《中午上床：莫里斯·达根的生平与艺术》（1997）等。在所有的新西兰当代作家当中，最受关注的还是珍妮特·弗雷姆，以其为题名的研究专著有近20部之多。弗雷姆被帕特里克·怀特誉为新西兰最了不起的小说家，因为她以前所未有的新颖、怪诞的现代/后现代派风格，突破了传统现实主义，引领了小说创作的新潮流。其中较具代表性的成果有詹·克罗宁和西蒙·德利彻尔的《框架：当代弗雷姆评论》（2009），马克·德尔雷兹的《多重乌托邦：弗雷姆小说研究》（2002）和伊恩·理查兹的《黑暗溜进来：弗雷姆短篇小说论集》（2004）。除此之外，批评家们还运用各种理论对弗雷姆的作品进行了深入的剖析，如保罗·圣皮埃尔的《弗雷姆早期小说中的符号学和生物符号学》（2011），西蒙·德尔登的《怪异的表面：弗雷姆和疯狂的修辞》（2003）等。

南太平洋岛国在专著方面以泛论为主，面上研究居多。尼古拉斯·格茨弗瑞德的《大洋洲文学：批评概览和解读》（1995）一书是对包括澳大利亚、新西兰和南太平洋岛国在内的整个大洋洲文学批评论文集，其中约四分之一的篇幅论述南太平洋岛国作家作品，内容包括小说、诗歌和戏剧等。虽然论述的内容各异，视角也不尽相同，但基本上反映了南太平洋岛国文学的发展成就。帕特里克·D. 莫里的专著《关于南太平洋文学的后殖民主义论文集》（1998）是他本人研究南太平洋岛国文学与文化的专项成果，其内容涵盖对不同作家作品的评论。该书主要从新殖民主义的视角探讨小说、戏剧的内涵及其与新宗主国的关系。值得注意的是，作者对新殖民主义和文化渗透保持警惕。珀尔·沙拉德的《阿尔伯特·温特和太平洋文学：填补空白》（2003）是第一部对温特作品展开全面研究的著作。在这部著作中，作者将温特的作品放在相关的历史文化语境中，研读其文本主题，探讨影响作者创作思想的关键因素。由于该书将文本解读与波利尼西亚文化或海外的时代背景紧密联系在一起，从而使之具有鲜明的区域风格和时代特色。豪斯顿·伍德在《大洋洲文化研究》（2010）一书中指出，一种新的研究视角正在大洋洲涌现，这种新的研究视角融合了南太平洋岛人和欧洲文化的共性，强调太平洋岛人和非原住民的个人身份。该论著是有关南太平洋岛国文学的最新成果，有风向标的作用。

上述大洋洲作家作品研究的专著数量大，内容杂，总体上反映了主流作家，包括少数族裔作家作品的接受和传播以及学术研究的情况。尽管很难归类分析，但也有一些特点值得关注：其一、研究内容和范围扩大。不仅研究作品本身，而且研究书信、采访等作品以外的东西。如亚当·休美克的专著《穆德鲁鲁评论与研究》评述了土著小说家穆德鲁鲁及其作品，书中有采访等丰富的资源和具体作品分析，不仅使读者了解其致力于澳大利亚土著运动的精彩人生，而且对其彰显土著性的内容和风格有全面的了解。其二、理论和跨学科视角明显。如克里斯托夫·李与保罗·亚当斯合编的论文集《弗兰克·哈代与文学责任》

（2003）就是一个融理论与跨学科视角为一体、全面评价哈代的学术著作。16篇风格各异的文章，包括哈代的访谈和他自己撰写的评论，使其内容丰富又别具一格，多角度探讨了澳大利亚近15年来的文学与政治、社会的关系，同时还通过作品比较研究，分析和回答了性别、宗教、阶级等问题。

在国内，有关澳大利亚作家作品研究的学术专著也日益增多。在老一辈澳大利亚文学研究者中，胡文仲和黄源深先后出版了《澳大利亚文学论集》（1994）和《澳大利亚文学论》（1995），前者汇集了胡氏20世纪80年代至90年代初在国内外杂志上发表的文章，内容涉及澳大利亚文学评论、作家访问记、书评、澳大利亚文学教学和翻译等。后者“以一个中国学者的目光，审视了令世界瞩目的澳大利亚文学，用流畅的笔触，详论了主要文学流派、作家和作品，涉及诸如劳森、弗兰克林、怀特、基尼利、凯里、米勒等使澳大利亚光彩夺目的作家，同时也简要勾勒出了澳大利亚发展的总貌”（见内容简介）[1]。这两部著作是新世纪以前国内出版的主要研究成果。新世纪以后，借助中澳文化交流的外部推动和新一代年轻研究者学术力量的内部成长，国内澳大利亚文学研究开始步入深化阶段。不仅研究内容得到拓展，涉及土著文学、移民文学、女性文学、文学批评传统和文化等以前鲜有论著的领域，而且还发表了13篇洞见独特的博士论文和六部学术专著，涵盖帕特里克·怀特、约翰·库切、彼得·凯里、弗兰克·穆尔豪斯、伊丽莎白·乔利、海伦·加纳、布莱恩·卡斯特罗等主流作家。如，马丽莉的《冲突与契合：澳大利亚文学中的中国妇女形象》（2005）、彭青龙的《写回帝国中心——彼得·凯里小说的历史性和文本性研究》（2006）、周小进的《从滞定到流动：托马斯·基尼利小说中的身份主题》（2009）和杨永春的《当代澳大利亚土著文学中的身份主题研究》（2012）等。学术专著也基本上以民族身份为主线，批判性地解读文本中蕴含的“殖民”关系，如彭青龙的专著《彼得·凯里小说研究》（2011）通过解读长篇小说和短篇小说，“论述其文本中蕴含的民族意识、后殖民主义历史观、关注民生的人文精神、社会责任意识和历史使命感以及小说艺术的创新性，揭示其立足文化遗产，重塑民族形象的艺术特质”（封面）。[2] 叶胜年的两部专著《殖民主义批评：澳大利亚小说的历史文化印记》（2013）和《多元文化和殖民主义：澳洲移民小说面面观》（2012）具有很强的关联性，前者“运用殖民主义及其理论来解读澳大利亚小说……进一步认识殖民主义的两面性及其对澳大利亚社会、文化发展的意义”（封底“内容简介”）。后者则更多地聚焦移民主题以及由此而引发的对多元文化和殖民主义关系的思考。

女性文学研究是新世纪澳大利亚后殖民文学批评最活跃的领域之一。深入考察了女性作为“弱者”或“他者”的主体意识、人格符号、两性关系、生命意义、生存困境、身份政治和妇女文学创作等内容。梁中贤的专著《伊丽莎白·乔利作品的符号意义解读》（2007）是其博士论文的扩展，运用符号学理论对乔利“作品所表现的人格、身份观、神话、生存、沉默、小说、作家和疯癫等符号意义进行解读。”无独有偶，朱晓映出版的专著《海伦·加纳研究》（2013）也是博士论文的延续，涵盖了海伦·加纳的全部作品，包括小说和非小说创作。该书全面而系统地“探讨了加纳作为女性主义者、女作家和女人三种身份之间的关联和影响，分析了她在澳大利亚文坛的地位以及她对于澳大利亚女性主义写作的贡献”。

在作家作品研究方面，国内有关新西兰和南太平洋岛国文学的学术专著较少，内容单一。在已出版的七部新西兰文学研究专著和四篇博士学位论文中，全部以曼斯菲尔德为题。这一方面表明曼氏在新西兰文学史上的重要地位及其作品超越时间的恒久魅力，另一方面也说明我国的新西兰文学研究在选题方面存在较大的重复弊端。对于南太平洋岛国文学的研究，目前国内尚未出现学术专著，大多数研究成果都零散地发表在内部

1 黄源深，《澳大利亚文学论》，重庆出版社，1995年。
2 彭青龙，《彼得·凯里小说研究》，上海外语教育出版社，2011年。

刊物《大洋洲文学丛书》和其他学术杂志上。这说明国内急需培养南太平洋岛国文学研究的专门人才。

除了上述梳理的研究大洋洲文学的著作之外，中外学者发表了大量的论文，论述他们对多元文化、文学事件、流派、作家作品的思想观点，其中有价值的论文多数发表在《西风》、《南风》、《米安津》、《文化研究》、《外国文学评论》、《外国文学研究》、《当代外国文学》、《国外文学》和《外国文学》等刊物上，因数量很大，不能在此一一列举。但细读中外著述，我们发现其学术思想出现两次重大转变：

一、由实用批评向理论批评的转变：从内容和形式来看，自20世纪70年代以来到21世纪前夕，大洋洲文学研究出现了从实用批评向理论批评的转向。尽管在80年代中期，大洋洲出现了少数运用后结构主义与解构主义进行文本分析的文章，但对文学中民族性的关注依然主导着大洋洲主流文坛，重视经典的意识形态阐释是大洋洲文学批评的重心。这种情况一直持续到90年代才发生转变，当越来越多的大洋洲学者被美国文艺理论“迷倒”时，大洋洲文学研究的内容和范式发生了巨大转变，从排斥理论转向拥抱理论，即运用多元理论对后殖民语境下的大洋洲文学作品，尤其是对小说文本主题意义和美学价值进行阐释和评价。

二、由理论批评向跨学科批评的转变：进入新世纪之后，随着理论的“喧嚣与骚动”归于平静，大洋洲文学批评也像其他国家和地区一样，开始反思文学批评中过度的理论化倾向，尊重经典和文本细读似乎又像“钟摆”一样回到它应有的位置。但这次“钟摆”没有完全回到民族主义的一方，而是从文学文本延伸至文化领域。尽管“理论”之后，仍然有一部分学者或回归经典，或继续走理论路线，但从跨学科的角度研究文学与文化问题似乎渐成主流，朝着文学建制与实践研究转变，强调文化与政治的重要性，突出传统文学观念之外的文化动力，甚至研究书籍史、印刷史、文化贸易、非虚构文学、区域文学与文化、文化记忆的生产与流通等跨学科内容。

上述学术思想的演变既是大洋洲国家和地区文学与文化发展的内部动力使然，也是文学创作与研究受到国际化或全球化外在影响的结果。但从整个大洋洲文学研究的现状来看存在如下“五多五少”的特点：

第一，个案研究成果相对较多，整体研究成果相对较少。这里的个案不仅指国别文学个案研究，而且也指单个作家作品个案研究。从上述文献梳理中发现，澳大利亚、新西兰和南太平洋都有不少个案研究成果，作家作品的论著也相对较多，缺乏整体上研究大洋洲文学的学术成果。

第二，从政治学、社会学和文化视角研究欧美多元文化主义的理论成果较多，基于文学成就从理论上建构大洋洲多元文化思想的成果较少。无论是理论还是实践，大洋洲被视为多元文化发展的成功范例，但国内外学者似乎对欧洲、北美的多元文化主义“钟爱有加”，对大洋洲则关注较少，从而导致基于文学研究的多元文化思想理论的系统阐述和建构缺失。

第三，在大洋洲文学内部，研究白人文学的成果较多，研究少数族群文学的成果较少。虽然大洋洲当代国别文学史增加了对少数族群文学、新移民文学成就的评价，对少数族群的作家作品的专项研究成果也有增加，但其分量明显不足且多为零散的述评，缺乏对少数族群文学系统而全面的考察，导致大洋洲文学研究不平衡问题突出。

第四，历时性研究成果较多，共时性研究大洋洲文学的成果较少。大洋洲出版了不少文学史类书籍，大多按照编年史对国别文学进行评价，断代性成果也莫不如此，但缺乏把它们放在同一个界面进行共时性研究的成果。

第五，站在西方二元对立的立场解读文学艺术内涵的成果较多，站在中国多元共生的立场理解和阐释文学艺术内涵的成果较少。西方学者大多遵从自我-他者思维，看不到文明、文化自身多元共生的内在需求，部分中国学者也追波逐流，鲜见结合中国文化的精髓进行批判性认知和吸收，反映东方智慧的多元文化思想理论成果缺失。

基于大洋洲文学研究学术史的梳理和分析，我们认为从理论和实践两个纬度，综合研究多元文化思想及其视野下的大洋洲文学艺术成就，分析大洋洲多元文化价值观形成的历史动因，揭示隐藏其中的权力机制转换及发生、发展规律，总结大洋洲多元文化政策实践的利弊得失及文学走向世界的成功经验，为中国的文化、文学发展提供借鉴。

一、具有重新认识和阐释多元文化思想的理论意义。西方借口欧洲移民危机、极端恐怖事件频发而认为多元文化主义失败，企图恢复欧美一元论思想。中国主张世界格局多极化、文化发展多元化。本课题以大洋洲多元文化融合共生的事实为考察对象，探讨文化全球化与本土化、文化多样性与统一性、民族文化传统与现代化进程、国家认同与文化身份等理论问题，推进以文明互鉴、文化交融为视角、以“多元一体”为目标的具有中国特色的多元文化思想话语体系建设，从而在一定程度上具有打破西方一元论格局的理论意义。

二、具有开拓大洋洲文学新领域和新范式的学术意义。大洋洲文学是世界文学的重要组成部分，体现了多元文化价值观。从已有的学术史来看，虽然有历时性的国别文学史类研究成果，尚未发现以多元文化为视角，共时性地集中研究大洋洲文学成就的成果，更没有从理论层面阐释和构建“多元一体”的多元文化思想的学术成果，从这个意义上具有开拓大洋洲文学新领域和新范式的学术意义。

三、具有更好地服务国家对外合作交流的现实意义和多民族文化共存的社会意义。大洋洲地处亚太地区，战略位置十分重要。通过研究大洋洲多元文化与文学，在历史文化的深层次加深了解大洋洲区域文化特征和有别于其他国家的民族特性，对于制定适当的对外合作交流政策和策略具有现实意义。同时以大洋洲多元文化实践为例，通过探究全球化背景下多元文化、多元一体等理论问题，对于我国多民族文化共存、共荣极具参考价值。

四、具有服务于中国文学走向世界的启发意义。大洋洲的优秀作家善于从多元文化中汲取营养，创作了很多内容丰富、形式多样、思想深刻的作品。在彰显个性、发扬民族性，反映世界性的文学创作中走出了一条成功之路，综合研究他们的文学思想和艺术特质及其成功经验，对于服务于中国文学走出去，具有重要参考价值。

（作者单位：彭青龙，上海交通大学；王敬慧，清华大学；刘略昌，上海海洋大学；王晓凌，安徽大学）

一个来自百年前澳洲文化包容的启示：E. W. 科尔与《中国人性格中好的一面》[1]

王敬慧

© 2017 比较文学与跨文化研究（1），19–24页

大洋洲文学

内容提要：E.W.科尔是一位澳大利亚学者兼出版商。他在"白澳政策"盛行时期的澳洲，勇敢地提出与大众相异的观点，质疑白澳政策的合理性，批判澳洲白人对亚裔、特别是华裔人士的歧视。他在1905年出版的《中国人性格中好的一面》，指出中国人并非"野蛮人"，其被排斥的原因在于澳大利亚对异质文化的恐惧。本文将以该文本为例分析文化歧视的根源与实质，从中英词源分析角度，分析谁是真正的Barbarians（野蛮人）；同时探究《中国人性格中好的一面》与中国民族精神的关系。对该文本研究旨在寻找其对当下难民问题盛行、异质文化之间理解困顿的启示与现实意义。本文认为科尔文本所提出的解决冲突的方案是回归人性——"善良"，"爱"与"同情"。尽管他的超越时代的想法在当下还没有实现，但是他本身的出版经历，特别是儿童书籍的出版，体现了人性的力量，延展了人类的视野。

关键词：野蛮人 人性 恐惧 中国民族精神 科尔

一本70年后被官方证明正确的红皮书

1788年1月26日一群在英国不受欢迎、被流放的英裔白人登陆悉尼并建立英联邦在澳洲大陆的第一个殖民地。如果从这个时间点算起，在澳洲逐渐形成的六个殖民地等待了一个多世纪的时间，到了1900年，才联合起来，讨论成立统一的联邦国家。但是，当时的联邦在多方面仍然从属于英国，比如，它需要通过英国议会颁布"澳大利亚联邦宪法"和"不列颠自治领条例"，才能获得法律上的认可。1901年1月1日，当澳洲各殖民区改为州，澳大利亚联邦正式成立，并通过第一部宪法。这部宪法为澳大利亚人的权利而制定，但是其中的移民限制法案，则体现了在澳洲站稳脚跟的英裔白人如何将他们的种族歧视进一步扩展。在建国前，对于澳洲的白人殖民者，可见的与习以为常的是对土著人的迫害与消灭；而建国后的这一移民法案则是要限制与其文化不同质的非欧洲移民的进入。在此之前的半个世纪，尽管亚裔与太平洋群岛族裔是被歧视的，但是那还不是一种官方的行为。但是1901年之后，这种歧视被新的政府合法化，他们运用苛刻的语言测试将许多非欧裔移民排斥在澳洲之外。而当时的宗主国，对此是支持的，比如英国官方人士称："我们很同意这些决定……这些殖民地不应让大批来自不同文明、宗教方面和风俗习惯的人大量涌入，因为他们将会严重干扰现有的劳动人口的合法权利。"[2] 澳大利亚联邦的第一任总理埃德蒙·巴顿宣称人类平等的原则只适用于英国人之间，英国人跟中国人之间则不遵循这条原则。在这样的政策制定者与实施者鼓吹之下，在随后的十几年间，华裔移民不能合法进入澳洲，而在澳洲的华裔则受到更多的歧视与排斥，单单在墨尔本，唐人街的规模从4个街区缩小到1个街区。

1 本文系2016年度国家社科基金重大项目《多元文化视野下的大洋洲文学研究》的阶段性成果，项目批准号为16ZDA200。

2 做此陈词者是当时的殖民地要员约瑟夫·张伯伦（Joseph Chamberlain）。Speech to Colonial Conference of 1897, quoted in J. Holland Rose et al., eds. *The Cambridge History of the British Empire: Volume VII*: Part I: Australia (1933), p. 411.

总结殖民者在澳大利亚的历史，他们先是将土著人看作异类，打压与消灭，告一段落后又将其他非白人移民当作异类来排斥。殖民地白人自觉高高在上的种族优越感是一种有传染性质的心理疾病。但是，并不是所有的英国移民都是如此。比如，本文的研究对象——爱德华·W. 科尔(Edward W. Cole, 1832-1918)，他也是一位英裔移民。1850年他从英国肯特郡飘洋过海到了南非殖民地开普地区，1852年他又来到澳大利亚的英属殖民地维多利亚[1]，在这里定居一直到去世，他的墓地位于墨尔本克佑区（Kew)，该区域目前是墨尔本教育水准较高的地方，从小学到高中，各种公立与私立学校林立，学术气息浓厚。这与科尔的愿景是一致的，因为科尔一生致力于民智的教育与培养。在19世纪维多利亚淘金热潮中，科尔移民到维省，他在金矿开过买卖，在街上摆过摊位，但是他的目的不是为了积累财富，而是让财富发挥更积极的价值。所以他将自己的财富致力于图书创作、出版与销售事业。1903年，白澳政策弥漫的背景下，他在自己创建的出版社、自费出版了一册红色封皮的小书，书名是《白色澳大利亚问题》(*The White Australia Question*)。在书的封面上，他同时列出了书中的四篇文章的题目：1. 白色澳大利亚是不可能的；2. 人种肤色差异的原因；3. 整个人类是混合的；4. 黑人。科尔在文中用科学的观点说明人肤色的差异是自然进化的结果。人类社会中，白人只是各类人种中的一类，并没有优于常人的基因。他从欧洲人基督教义的博爱说起，认为白澳政策是对基督教义的彻底否定。他甚至认为耶稣也可能是黑人。总之，该书中的许多观念，在一个多世纪之后的当下读起来，仍然令人感受到其观点的前卫与敏锐。但是这也不能改变白澳政策在澳洲的实施。该政策直到1972年，才正式被澳大利亚政府宣布废止。这也就是说，该书在出版之后，等待了70年的时间，经历很多代人，其观念一直与政府的政策相左。他的观点不能被官方所接受的遗憾，从某个角度上反映了他的心智要比他当时所生存的年代更为成熟。

百年前中国传统文化在异域的影响力

他对白澳政策的批判还体现在他在1905年出版的《中国人性格好的一面——它与白澳政策的关系，以及澳洲热带区域的发展》(*Better Side of the Chinese Character—Its Relation to a "White Australia" and the Development of Our Tropical Territory*)。[2]这本书关注的是白澳政策对华人淘金工与昆士兰甘蔗园的大洋洲美拉尼西亚人（被蔑称为"Kanaka"）的不公正对待。最初，因为人们普遍认为白人的体质不适合从事热带地区的工作，他们引进了很多美拉尼西亚的廉价劳工。其中许多美拉尼西亚人甚至是被劫掠到澳洲的。但是随着越来越多、吃苦耐劳的美拉尼西亚劳工进入，白人开始恐惧，随后政府和工会达成协议，在1890年代就有大约7,000美拉尼西亚人被政府驱逐，然后他们只允许白人劳力从事农场的工作。尽管是关于两种弱势群体，但是科尔的这本书，主要侧重点在于对中国人性格中好的一面的探讨。这一点，从书名的表述就可以看出。

尽管许久以来，基于许多原因，其他文化对中国文化或中国人的认识了解不全面，甚至不正确，但科尔的这个文本体现出他对异质文化的尊重与包容态度。他能看到新成立的联邦政府在摆脱宗主国的政治束缚与压迫的同时，并没有从中吸取教训，继续出台了压迫他国非白种移民的不人道的白澳政策。 作为一个思维敏锐和明辨的观察者，科尔在许多澳大利亚人说"中国人是劣等的外国人，是黄皮肤、长相平平、不讲卫生、吸食鸦片、沉迷赌博、不讲道德、胆小怕事、喋喋不休的异教徒，工资给多低都干活，浑身一股油抹布的味道"时，勇敢地指出，"中国人像我们一样也是人，总体来说，他们不是坏人，而且远比我们所认为的那样还要好。"他认为，"如果中国

1 殖民地维多利亚的首府城市是墨尔本。

2 该书电子版见http://adc.library.usyd.edu.au/data-2/fed0049.pdf，本文所有对该书的引用都出自这个版本。访问日期：2016年10月1日

人有过和其他人一样的衣食住行和教育环境，他们与其他民族的人不会有多大的不同。也就是说，如果中国人在一个英国社区长大，吃住一样，都受到过英式教育，都用英语表达自己，那么，他们和我们不会有不同。”他的这种观点自然令中国人想起中国蒙学里必然提到的“性相近，习相远”。在这本书中有许多地方都体现着科尔对于中国古典文化理念的尊重与借鉴。

那么是什么让一个世纪前的一位澳大利亚白人写出一本为中国移民说话的书籍？这其中有作者本人的人文素质因素，同时也有着中国民族精神感召力的影响。过去到澳洲的中国淘金工，工作辛苦，但是任劳任怨，积极肯干。这与一些欧洲人很早就已经接受的工作8小时、享乐8小时、睡眠8小时的理念是不同的。中国人的精神可以用很多形式来表述，不过很多学者都认为“自强不息，厚德载物”8个字体现着中国的民族精神[1]。笔者认为对于当时背井离乡去澳洲淘金的穷苦人，还应该加一句，就是他们相信“穷则独善其身，达则兼济天下”。许多去澳洲淘金的中国人，后来回到中国为中国经济的发展做出过重大贡献。比如永安百货的创始人郭氏兄弟，早年到澳洲闯荡积累了原始资本，在20世纪初，澳洲白澳政策开始官方排华之际，回到中国创立了永安百货公司，在香港与上海都有大规模的百货公司与加工企业，开辟了中国百货行业的先河。[2] 实际上，科尔本人用财富培养国民智力的做法，也与此类同。除了“性相近，习相远”这样的概念表述，科尔的《中国人性格中好的一面》一书中还有很多地方提到或显示了他对中国儒家思想的推崇。比如，他引用曾在中国传教的E. J.杜克牧师的经验之谈：“千万年的伦理道德指导，特别是关于谨言慎行（中国儒家思想以及信仰者喜欢的劝诫表述）的作用对中国人的影响很深。”然后他也借用另一位社会人士格拉斯顿先生的话：“中国人被排斥，不是因为他们的邪恶，而是因为他们的美德而让人感到恐惧。”

排华根源在于对异质文化的恐惧

在这里科尔敏锐地指出了澳大利亚排华的根源：对异质文化的潜在恐惧。分析澳大利亚的排华原因，其中有文化与经济方面的双重原因。从文化差异上看，当时到澳大利亚的白人移民多信仰某种宗教，并将自己归属于其门下，属于一神教，而中国人在五千年文明的教化之下，自然科学常识知识的掌握已经非常发达，不需要把某一个神看作是创造世界、主宰人类命运的力量。《易经》可以证明了中国人已经在几千年前就可以看到古人对天体与自然的透彻理解，比如《易经》中最基本的乾卦与坤卦讲：“天行健，君子当自强不息；地势坤，君子当厚德载物”。这里面体现的内容也是现代中国人仍然延续着的成熟且完善的民族精神，也就是说当各种一神教说神会给人力量时，中国人已经知道自己要像天上的行星一样永动而不停息；当西方宗教训诫人们应该做善事，否则会被惩罚时，中国人明白自己要像大地一样有包容性，让万物生长。这种包容性也体现在中国人对各种宗教和思想家采取兼收并蓄的方式。而老子会说：“人法地，地法天，天法道，道法自然。”多年来，中华文明属于一种融合型文明，诸子百家争鸣，儒释道三种宗教各有特色，可谓异中有同，同中有异，并充分体现在中国人的日常生活之中。相对而言，来自西方的神代表了一种单质的、排他性的宗教在中国确实很难发展下去。澳大利亚排华人士看到华裔移民不像他们一样信奉某一个神，就武断地说中国人是“没有灵魂”的人，这是毫无依据的。但是因为当时清政府的羸弱，尽管中国文化相对当时的澳大利亚殖民地文化完全具有竞争潜力，但是却没有竞争实力。当然文化差异并不是排华风潮出现的唯一原因，再往深处探究，实际还是经济原因，华人实际上成为了当时澳大利亚（主要是维多利亚省）淘金业发展速度放缓的替罪羊。从华人听说维多利亚有金矿的消息，到经历漫长的越洋跋涉从中

1 张岱年，《文化与哲学》，教育科学出版社，1988年，第93页。

2 谭仁杰，“永安公司创始人郭乐”，《广东文史资料》，第62期（1990年）。

国到达澳大利亚，要经过很长的一段时间，届时含金量丰富的地表已经被蜂拥而至的先期淘金者挖得差不多了。想要有更多的收获，淘金者就要向地下纵深淘金，力气要用得更多、收入却又在下降，于是后期到达的华工就成了白人收入下降的借口与责难的对象。再后来，淘金热渐渐退却，经济环境恶化，失业白人开始抱怨华人抢走了他们的饭碗，因为华人愿意以较低的工资做较重的活，必然导致他们担心自己的工作不保。

科尔文本的研究价值在于他在一个世纪前，就看到了排华现象中的心理因素体现。先不要说异质文化之间存在着相互的恐惧，实际上我们每一个个体都生活在恐惧之中。心理学家常说前进的动力来自人生无限的恐惧，乌拉圭作家加里莱诺曾说：不论我们是社会中哪一个阶层的人，“我们永远生活在恐惧之中，恐惧活着，恐惧落下，恐惧失去工作、车子、房子和财产。”[1]但是本文所分析的是异质文化之间的本能恐惧感。如果我们从词源学的角度来研究中文和英文对外乡人的称呼演变历程，我们可以看到一丝端倪。英文中的“barbarian（野蛮人）”源于14世纪中期，拉丁语词源为“barbaria”，含义是“外国人的”；希腊语词源“barbarous”含义是“外国的，奇怪的”；而在希腊语中有一个名词“barbaroi”含义就是“所有不是希腊人的人”，但是到了15、16世纪，该词汇的含义变成了“粗鲁的，野蛮的人”。[2]再看“外乡人”在汉语的表诉。汉语中，“外乡人”或者“异乡人”已经足够表示一种来自异域的群体，但是中原人士喜欢用南蛮来指代来自南方的异乡人。如果我们研究“蛮”字的甲骨文和金文，或者繁体字，它的字形上“蠻”，也就是说，中原人士将南方的异域人士看作一种“应该像虫子一样被捆绑起来的”野蛮人。不论是英文、还是汉语都显示出人类对异域文化的潜在恐惧。这正如赛义德曾经在《文化与帝国主义》一书中指出的，不同民族或国家之间的文化的冲突一定是存在的：“文化逐渐地与民族或国家联系起来，并且具有挑衅性，这使‘我们’有别于‘他们’，这种区别几乎总是带有一些仇外心理。”[3]大洋洲学者查理斯·法莱尔也指出：对于澳大利亚和新西兰而言，“中国曾经是白人不安全感所投射的‘他者’，他们借此来加强对自身白人身份的认同。”[4]

那么对待异质文化的应有态度应该如何？科尔在他的《中国人性格中好的一面》一书中用儒家的表述形式来阐释他的观点。他说：“任何人在对中国人破口责骂之前，如果他希望自己的观点是公正无私的话，应该运用一下这个建议：推己及人（Put yourself in his place）”。这是儒家思想的重要内容。另一种表述是“己所不欲，勿施于人”。在汉英翻译中，译者倾向于将此句与西方圣经传统中的“金科玉律（Golden Rule：Treat others as how you want to be treated）”相提并论。实际上，中西表述有内在区别，前者在思维逻辑链中强调的是自己不喜欢的，不要强迫别人接受。并没有说自己喜欢的，也希望别人接受，因为其中还可能包含着“己所欲，慎施于人”的内涵；但是西方的表述说自己喜欢的，就要给别人，这甚至可以让某些极端宗教组织以此为借口强迫他人信奉他们认为该顶礼膜拜的教义。

读《中国人性格中好的一面》，人们可以感受到文化的主体是人，因为是人创造了文化，人与人的交流过程就是一个“文化交流”的过程。文化可以分为个人的文化，群体的文化（社会或国家的文化）。个体的文化交流与群体间的文化交流是相通的，人与人之间的尊重、理解与包容的原则也适用于不同国家之间文化的交流。科尔强调，作为不同的群体的文化，中国文化与澳大利亚文化之间必然存在差异。两国人民所处的背景、所经历事件的不同，决定了他们对待事物的看法、解决问题的手段也会有差异，而只有双方了解这些差异，包容差异，才可能和睦相处。

---

1 Eduardo Galeano, *Book Upside Down: A Primer for the Looking-Glass World*, Picador; 1st edition, 2001, p.19.

2 *Webster's Ninth New Collegiate Dictionary*, 1987, p.130.

3 Edward Said, *Culture and Imperialism*, Vantage Books, 1993, p.XIII.

4 Charles Ferrall, Paul Miller and Keren Smith (eds.), *East by South: China in the Australasian Imagination*, Victoria University Press, 2005, p.15.

科尔图书大厦与科尔的“言行合一”

科尔本人一直在孜孜不倦著书立传，帮助澳大利亚人了解更多的差异，进而发展包容差异的能力。他在墨尔本繁华地段创办科尔图书大厦(1883-1929,该图书大厦所在地目前的商号是澳洲大型百货公司——梅西百货）销售各种各样的图书，鼓励澳大利亚人阅读。为了让穷人、富人、成年人与儿童都可以买到书，他还设计了一些可以在书店流通的徽章奖励，鼓励读者通过阅读获得，并可以用其来购买自己心仪的图书。他的科尔图书大厦销售新书、也销售旧书，书店布置得像马戏团，也真有动物表演或其他文娱活动，所以在当时墨尔本人周末拖家带口去科尔图书书店是一个相当流行的文娱活动。该书店在世界也享有声誉，连吉普林、马克·吐温到墨尔本访问时，都会亲自前往探访。[1]科尔将世界各地的经典儿童读物与图片筛选并编辑成册，取名《科尔趣味图书》（*Cole's Funny Picture Book*），让澳大利亚无数儿童受益，全球销量达几百万册。尽管该书首次出版于1875年，但是现在还可以在亚马逊网站上买到此书的再版[2]。科尔图书公司的儿童图书标识是纵横书籍封面的彩虹条，强调多元之美。该书的第二册图书的封面彩虹条上有三个书店的圆形徽章图案，每个徽章上都有一段文字，他们分别是：1. 如果人类要想得到幸福，世界要被真正救赎，那么每一个人都要被教导学会阅读与思考。(The happiness of mankind, the real salvation of the world must come about by every person in existence being taught to read and induced to think.) 2.这个世界上任何地方你不认识的人与你认识的人一样好。(The people everywhere that you do not know are as good as the people you do know.）3. 如果世界上所有的人都互相了解，这个世界没有战争。(If all men throughout the world were acquainted with each other there would be no war.）[3]科尔为图书大厦设计的近百枚此类的徽章，在这些徽章中，还有一枚很有代表性地展现了科尔的思想，因为上面写着“在公元2000年前，会出现一个世界联邦，这里有共同的政府、宗教、语言与货币”。[4]他所希望的应该不是一个绝对意义上的唯一的政府、语言或宗教，而是一个不同国家民族与文化之间真正包容相通的世界。经历了一个多世纪的时间，现在我们已经走过公元2000年，科尔的展望还没有被我们人类实现，他的思想仍然走在前边，将我们这些现代人远远地抛在后面。

关于对待异域人士、特别是移民敌对态度的批判，目前定居澳洲的另一位作家库切的观点值得考虑。他可以想象到这样的未来场景，“人们可以肯定地说，一两代之后的澳洲学童在历史教科书中会读到他们国家祖先在21世纪早期所作的——不遗余力地驱逐亚洲移民的做法是不恰当（不人道）的，但是这些历史书会接着说，好在这种想法已经改变，社会更加开明和进步。我们不用急于批判我们的祖先，因为他们还是自己那个时代的孩子。[5]”参照这样的思路，对于科尔的观点而言，我们对人类社群良好状态的理解能力还停留在幼童期，我们仍然需要培养自身对异域文化的包容与尊重。

结论

《圣经·旧约》中的通天塔本来象征着人类对爱的追求，上帝将通天之塔转变成了巴比塔，让语言的差异阻止人类的交流，使人类从亲如一家走向隔阂与争斗。几千年来，世界上发生了无限多的事件，而这些事件的主题又是有限的，用三组词汇就可以概括之——“善良/凶残”，“宽容/

1 http://www.abc.net.au/radionational/programs/hindsight/the-imaginarium-of-ew-cole/2930080 访问日期：2016年10月1日

2 https://www.amazon.com/Coles-Funny-Picture-Book-No/dp/1849024804/ref=sr_1_7?s=books&ie=UTF8&qid=1485188523&sr=1-7 访问日期：2016年10月1日。

3 E.W. Cole, *Cole's Funny Picture Book No.2*, 69th Edition, Vintage, 1976, the cover page.

4 此徽章在澳大利亚墨尔本博物馆有常规展示。

5 J. M. Coetzee, *The Good Story*, Text Publishing: 2015, p.125.

仇恨"，"理解/误会"。E.W. 科尔在"白澳政策"抬头，排华风潮盛行的时代，撰写《中国人性格中好的一面》，从尊重异质文化的角度，客观分析一种被众人贬低的文化，勇敢地指出中国并非"野蛮人"，并揭露其被排斥的原因是基于恐惧。本文从中英词源分析角度探究了谁是真正的野蛮人。《中国人性格中好的一面》不仅与中国民族精神有密切关系，对当下的局面也具有一定的启示与现实意义。目前难民问题盛行、多元文化被诟病，异质文化之间理解困顿停滞的局面，网络信息的畅通并没有带来人类不同群体间沟通的实质改进，人类命运的共同体面临着种种挑战。

本文认为科尔文本所提出的解决冲突的方案是回归人性——"善良"、"爱"与"同情"。他本身的出版经历，特别是儿童书籍的出版，体现了人性的力量。德国语言学家兼文体学家，列奥·斯皮泽（Leo Spitzer）在1934年提出的观点代表着本文的语言文化观："任何语言先属于人类，然后才属于某个民族：不论土耳其语，法语，或是德语，在它们成为土耳其人，法国人或者德国人的语言之前，它们首先是属于人类的语言。"[1]上帝可以通过混淆人类的语言让通天塔的建造停顿下来，但是人性仍然存在共通性，因为人性的中心——"爱"不是人造的，也不是上帝造的，它是人类的自然属性。不论是来自东方的，还是来自西方的"人性"，都可以用儒家思想来表达——"仁者爱人"。科尔的文本代表着来自百年前的澳大利亚的一种呼声，至今仍然在期待着回应。

（作者单位：清华大学）

1 转引自：Emily Apter (2006), *The Translation Zone, A New Comparative Literature*, Princeton: Princeton University Press, p41.

《云街》：一部追忆历史的魔幻现实主义小说[1]

刘云秋

© 2017 比较文学与跨文化研究（1），25-32 页

内容提要：《云街》是一部关于分裂与和解的历史小说，一部反映土著文化的魔幻现实主义小说。它表面关注的是两个澳大利亚家庭作为普通人的生活，但是实际写的却是澳大利亚的历史。小说具有多重主题，体现了该作品的经典魅力。小说中不乏幽默的语言，却能让读者体会出主人公的悲伤、孤独和痛苦。温顿通过家庭与文本、历史与重复、事实与虚构的表现方式，将澳大利亚的土著文化对后来的白人文化的影响凸显出来，同时也渗透了土著人与白人应该好似云街一号的两个家庭一样，妥协、包容、融合、和解，最终实现多元文化的和谐统一。

关键词：《云街》历史 互文 魔幻现实主义 土著

大洋洲文学

引言

蒂姆·温顿（1960- ）出生于澳大利亚珀斯，素有"神童"之称，自从1981年21岁时就成了职业作家以来，在国内外享有声望，其作品被译成多种文字并被改编成了电视、电影和戏剧。作家擅长描写西澳的风景，是地方主义小说的代言人。温顿自从处女作《露天游泳者》荣获澳大利亚弗格尔奖项以来，就多次获奖，而且经常受到澳大利亚委员会的资助。他的第五部小说《云街》（1991）获得了澳大利亚最高文学奖迈尔斯·弗兰克林奖、全国图书委员会奖和西澳大利亚总理奖等多项大奖。《云街》在还没有发行以前，英、美出版社就竞相要出版。它创造了一个出版界的奇迹，即：在刚刚上市的前十个月，国内的销量已达四万册。要知道，在澳洲一般来说五千册的销量就已经很好了。2003年，澳大利亚作家协会做了一次民意调查，确定了前40名澳大利亚最佳书籍，其中温顿的《云街》位居榜首，他的第八部小说《土乐》（2001）排名第四。有评论家在21世纪初期将《云街》视为"伟大的澳大利亚小说"、"澳大利亚的国宝"、"真正能代表我们澳大利亚文化的（作品）"、"澳大利亚创世纪"[2]、"澳大利亚国家的血液"[3]。《云街》还一度成为大学、中学的指定阅读篇目，这一点与鲁迅作品一直出现在国内的大学、中学语文教材中很像，足以看出温顿在澳大利亚文学史上的重要地位。

《云街》的完成历时四年半的时间，前两年半是在国内，后两年则是受到澳大利亚委员会的资助在法国、爱尔兰、希腊和意大利等地完成的。当然，主体部分都是在巴黎，由于他当时接触的巴黎人不够友好，异国的文化曾使他一度失去方向感。"在国外写作时，我异常地思乡。我怀念家乡的空间和味道，还有家乡人的声音，当然也更想家，想自己居住的西澳。无论我在巴黎、爱尔兰还是爱琴海，都是那么地想家。"[4] 可能正因为此，小说中才流露出了浓浓的乡愁。著名文学评论家安德鲁·泰勒曾经在1996年对温顿的专访中问过他关于《云街》的历史性和怀旧性的话题："《云街》写的是你父母那一代的童年，对吧？为

1 本文系2016年度国家社科基金重大项目《多元文化视野下的大洋洲文学研究》的阶段性成果，项目批准号为16ZDA200。

2 Jack Teiwes, "Nostalgia, Reconciliation or New National Myth?: The Adaptation of *Cloudstreet* to the Stage", *Australian Drama Studies*, London/New York: Routledge, 2006, p.234.

3 Fiona Morrison, "'Bursting with Voice and Doubleness': Vernacular Presence and Visions of Inclusiveness in Tim Winton's *Cloudstreet*", in *Tim Winton: Critical Essays*, Lyn McCredden and Nathanael O' Reilly eds., Perth: UWAP, 2014, p.1.

4 Beth Watzke, "Where Pigs Speak in Tongues and Angels Come and Go: A Conversation with Tim Winton", *Antipodes*, 5.2 (1991): 96-98.

什么你要特意去写这一代人的生活呢？”温顿回答说：“我记得当我走在珀斯市的大街上时感到的震惊。我从没想到一座城市会在20世纪60年代到80年代的发展中被破坏成那样。我生长的地方已经变得像虚构的，因为推土机出现了，那些该死的耀眼的反光盒子（大楼）就伫立在那片土地上。我总是重新想象父母居住的地方、祖父母居住的地方……于是，我就开始思考一些问题：社区的破坏、邻居的冷漠、街角小店的消失以及人们怀念的各种各样的东西……而且，我还记录整理各种口口相传的历史和我成长时所听说的离奇故事……听那些老人用各种口音讲的脱离现实的故事”。[1] 温顿曾表明：“多年以来，我一直想用家族的神话写些东西……”，[2] 正是基于这种思乡、怀旧的心理，读者才看到这部历史存在与文学虚构统一并存的小说。

一

《云街》讲述了皮科尔斯和兰姆两个白人家庭从20世纪40年代到60年代之间的悲欢离合、恩怨情仇，并在其中安插了“被偷走的一代”、第一次世界大战、加利波里战役、第二次世界大战、以色列独立、朝鲜战争、猪湾事件和肯尼迪遇刺等事件，全景式展现了同一时期全球风云变幻的历史风貌。小说内容博大精深，感情真切自然，把皮科尔斯和兰姆两家20年来的全部历史、全部精神生活和内心世界表现得淋漓尽致。皮科尔斯一家五口先是与约珥叔叔生活在珀斯北部的沿海小镇杰拉尔顿的客栈里，兰姆一家八口以前住在珀斯的南部玛格丽特河边的丛林中，后来两个家庭先后搬到了珀斯的郊区。约珥买下了坐落在云街的房子，一次在跟萨姆·皮科尔斯一起钓鱼时因心脏病去世。当时，嗜赌如命的萨姆刚刚在工作时失去了右手的四个手指，所以具有讽刺意味的是，约珥的离世却使皮科尔斯一家幸运地继承了房子，搬到云街居住。为了维持生计，萨姆决定将房子的一半对外出租。由于农场倒塌，兰姆一家一路北上，租住了南下的皮科尔斯一家的房子。这两个家庭在同一屋檐下生活了整整20年，但是多数时候都很少交谈，仿佛只是商务伙伴关系。尽管所有人都共用一个浴室，可是皮科尔斯一家的三个孩子和兰姆一家的六个孩子却都不太认识。由于怀念乡村、不乐意接受城市生活，奥瑞尔·兰姆改善了现有的居住环境，将后院改成了小农场，园子种上了草坪。除去偶尔出外捕鱼，还将大房子的前门改成了一家杂货店，取名为云街商店（后来简称云街），以此来增加收入。这家商店在整个云街都很出名，曾打败他们的商业对手，而且出售的冰淇淋也是整个珀斯最好吃的。

“乡愁”这个词在古希腊语中，指的是对家的渴望。就是这种渴望，加强了《云街》的意义。小说中最渴望家的人物其实是费什·兰姆，在孩提时，他是家庭中最机智灵活、最聪明可爱的，也是最能搞恶作剧的一个。然而，一天，当全家在玛格丽特的河口野餐时，他却不幸被捕虾网罩住了差一点儿淹死。多亏了母亲奥瑞尔，及时地用力拍他的胸部，并不断地祈祷，才算捡回一条命。但是，他的精神、灵魂却再也没有回来，终生脑损伤，只有五岁孩子的智商。更令人感到意外的是，他却从此再也无法认出第一时间救助他的最爱他的母亲。而费什的哥哥奎克一直因为该对费什的意外负责而深感内疚和折磨，他构建了充满悲伤的卧室墙，“一个痛苦的画廊”[3]，墙上贴满了难民和战犯的报纸图片。奥瑞尔以前一直是虔诚的基督教徒，由于费什无法认出自己，于是开始怀疑自己的信仰，遂搬入后院的帐篷里居住。而奎克在学校的老师是个犹太人，当他跟奎克讲起第二次世界大战中的希特勒、广岛原子弹爆炸和贝尔森·纳粹德国集中营的历史时，奎克则更加痛苦，于是选择离家出走。他逃离到原始

1 Andrew Taylor, “What Can Be Read, and What Can Only Be Seen in Tim Winton’s Fiction”, *Australian Literary Studies*, 17.4 (1996): 328-330.

2 Michael McGirr, *Tim Winton: The Writer and His Work*, South Yarra: Macmillan Education Australia, 1999, p.97.

3 Tim Winton, *Cloudstreet*, Picador, 1991, p.61. 其他引用小说的页码将在文中注明。

的丛林中试图寻找新的生活目标，试图回到大自然中去释放自我。而皮科尔斯一家，当萨姆的手指被绞断时，妻子多莉却与美国的远程轰炸机飞行员鬼混。多莉酗酒、淫荡、自私，在家里面从来没有做过母亲该做的事情，反倒是女儿罗斯勤奋好学、认真懂事，早早地开始养家，从六岁时就开始做饭（141）。尽管她十分热爱读书，但是在她生活低迷时，曾一度厌食消瘦，后来在多莉的一再坚持下，她还是离开了心爱的学校，去珀斯的贝尔德斯老百货商店当电话接线员。工作中，认识了伪文化精英托比·雷文，直到被视为男朋友的雷文在朋友面前对其羞辱时，才重新认识自己，成长为成熟的女性，勇敢地面对生活。后来罗斯发现自己的邻居奎克才是值得托付终生的人，当他们决定结婚时，两家人都很吃惊。本来罗斯与奎克的婚姻看似应该是小说的结局了，但是温顿却拒绝让小说情节发展得如此简单。在奎克想要购买新房、做个好人时，他决定加入警察队伍，同时珀斯的尼德兰兹连环杀人案开始出现。由于罗斯流产，她则再次选择禁食以此自虐。小说的高潮其实是在母亲多莉对罗斯坦言自己的身世、女儿对母亲的原谅中展开的。原谅、妥协、和解是温顿真正要表达的主题，因此，罗斯一如玫瑰花的名字一样，再次绽放，开花结果——迎来了儿子哈里的诞生。多莉决心做个好外婆，全家人终于冰释前嫌。至此，小说画上了圆满的句号：费什在两家人到河边野餐时，再次回到20年前就呼唤他回家的河中。奥瑞尔收起了帐篷，多莉帮助她除去院子中间的篱笆，好似隔在东德与西德之间的那堵柏林墙终于被推倒了，人们终于看到了家族大团圆的幸福画面，实现了乌托邦的愿景。

《云街》之所以很受读者欢迎，其中一个因素就是小说中有温顿的传记痕迹。“我父母的家族确实给了我灵感……我的祖父母现在都已去世，但是他们确实是我小说中活生生的角色”。[1] 小说的结尾是20世纪60年代，奎克和罗斯的儿子哈里出生，这也正是温顿出生的时间。显然温顿是在追忆过去，他以自己的祖父母和外祖父母作为写作原型：他的祖母就像奥瑞尔·兰姆一样也是店主，卖过生日蛋糕，也曾经在后院的帐篷里居住生活了几十年；他的祖父也像莱斯特一样是个杂耍表演者；他的父亲也同奎克一样在珀斯当警察；他的父母在老的使馆舞厅相遇，雷文曾经拒绝带罗斯去的地方；他总听他的父亲对母亲讲故事……[2] 这些传记痕迹都使温顿的作家身分与读者形成了互动。

乡愁，是人对过去的一种怀念。珀斯中央商业区曾经的发展虽然缓慢，但是却很稳定。小说中出现了很多以前的商品名称，比如罗斯工作的贝尔德斯百货商店，原来确有其店，但是后来大型连锁百货商场的出现挤黄了这家老店。还有大家都去看电影的国宾电影院也确有其地。另外，萨姆工作的珀斯造币厂也是当时的政府支持项目，现在已经发展成了博物馆。还有天鹅绒肥皂、富吉代尔冰箱、夜莺牌无缝长筒袜、海伦娜鲁宾斯坦面霜等也都是老商品。托比·雷文工作的《每日新闻》已经破产，现在的珀斯只有一份当地的日报《西澳大利亚人》，皇宫酒店已不复存在……

其实，温顿的《云街》与乔伊斯的《尤利西斯》（1922）有很多相似性。《尤利西斯》可谓是乔伊斯的自传体小说，而《云街》中也可以看到温顿家人的影子。两位作家都是身居异地，描写家乡。这两本书的撰写都是在巴黎的莎士比亚公司附近进行的，它们都是对作家当时所不在的地方进行重构描写。不同的是，尤利西斯描写的是都柏林一天的生活，温顿描写的是珀斯20年的生活。如果说乔伊斯是对自己不能重返的地方表示怀旧的话，那么温顿其实是对那个时代的怀旧，悲叹的是那段更有道德保障、更多的文化多样性和更丰富的词汇运用的时期。“之所以要写我父母成长的经历而不是我的经历，那是因为我要将那个时代使用的方言保护下来”。[3] 怀旧的一个表现是对以往生活的追忆，另一个表现就是大量的俚语使用，俚语就是对历史的一个最好见证。现在

1 Michael McGirr, *Tim Winton: The Writer and His Work*, South Yarra: Macmillan Education Australia, 1999, p.97.
2 Ibid, p.97.
3 Ibid, p.100.

的澳大利亚是个典型的移民国家，电视、电影和网络都越来越美国化了，温顿对20世纪四五十年代的澳大利亚俚语、方言、口音和前美国、前现代及20世纪60年代早期的文化方面充满怀旧感。[1]为了还原真实的西澳生活，温顿使用了大量晦涩的澳大利亚俚语、方言，尊重遗失的语言、文风，并为此添砖加瓦，甚至自创词汇。这些特点都可以解释为什么《云街》那么受欢迎，至少它满足了一代读者的需求，比如婴儿潮[2]时代出生的人。它引起了工人阶级的回忆，至少可以唤起他们对自己父母一代或者祖父母一代的回忆。

“我在小说中使用了我所向往的声音，更加本土的用词。我发现当我远离一直萦绕在澳大利亚小说之中的英语词汇时，感觉是那样的舒服。美国南方作家早已找到了他们自己的表达方式，我猜想他们给了我更多的影响”。[3]

二

《云街》是一部典型的后殖民历史小说，依据真实素材进行重访历史的写作，无论是情节安排上，还是人物建构上，都能看出温顿运用了互文性的写作手法。互文性这一概念最早由法国理论家朱丽娅·克里斯蒂娃提出，她认为“互文性是指一篇文本中交叉出现的其他文本的表述”。[4]而哈琴也指出：“戏仿并非是以一种怀旧的情感回归历史，而是以审视的目光重访过去,和过去的艺术和社会进行一场反讽意味的对话”。[5]因此，拥有多元文化背景的温顿与其他后现代作家一样关注历史问题，通过互文手法戏仿历史事件和人物，让读者重新思考历史的本质及其与现实的关系。例如，云街一号的房子以前住的是寡妇，受到当地牧师的积极鼓励，将房子用来接收一些土著女孩。明眼人一看便知，这里明显指涉的就是澳大利亚历史上“被偷走的一代”。“被偷走的一代”是澳大利亚历史上一群充满悲剧色彩的人，是20世纪初澳大利亚政府推行的“白澳政策”的牺牲品。从1910到1970年，全澳大利亚有近10万名土著儿童被政府未征得家长的同意就从家人身边强行带走，这些人后来被称为“被偷走的一代”[6]。

牧师在寡妇接收土著女孩儿时，开玩笑地说“她也许会成为珀斯的戴茜·贝茨”，甚至她有时也会将自己想象成戴茜·贝茨（33）。可是颇具讽刺意味的是，戴茜·贝茨从不试图教澳大利亚的土著人任何东西，或者改变他们的信仰，她坚持让他们平静地保留以前的生活状态和习惯。她将一生中的40年时间都献给了研究土著生活、历史、文化、仪式、信仰和风俗上，竭力反抗白澳社会对土著人的同化。而寡妇是个白人，虽然富有传教士般的热情，但是却缺乏人性。她声称“要将那些土著女孩培养成名媛小姐，所以她们可以为自己糟糕的种族建立一套标准。她教她们如何整理床铺、如何洗漱、如何穿衣、如何走路、如何摆放餐具、做礼拜时如何戴帽……她大声地朗读司各特的小说，晚上就将房子上锁”（36）。而这些女孩儿由于被迫离家总是痛哭，有的孩子承受不住与家人隔离的痛苦，于是一个女孩儿在藏书室喝蚂蚁药自杀了。在将这个女孩抬走以前，寡妇强迫其他女孩儿都看她的尸体，然后她将所有的土著女孩儿都驱赶出去。当局政府本来就是“被偷走的一代”的真正元凶，而寡妇的这种做法等于是完全背叛了政府。她根本就无法给土著女孩儿提供真正的家庭培养和关怀，这些女孩儿永远都不可能会与自己的家人团聚。

几周之后的一天晚上，当寡妇坐在钢琴旁若有所思时，心脏却突然停止跳动。而当她因为突感不适大声呼喊时，她的鼻子狠狠地击中了中央C键上。当牧师来探访时，房间里的恶臭简直能

---

1 Robert Dixon, “Tim Winton, Cloudstreet and the field of Australian Literature”, *Westerly*, 50.2 (2005): 240-260.

2 婴儿潮（baby boom）这个词的首次出现，主要是指美国第二次世界大战后的“4664”现象——从1946年至1964年，这18年间婴儿潮人口高达7800万人。

3 Beth Watzke, “Where Pigs Speak in Tongues and Angels Come and Go: A Conversation with Tim Winton”, *Antipodes*, 5.2 (1991), p.96.

4 萨莫瓦约，《互文性研究》，邵伟译，天津：天津人民出版社，2003年，第3页。

5 哈琴，《后现代主义诗学：历史·理论·小说》，李扬、李锋译，南京：南京大学出版社，2009年，第14页。

6 澳大利亚政府为了对土著实施同化政策，在1910年，澳大利亚通过一项政策，以改善土著儿童生活为由，规定当局可以随意从土著家庭中带走混血土著儿童，把他们集中在保育所等处，接受白人文化教育。他们稍大一点被送到女童和男童收养营，另一些肤色较浅的孩子则被送到白人家中收养。

把人熏晕，以至于他一连流了七天七夜的鼻血。小说中多次将房子进行拟人化描写，如“房子用板子围住，屏住了呼吸”(36)。房子有情感，有记忆，能对居住者的痛苦与欢乐做出响应。因此，小说中一直没人住的藏书室代表的是一段历史、被尘封的往昔罪行：所有土著孩子的鬼魂和“被偷走的一代”的哭诉呐喊。房子可以说是土著孩子背负历史苦难的象征。这一情节其实与托尼·莫里森的《宠儿》(1987) 互文。《宠儿》中也有一个房子，经常出现黑人女婴的鬼魂，这是在美国内战爆发前的一位黑奴母亲因为不愿看到女儿沦为奴隶而亲手杀死的女婴。两部小说中的房子都是被建立起来的社区用来驱邪的，尤其是想通过女性的养育努力来改变孩子的命运。《云街》中藏书室里土著女孩儿的幽灵一直存在，“房子在深夜就会叹息，但是除去费什没人能够听到”(187)。直到奎克和罗斯的儿子——哈里的诞生，“房子才有了这半个世纪里的第一次无痛的喘息”(390)。温顿和莫里森显然都是借助房子的意象，来控诉澳大利亚土著人和美国黑人的创伤。历史是不能被遗忘的，即使它会带来屈辱的回忆。

小说中，出现了两次关于房子的最明显的比喻。一次是，“云街好似扬帆的大船而变得愉快”(394)。这里将房子和河流融汇起来，水的意象也就自然脱颖而出。另一次是“房子这个大陆从没属于过他们（皮科尔斯一家）。他们是迷茫的”(39)。温顿显然是将房子隐喻成了新发现的澳洲大陆，抑或是国家本身，而兰姆一家和皮科尔斯一家则是十足的殖民者，都生活在社会的边缘，正如房子云街一号一样。但是对于兰姆一家和皮科尔斯一家，他们本身却都无法意识到房子就是国家的重写本，其中充满了许多个人斗争。

《云街》反映了澳大利亚从第二次世界大战到60年代早期的历史，无论是时间还是空间上都有很强的真实性。“澳大利亚历史的一个最明显，也是最重要的特征，就是它没有特别历史事件。自1788年英国人进入该大陆起，澳大利亚从未受到过任何外敌的入侵，澳大利亚历史上没有发生过内战，也不曾有过什么独立战争”(209)。它之所以有一个平静的历史发展过程，主要原因就是它四周环海，占据偏远的地理位置。但是历史上先后出现的两次世界大战，却改变了澳大利亚人民的生活。第一次世界大战以后，澳大利亚第一次作为一个独立的国家参加了重要的国际会议——法国巴黎和会，也成立了具有民族特征的澳新军团。可以说，澳新军团是兰姆一家的信仰，那是充满男子气概和勇气的一段光荣回忆。但是对于奥瑞尔来说，她始终也没有从哥哥布卢伊的死亡中恢复过来。因为她一直喜欢的同父异母的哥哥布卢伊，就是在第一次世界大战中不幸牺牲的。“尽管你相信国家，是澳新军团俱乐部的中坚分子……但是我读了报纸，他们在说谎。他们将男孩子送到前线打仗，但却根本不知道打仗的目的和意义是什么……”(236) 不仅是奥瑞尔对战争的意义产生了质疑，国家本身也是如此。“这就是国家，它同样困惑。它也不知道到底该相信什么”(236)。后来，奥瑞尔甚至认为战争就是生活中的常态。而当皮科尔斯一家继承云街的房子时，他们也认为“这并不属于他们。他们不知所措”(41)。这其实反应出了现代人的困惑，经历了战争之后的人多数都产生了信仰危机，找不到归属感。战争摧毁了太多的家庭，给人们带来了太多的创伤。家庭是基本的社会单位，任何一个家庭都是弥足珍贵的。战争使人们意识到了家的重要性，因为原来生活在一个地域的人不得不被迫分开，家庭的纽带因此变弱，社区也接近消亡。经历战争之后，人们对家庭单位的整体追求则明显高于过去对个人志向和金钱的简单追求了。

《云街》是一个社会缩影。一部历史小说可以表现出地方的、国家的和国际的之间的联系，小说可以追溯出传统与现代的联系。在珀斯的郊区西利德维尔，两个家庭相遇了，他们都反对现代化——第二次世界大战和美国人的到来、现代超市和新型砖建筑的出现。也正是因为战争让人们失去了家庭，失去了亲人，因此《云街》的主人公后来才都很渴望“回家”。两个当初最想逃离家的孩子，最终都决定要回家生活。奎克在迷茫了很久以后，经过土著人的“点拨”而决定回到云街的家里；罗斯也改变了之前要住到新房子里的想法，放弃了没有归属感的郊区生活，决定回到云街的老房子去生养下一代；费什也趁两家人都在河边团聚野餐时成功地跳入河里，回到真正属于他的环境；而奥瑞尔也终于收起了帐篷，重新回到房子里生活。最后，奥瑞尔说道“我想要我的家乡回来”(234)，再次表达出了温顿对第二次世界大战带给普通的澳大利亚人的影响和感慨。真正伟大的文学作品会挑战读者对所生存的社会进行价值观的思考，会引发人们思考人与人之间的关系。《云街》恰恰向读者呈现出了这些问题，而且引起读者世世代代追寻道德规范的一致性，道德与历史的进步统一。

而小说中真正影响人们生活的还不只是战争，同时还有珀斯的尼德兰兹[1]系列杀人案。温顿利用其深厚的写作功底将大量来源于澳大利亚社会的互文性文本进行转换和重新组织。埃里克·库克被称为澳大利亚系列谋杀事件的凶手、杀人恶魔，曾经一度引起珀斯居民的恐慌。他先后进行过250起入室抢劫，其中有22起伤人事件：8起死亡，14起谋杀未遂。在西澳最高法院经过陪审团三天的审讯最终裁定他死刑。在1964年10月26日，成为西澳历史上最后一个被执行绞刑的犯人。他先天残疾，有严重的腭裂兔唇，又因父亲经常暴打他和母亲，因此心理扭曲，故意伤害他人、报复社会，无数次的破坏他人财物、偷窃、杀人，无恶不作。

恶魔的出现打破了珀斯原来的和谐静谧，许多人都认为是尼德兰兹杀人案促使珀斯发展成了城市：因为只有城市才会有那样的恐怖事件。在连环杀人案出现以前，珀斯只是个大的城镇。但是后来人们都不得不锁上家门，害怕夜晚，好似真正的城市居住者一样不敢睡在外面，变得恐惧而多疑。这可以说是在家门口的“战争”(100-101)，一种道德败坏、喧嚣不安的城市生活。其实，温顿在小说的后四分之一处安排这一情节的出现，主要是要形成几种对比关系：一是库克恶魔的出现与兰姆和皮科尔斯两个家庭逐渐觉醒的家庭成员形成了对比，二是城市中的恶魔与战争中的英雄形成了对比，三是小说末尾所写的第二次世界大战欧洲胜利日又与那个恶魔被捕形成了对比。由此可见，温顿明显的是要突出珀斯所经历的历史，同时又宣传了我们道家“惩恶扬善”的人生信条。

仔细研读《云街》这一文本，就会发现它是一部集多种文化、多种文学传统为一身的作品。它的文本间性极大地增加了文本的可读性，使读者在阅读的过程中经常有似曾相识的感觉。温顿将种种历史事件反映在虚构小说中，引导读者重新审视历史，既是对过去的缅怀，也是对当局政府和主流话语的质疑。可以说，《云街》与《宠儿》和一些重大历史事件互文，相互交叉，相互中和，突出了文学、历史和文本之间的内部建构特征。作者通过重访历史语境，使读者正视那段历史存在与外部世界的关系问题，目的是打破历史与虚构的二元对立，给读者一定的时间和空间来重新思考历史、审视历史和评判历史。

三

《云街》围绕两个家庭20年的变迁，展现了以珀斯为代表的西澳大利亚的历史。其中充满离奇怪诞的情节和人物，带有浓烈的神话色彩和象征意味，是一部典型的魔幻现实主义小说。温顿认真挖掘了本大陆、本民族的传统意识、神话传统、民间故事等，主要通过无所不知的叙述者费什、敏感迷茫的奎克和四处游荡的土著黑人形象来演绎小说中现实与魔幻之间的交融转换。他把神奇和怪诞的人物和情节，以及各种超自然的现象如会说话唱歌的猪和能排出钱币的鸟等插入到反映现实的叙事和描写中，既有离奇幻想的意境，又有现实主义的情节和场面，人鬼难分，幻觉和现实相混。

《云街》中很难理解的地方其实是小说的叙述声音的转换。小说采用倒叙，一开篇就叙述了20年之后在河边野餐的场景，重点叙述了第三人称“他”。而在全书结尾处同样是河边野餐，却出现了费什作为第一人称“我”的称谓。其实这里的“他”和“我”都是费什，他是全书的叙述者。因为在费什捕虾得救时，人们就被告知“只有一

1 珀斯西部的一个郊区。

半被救了回来"（69），虽生犹死，所以故事的一部分就是由没回来的那一半讲述的，而回来的这一半其实一直渴望与另一半重聚。费什具有超人的能量，能在盖伊·福克斯之夜感知到"燃烧人"的痛苦，能同自然界中会说话的猪和不开心的幽灵交流，能感受到房子的伤痛，能创建人们之间的和谐。在没有窗户的藏书室里，有许多被悲伤所折磨的灵魂，但是只有费什能看到他们并且与之沟通。他还能看到死去的寡妇的幽灵，因为每当费什要在房子中弹奏钢琴时，寡妇都不让他去触碰琴键。费什具有人鬼两重性，处于生死之间的困境，游离于普通人的世俗生活之外，能更深刻地感知到生命力和死亡的意义。尽管费什在小说的结尾处消失了，但他并没有真正地离去。他就好似耶稣一样，也是在"圣餐"之后死了，但是人们早就知道等在他们面前的会是什么。因此，当最后费什真的重返水中时，他的死亡其实不是悲剧而是人生的一种解放，人们应该为此欢呼、庆祝。如果说费什是全知的上帝，那么小说中若隐若现的那个土著黑人就是圣经中的先知、白人的预言家，他是两个家庭历史发展的见证者，总能在家庭即将崩溃瓦解时指点迷津、出手相救。尽管他和奎克以前从未见过面，但是却对奎克的生活了如指掌。奎克对费什的幻觉和对恐惧自我的幻觉，都是在外面看到土著人的身影之后产生的。土著人第一次出现是在奎克因费什的遇难而难过时，他去云街卖东西。可是他刚一迈进房子就跑掉了，也许是他感知到了已故土著人的灵魂而被吓跑的，因为藏书室里一直充满土著女孩儿的哭泣声。

虽然小说中只出现"被偷走的一代"和土著黑人两个土著形象的描写，但是温顿显然是要将澳大利亚的土著文化对后来的白人文化的影响凸显出来，同时渗透反对种族歧视，实现多元文化和解的愿望。房子里"被偷走的一代"的幽灵的出现，表达了土著人的被驱逐和压抑；而土著黑人的天使形象则代表了澳大利亚的整个土著部落。"40,000多年前，土著居民定居澳大利亚大陆。土著部落是一个超稳定的群体，在欧洲人到达澳大利亚以前，他们的传统一代一代地传承下来，几乎没有什么大的变化"。[1] 长期以来，"土著人坚信：土地不属于你，但是你属于土地。对于土著人而言，土地不是你的家，只是神圣的地方。人若脱离土地，就会陷于生死之间。但是很多人却不知道这个道理"。[2]"他们对土地有着近似崇拜的热爱。在他们眼里，土地不仅仅会使万物生长，土地本身就是生命。他们所生活的领土范围是他们祖先给定的，因此他们没有任何理由离开这块土地"。[3] 然而随着1788年开始的欧洲移民和殖民化，澳大利亚的土著人开始逐渐被边缘化，被迫离开他们的土地。从1791年开始，英国殖民当局又开始了对土著人土地的剥夺。

有些土著人居住在偏远地区和边远岛屿，搭起临时帐篷，生存环境恶劣。有些失去了土地的土著人则流散到全国各地，流向城镇，但又与城市生活、与白人不相融合。他们反对同化，也反对隔离。他们要土地，他们要找回自己的灵魂。尽管他们自己也还处于彷徨之中，但是小说中的土著黑人却一直守护着两个白人家庭，并以土著人的智慧适当提醒劝告。土著人一直劝奎克回家，但是多数情况奎克都不听劝告。直到连环杀人案的恶魔凶手始终逍遥法外，大家都很恐怖，土著黑人再次出现在奎克身边说："奎克，回家去吧"。"好吧"，奎克才开启回家之旅（268）。而且，不仅仅是奎克听从土著人的劝告，云街一号的合法继承人萨姆也听取了他的劝告。20年后，当萨姆考虑要卖掉房子时，土著人再次出现，"你不应该打破这个地方的安静。有些地方是强大而且重要的"（406）。于是萨姆接受了土著人的建议，不再考虑卖房子一事。当凶手在奥瑞尔的帐篷外徘徊时，土著黑人和会说话的猪也一直在保护着她，保护着云街。当土著人在路边搭乘奎克的车时，他给奎克带去的面包和葡萄酒简直就是"取之不尽，用之不竭"（211）。也正是在那时，奎克才第一次向人诉说自己心中的隐痛。当费什和奎克从

1 曲卫国，《澳大利亚卷》，上海：上海外语教育出版社，2003年，第14页。
2 Richard Rossiter & Lyn Jacobs, eds., *Reading Tim Winton*, Sydney: Angus & Robertson, 1993, p.12.
3 曲卫国，《澳大利亚卷》，上海：上海外语教育出版社，2003年，第13页。

弗里曼特尔划船回家时，奎克发现“布满星星的天空就在他头顶，当他低头看河时，河里满是天空。下面能看见星星、旋涡，可是没有水，甚至都感觉不到湿”（114）。费什对奎克说“水。水。我要飞”（114）。这里，温顿强调的是水天合一，自然界中的河流与天空是一体的，人的精神世界就内化在大自然之中。在玛格丽特河边钓鱼时，奎克看见了“能在水上行走的”土著天使。他不需要鱼钩、鱼线和助沉物，竟然会有许多鱼奇迹般地自动跳到了他的船上。后来，甚至在不是捕虾的季节，奎克与母亲奥瑞尔也意外地捕获了很多对虾（275）。兰姆一家是上帝的“羔羊”，因此冥冥之中一直有超自然力量在暗中帮助他们。

当奎克在捕杀袋鼠受伤后又产生了幻觉，他看见费什在小麦带上向他划过来（200）。然后奎克一点点痊愈，但是接下来他看到了在路边的人，“时而是土著黑人，时而就是他自己”（218）。“一个在夜晚不穿衬衫跑步的人……坚强却又害怕”（204），迎向自己。当他带着罗斯、哈里与费什一起重返西澳的小麦带时，又与罗斯一同看到了“赤裸的孩子从地面升起”（420）。而这些孩子，显然是土著孩子的化身。后来，奎克有了梦的启示。他看见了人类是由不同的人组成的，有家人、土著人和他不认识的人。人们之间不仅有交融，而且还与大自然紧密相连。

从本质上说，魔幻现实主义所要表现的，并不是魔幻，而是现实。“魔幻”只是手法，反映“现实”才是目的。小说中常常出现的两种声音，也是用魔幻来表现现实。一种是莱斯特说“我常常听到有呻吟声。不是风声，是土地的声音，是国家的呻吟声”。这种呻吟声，其实就是无家可归的土著人在哭泣，是殖民者对土著人的掠夺造成了他们的凄惨境遇。而另一种声音——房子里中央C键的钢琴音符其实反映了种族歧视的残暴回声。当罗斯在寡妇去世的藏书室里分娩时，才将幽灵出没的房间进行了驱邪打扫。墙上的幽灵也是一点点地逐渐消失，从墙缝中被推出房子，最终被忘却。也许至此，土著人才能接收过去的历史，慢慢面对、适应未来的生活吧。

由于历史和政治的原因，土著人问题一直是困扰着澳大利亚最重要的问题之一。土著人所代表的毁灭性的、痛苦的过去依稀存在，而可能会得到的美好的、更人性化的未来也正逐渐得以彰显。珀斯无论是从历史上还是地理上，都是世界上最孤独的城市，因此，温顿之所以选择珀斯作为描写背景，除去自己的怀旧心理，还有一个原因就是它较多地保留着土著人的存在。它的地理位置、它的占地面积、它的孤独和土著人出没的特点，都更能突出澳大利亚人在战后的那种困惑、迷茫的心理。所以说，温顿显然是通过《云街》揭示西澳人民的民族孤独感和心理弱点以及她在西方先进文明的参照下所显示出的巨大差距，从而警醒人们进行自身历史与文化的深刻反思，进而使西澳走向团结和进步。

结论

《云街》是一部展现澳大利亚历史和土著文化的杰作，气势恢弘，荡气回肠，振聋发聩，难以抗拒。《云街》描述了社会动荡和历史变迁中两个大家庭的荣辱兴衰，两个家庭生活的艰辛与困难，生命的超脱与自由自在，如史诗般波澜壮阔，同时又蕴含着极其深刻的文化内涵。它的文化意蕴表现在人类对命运的神秘不测到超然彻悟，再到妥协、包容、融合、和解这样一个不断渐进的精神升华的历程。它既是一部魔幻现实主义小说，又是一部充满了圣经原型象征的启示录；它既是典型的地方主义小说，也是一部反映土著文化的澳大利亚小说。它是一部伟大的小说，温顿以一种含泪的幽默向人们呈现了一部澳大利亚国家的政治史诗，它浓缩了作家卓而不群的创作理念和艺术表现力，并将其推向极至。这种亦真亦假亦幻在时间和空间中跳转的手法极为独特，小说充满黑色幽默，好似一首讲述希望和宽容的老歌。因此，温顿由思乡文学升华到政治殖民的问题，主要是要唤醒人们的觉醒：要实现人与人之间的和解、土著人与白人之间的和解。世界原本是个大家庭，各族人民应当努力实现多元文化的和解。

（作者单位：哈尔滨理工大学外国语学院）

身份焦虑及突围：论米兰·昆德拉对移民身份的超越

曾宪文

© 2017 比较文学与跨文化研究（1），33—37页

内容提要：随着全球化浪潮的出现，移民问题日益凸显，身份“认同危机”等问题越来越为人们关注。昆德拉作为一位移民作家，其经历具有一定的代表性，同时，他也是一位对身份认同问题有着深入细致思考的作家。在昆德拉的创作中，身份、认同、回归等是他关注的重要话题。回归故土与完全融入移民地的双重不可能，使得昆德拉一直伴随着身份焦虑感，但他试图通过对身份的解构实现超越，并为自己创造一个家园：一是其小说创作通过对“存在”的勘探来超越民族、国家和具体时代社会的身份界定；二是通过构建“大欧洲小说史”来为自己在小说史上确立一个“位置”，以此对抗身份焦虑，获得归属。

关键词：米兰·昆德拉 身份 认同危机 存在

20世纪后半叶以来，世界政治、经济、文化全球化日益彰显，各民族、国家之间的交流日益频繁，移民大潮也随之出现，有的人具有二重甚至多重移民经历，而移民后如何适应当地水土环境，如何定位自己的种族身份、确立文化认同、语言转换等，成为学术界关注的一个热点问题。这一问题围绕着“认同危机”、“身份焦虑”而展开，但所谓的认同危机、身份焦虑，主要指少数族裔在强势文化移民地面临的困境，因为一般而言，当多数族裔或强势文化族裔移民到少数民族地区时，他以一个观察者、审视者的身份出现，是不会有所谓“身份焦虑”的。捷裔法籍作家米兰·昆德拉则是一个典型的少数族裔移民作家，其在创作上也体现出强烈的身份认同危机感，因此，他的经历及创作实践为我们提供了探讨这一问题的很好的窗口。

一、我是谁？——米兰·昆德拉的身份焦虑

1929年4月1日，米兰·昆德拉出生于捷克第二大城市布尔诺，捷克民族在欧洲属于少数民族，即波西米亚人。1968年，苏联入侵捷克不久，昆德拉的第一部长篇小说《玩笑》被禁，随后又失去了电影学院的教职，于是他选择流亡，1975年去法国定居。1981年，法国总统密特朗特授他法国国籍，昆德拉从此把自己当做法国作家，甚至用法语进行写作，然而，昆德拉真正成为一个纯粹的法国人了吗？从他的创作看，对“身份”的关注一直是其小说的一个重要内容。这既体现了作者害怕捷克少数民族被边缘化的恐慌，又体现了作为少数族裔移民在移民地的身份困惑。这既是昆德拉本人的困惑，亦是文化全球化过程中少数族裔面临的普遍困境。

《身份》是昆德拉用法语写的一篇小说。昆德拉选取“身份”这样一个话题作为其法语小说的主题，是很耐人寻味的，至少表明昆德拉对身份问题的关注。小说中的女主人公尚塔尔是一个中年妇女，一天她突然为“男人们不再朝她转身了”而伤感不已，情绪低落，丈夫让-马克为了宽慰妻子，把自己装扮成陌生男子给妻子写情书，但后来妻子了解真相后，非常生气，反使夫妻之间的感情出现裂痕。其实，昆德拉就像那个无辜的丈夫，不论他扮演什么样的角色都不可能让妻子满意，“身份”是一个不断被建构的过程。早在60年代，昆德拉的短篇小说《搭车游戏》就对

"身份"问题进行了形而上的思考：一对情侣结伴旅行，为使旅行具有乐趣，女子装扮成一个轻浮女子搭乘男子的车，一对恋人成了嫖客与妓女的关系，女子必须表现得很放荡，这让他们在旅馆中度过了充满激情的一夜，但事后，男子对女友的表现大为光火，女子也迷失了自己的身份，哭着说："我是我"。

正如昆德拉在小说中所表达的那样，人自身的身份建构是充满矛盾性、复杂性的。

对祖国的矛盾心理是昆德拉产生身份焦虑的一个重要原因。作为少数族群作家，他的捷克身份一直是他难解的心结，昆德拉经常强调波西米亚文化的独特性，对捷克被当作东欧国家一直耿耿于怀，因为东欧在整个欧洲是被边缘化、他者化的一个概念，昆德拉认为捷克从文化上来说不应属于东欧，至少也应属于中欧，说明昆德拉对捷克是有着深厚的情感的，但他在捷克所受的不公正待遇又让他拒绝承认是一个捷克人，用他的话说，他是一个被逐出圆圈的人。《笑忘录》中，昆德拉谈到一群人围着圆圈跳舞的情形，圆圈不仅意味着处于其间的人动作必须整齐划一，也意味着封闭，因为一个被逐出圆圈的人永远也回不来了。"行星绕着圆圈运动，这不是偶然的，如果一块石头跌落出来，那它就在离心力的作用下，万劫不复地远去了。"[1]而昆德拉因说了不该说的话，不得不离圆圈而去，至今还在不停地坠落。

因此，他说："我在捷克斯洛伐克一直生活到45岁。假设我的作家生涯从30岁开始，我敢说我的大部分创作生活正在并且将在法国度过。我同法国的联结比人们所想的要紧密得多。"[2]当苏联及东欧"剧变"后，不少移民作家纷纷回国，昆德拉却明确表示不再回去。他说："我不相信还有回到捷克斯洛伐克去的那一天，永远不会有此可能。"[3]

在移民地，如何选择创作语言是昆德拉身份焦虑的又一重要原因。到底是使用母语还是移民国的语言创作，昆德拉经历了艰难的选择。流亡法国初期，昆德拉仍然使用母语捷克语写作，但昆德拉的捷克读者只占百分之一甚至千分之一，这样，译本就是昆德拉的一切，所以昆德拉对自己作品的翻译要求非常严格，甚至很苛刻。而昆德拉自己也清楚，既然不打算回捷克，就不可能在移民地永远用捷克语写作，于是他尝试用法语创作。其1986年出版的随笔集《小说的艺术》和1993年出版的《被背叛的遗嘱》都采用了法文写作，但是用法语写小说对他还是一件难事。"我却不知道如何用法语讲一则有趣的故事。本来听着好笑的故事会变得死板和笨拙。"[4] 1995年，昆德拉出版他的第一部法文小说《慢》，受到法国评论界的批评，"《慢》这部小说引起读者的不满，除了作品结构松散、幽默牵强、人物空虚这些明显地不足外，语言的抹擦所带来的内在表达力和文化意义的缺失等也是一个非常重要的因素。"[5]但昆德拉随后的两部法语小说《身份》、《无知》证明了自己的智慧，"《无知》首印十万册，引起了广泛的关注、强烈的反响和普遍的好评，从某种意义上以事实给法国文学评论界一次有力的回击。"[6]而让人回味的是，昆德拉的这两部法语小说，一个关注的是身份问题，一个涉及的是"去国还乡"的主题，看来即使昆德拉真的解决了作为移民作家的语言问题，但身份问题、祖国情结仍旧如梦魇一样伴随着他。

二、何处是家？——回归与融入移民地双重不可能的困惑

作为昆德拉用法语写作引起很大反响的小说《无知》，对所谓"大回归"进行了无情的调侃，似乎表明了昆德拉的基本立场：回归不仅不可能，也是一种矫情。

1 米兰·昆德拉，《笑忘录》，王东亮译，上海：上海译文出版社，2004年，第100页。
2 露易丝·奥朋海姆，昆德拉和奥朋海姆对话录，高兴译，《外国文学动态》，1994年第5期，第48页。
3 李凤亮，李艳，《对话的灵光——米兰·昆德拉研究资料辑要》，北京：中国友谊出版公司，1999年，第477页。
4 乔丹·埃尔格雷勃里，米兰·昆德拉谈话录，《世界文学》，1994年第5期，第263页。
5 刘英梅，流亡与书写——米兰·昆德拉的生命存在，《海外英语》，2011年第2期，第203页。
6 许均，流亡之梦与回归之幻——论昆德拉的新作《无知》，《外国文学评论》，2004年第4期，第16页。

一般认为，流亡者是被迫与故乡断绝联系，因此，离开故乡的时间越长，流亡者对故乡的思念之情就越重，同时，流亡者与故土之间的关系并不会因为时间的流逝而隔断，相反，流亡者会被永远打上故土的印记。《无知》的伊莱娜在流亡法国20年后，尽管已有住房、工作、儿女，但当她的朋友以不容置疑的口气要求伊莱娜回国时，伊莱娜的心中也涌现出“大回归”的激情。“此时，她已被眼前的景象迷惑，突然间闪现出旧时读过的书，看过的电影，闪现出自己的记忆，也许也是祖先的记忆，那是与母亲重逢的游子；是被残酷的命运分离而又回到心爱的人身旁的男人；是每人心中都始终耸立的故宅；是印着儿时足迹而今重又展现的乡间小道；是多少年流离颠沛后重见故乡之岛的尤利西斯。回归，回归，回归的神奇魔力。”[1] 然而，伊莱娜的大回归最终以一场大虚幻结束，不仅与昔日的好友无话可说，而且承载着伊莱娜浪漫梦想的昔日艳遇情人约瑟夫，也早已忘掉浪漫旧情的象征物——伴随伊莱娜20年的烟灰缸，甚至记不起她是谁了。最终，伊莱娜一厢情愿的旧情在一场了无生趣的交媾中结束。回归，让伊莱娜成了故土的异乡人。

《无知》中，与伊莱娜的“大回归”形成对位的是尤利西斯的故事。昆德拉调侃道：“荷马以桂冠来颂扬思乡之情，由此划定了情感的道德等级，(尤利西斯的妻子）帕涅罗珀占据了等级之巅，远远高于卡吕普索。”[2] 因此，尤利西斯宁愿放弃与仙女的舒适生活，历经艰险回到故乡依塔克。但是，当尤利西斯回到故乡后，他才发现，故乡人热衷于跟他谈他不在家时伊塔克发生的一切，并渴望回答他的所有问题，但尤利西斯期待人们对他说：“你讲讲吧！”但没有一个人对他说这句话，没有一个人关心他这二十年里经历过什么。昆德拉感叹道：“二十年里，尤利西斯一心想着回到故乡。可一回到家，在惊诧中他突然明白，他的生命，他的生命之精华、重心、财富，其实并不在伊塔克，而是存在于他二十年的漂泊之中。”[3]

这样，在所谓的“大回归”中，我们以为正在奔赴天堂，不料到达的却是地狱。大回归让流亡者感到自己成了故土的异乡人。对伊莱娜来说，“如果当初逃离的地狱也是伊莱娜失去的天堂，那么最终追寻失去的天堂，必定就是回归已逃脱的地狱。对这一残酷的真理，伊莱娜不知，世人也不知，如是才有了《无知》这一书名。而昆德拉却是清醒的，如是他才拒绝回归，同时也避免了幻灭。”[4]

既然回归不可能，那就融入移民地吧，但融入移民地也是艰难的，甚至是不可能的。一方面，流亡者在移民地永远被当做异乡人，另一方面，故土永远是流亡者的“噩梦”。

在《无知》中，面对祖国翻天覆地的变化，流亡法国的伊莱娜被朋友茜尔薇要求回归，伊莱娜的瑞典男友古斯塔夫也把能与伊莱娜一起回归故土当作送给她的最好礼物。一天，古斯塔夫洋洋得意地向伊莱娜告知他们的公司要在布拉格开一家办事处，并兴奋地说：“终于能接触你的城市了，我真高兴。”[5] 但伊莱娜对此并不开心，她发现古斯塔夫和其他所有人都这样看她：一个被逐出故土、痛苦的年轻女子。约瑟夫，一个流亡丹麦的男子，也被妻子要求“回归”，因为一个能够回归故土而不回归的异乡人，会被看成不忠诚的人，这样的人甚至在流亡地也会不受欢迎。故土就这样占据了道德的最高峰而对流亡者构成重压。

《不能承受的生命之轻》中，萨比娜是一个四海为家的人，但总被人烙上捷克人的印记，在她的一次画展上，主办方把她介绍成一个历经苦难、抗争不公、最后不得不放弃苦难重重的祖国但继续斗争的人，并“用自己的画为自由而战”。[6] 萨比娜提出抗议，但没有人理解她。

故土也是流亡者永远的噩梦。在《无知》中，

---

1 米兰·昆德拉，《无知》，许钧译，上海：上海译文出版社，2004年，第2-3页。
2 同上，第8页。
3 同上，第35页。
4 许均，流亡之梦与回归之幻——论昆德拉的新作《无知》，《外国文学评论》，2004年第4期，第23页。
5 米兰·昆德拉，《无知》，许钧译，上海：上海译文出版社，2004年，第22页。
6 米兰·昆德拉，《不能承受的生命之轻》，许钧译，上海：上海译文出版社，2003年，第303页。

伊莱娜经常会在梦中回到故土并经历恐怖的遭遇，其他流亡者也会做同样的梦。昆德拉把流亡者之梦看做是二十世纪下半叶最奇怪的现象之一。[1]伊莱娜的母亲对伊莱娜来说也是一个噩梦，伊莱娜的母亲就像故土的象征。伊莱娜的母亲一直以自己的强势让伊莱娜感到自己低人一等、软弱无能和从属他人，即使20个年头过去了，一切都没有改变，伊莱娜想用自己寓居巴黎的事实证明自己的独立，但母亲用往事把她击败，用记忆的洪水将她淹没。她母亲在巴黎的这五天中，伊莱娜不仅没能在母亲面前展示自己的成长，反而更深地体验到这种低人一等、软弱无能和从属他人的感觉。

可见，昆德拉作为少数族裔移民作家，既对被一直看作异乡人有切身的感受，又深感回归的不可能，回归，意味着将自己几十年的“流亡”生涯一笔勾销，就像一个人的胳膊被活生生地砍掉，将手直接接在肩膀上。

那么，昆德拉通过什么方式实现突围，在无处为家的世界上确证自己的身份呢？

三、存在的探寻与“大欧洲小说史”的构建——超越身份焦虑

昆德拉曾说，身处小国，要么做一个可怜的、眼界狭窄的人，要么成为一个广闻博识的“世界性的人”，昆德拉无疑属于后者，他以世界性的眼光来对抗身份认同的焦虑感：一是在小说创作中，以形而上的“存在”探寻来对抗民族、国家的身份界定；二是通过建构大欧洲小说史，来实现自己作为一个小说家的身份定位。

正如梅列金斯基对卡夫卡小说的评价一样，昆德拉的小说也体现为“对十九世纪现实主义社会小说传统的摈弃、从社会心理学的心理分析向世界象征模式的过渡、创作情致超越具体的空间和时间（历史）界限而移至永恒的玄学问题。”[2]在昆德拉小说那里，他的世界象征模式是对“存在”的探寻。

昆德拉认为，现代社会的人正处于一个被不断缩减的漩涡中，“胡塞尔所讲的‘生活的世界’在旋涡中宿命般地黯淡，存在堕入遗忘。”[3]而小说家则通过对存在无限可能性的勘探来对抗现代生活的被缩减，避免存在被遗忘。在昆德拉那里，存在不是人的具体的生活，不是某个具体的时代社会生活的反映，而是人的无限可能性，即“世界象征模式”。因此，为了更好地勘探人的存在的可能性，昆德拉在处理历史背景时，一是尽可能简练；二是只抓住那些能给小说人物创造一个有揭示意义的存在境况的历史背景；三是抓住那些与人的实际生活有关的历史事件；四是历史背景不仅应当为小说的人物创造一种新的存在境况，而且历史本身应当作为存在境况而被理解和分析。[4]然而，昆德拉小说题材的政治性往往使人们误解他，把他看做是反抗极权主义的斗士，昆德拉对此深感烦恼。

在笔者看来，对存在的勘探不仅仅只是昆德拉小说创作的追求，也是他作为少数族裔作家对抗身份焦虑的自觉选择。对昆德拉而言，40多年的捷克生活是他记忆的基本源泉，给他提供了源源不断的创作题材，但他又不希望自己只是一个极权制度的见证者和记录者，于是，他让自己高居云端，俯瞰芸芸众生，以看透人类积习的智者身份来进行创作，即对存在的孜孜不倦地勘探。“存在并不是已经发生的，存在是人的可能的场所。是一切人可以成为的，一切人所能够的。”[5]昆德拉一直强调存在是人的可能性，就是避免人们将他的小说题材内容只当作某个时代社会的记录，希望人们重视其小说对一般社会现实层面的超越。

在《无知》中，昆德拉不仅仅是通过伊莱娜的经历表现移民者面临的身份困境，更是要解构“故土”、“家园”等观念，使移民者的身份焦虑得

1 米兰·昆德拉，《无知》，许钧译，上海：上海译文出版社，2004年，第15页。
2 叶·莫·梅列金斯基，《神话的诗学》，魏庆征译，北京：商务印书馆，1990年，第391页。
3 米兰·昆德拉，《小说的艺术》，孟湄译，北京：三联书店，1992年，第16页。
4 同上，第35-36页。
5 同上，第42页。

以消解，从而实现超越。

这样，昆德拉以自己小说创作的“存在”勘探确证了自己的“存在”，即确证了自己的身份，少数族裔的身份在“存在”之网下得以淡化，直至淡忘。

在欧洲小说史的构建上，昆德拉通过构建“大欧洲小说史”来确证自己的身份，避免自己作为少数族裔作家的“被边缘化”。

昆德拉认为，欧洲小说是“不同的民族像接力赛跑那样轮流做出的创举：先是伟大先驱意大利的薄伽丘；然后是法国的拉伯雷；然后是西班牙的塞万提斯和流浪汉小说；十八世纪有伟大的英国小说，到世纪末，歌德带来德意志的贡献；十九世纪整个地属于法国，到最后三十年，有俄罗斯小说的进入，随之，出现斯堪的纳维亚小说。然后，在二十世纪，有中欧的贡献：卡夫卡、穆齐尔、布洛赫、贡布罗维奇……”同时，二十世纪欧洲小说历史也诞生在欧洲以外的地方。“先是在二十到三十年代的北美，然后是六十年代的拉丁美洲。”[1] 在这个过程中，经历了两个半时，上下两个半时的停顿，“在十八世纪与十九世纪之交，在前面的一边，是拉克洛、斯特恩，在后面的另一边，是司各特、巴尔扎克。”[2] 不难发现，昆德拉所构建的这个欧洲小说的接力赛，不是以西欧为中心，而是囊括了整个欧洲以及北美、拉丁美洲，这样，少数族裔不再只是主流的一个支流，而是整条江河的一部分，甚至是非常重要的一部分，没有他们，欧洲小说之流就无法接续。

昆德拉对上半时小说美学赞美有加，而对下半时小说遗忘上半时小说美学感到失望，但到了二十世纪，现代主义的伟大作品为欧洲小说的上半时恢复了名誉，昆德拉将其称之为欧洲小说历史的“第三时”。昆德拉说：“后普鲁斯特阶段的最伟大的作家——我尤其想到卡夫卡、穆齐尔、布洛赫、贡布罗维奇或与我同代的富恩特斯——对于十九世纪之前的、差不多已被忘记得一干二净的小说的美学极其敏感：他们将随笔式的思考引入到小说艺术中；他们使小说构造变得更自由；为离题的神聊重新赢得权利；为小说注入非严肃的与游戏的精神；通过创造无意与社会身份相竞争（以巴尔扎克的方式）的人物来拒绝心理现实主义的教条；尤其是他们不想硬塞给读者一个真实的幻觉，而这硬塞曾是整个小说史下半时的万能统治者。”[3]

昆德拉无疑是第三时小说美学的重要代表，他既继承和发展了欧洲小说上半时的游戏精神，又在这种精神的照耀下为小说艺术注入了新的特质与活力。这样，昆德拉以自己构建的欧洲小说史为自己确立了一个“位置”，以此对抗身份焦虑，得到归属。可见，昆德拉试图创造一个自己的世界，让其成为自身存在的家园，而这个家园是否温馨可靠，也许只有作家本人才知道。

总之，少数族裔与移民作家的双重挤压，集中了全球化背景下的文化身份与认同的种种矛盾，昆德拉自身的经历与创作实践能给我们有益的启示。

（作者单位：四川文理学院）

1 米兰·昆德拉，《被背叛的遗嘱》，余中先译，上海：上海译文出版社，2003年，第30页。
2 同上，第63页。
3 同上，第78页。

多元文化与文学

从"绿茶婊"形象考察俄国象征主义戏剧的得与失

姜训禄

© 2017 比较文学与跨文化研究（1），38–47 页

内容提要：俄国象征主义戏剧塑造了一系列外表美丽、颇具神圣色彩、行为却出离现实"道德规约"的女性形象，她们反映了剧作家戏剧创作理念中对人和世界的一种超越现实的思考。缺乏这点考虑我们就无法准确把握俄国象征主义戏剧文本和创作意图。本文从这一独特女性形象出发，考察与其相关的几个具有代表性的戏剧元素，分析俄国戏剧形态在象征主义阶段出现的新特征和自身发展过程中不可避免的问题。

关键词：俄国象征主义戏剧 "神圣女性" 非矛盾关系 仪式化场面

1910年维·伊万诺夫在妻子莉季娅·季诺维约娃-阿尼巴尔亡故后的第三年与妻子同前夫的女儿维拉同居（莉季娅弥留之际将女儿托付给了伊万诺夫），二人的隐情直到两年后维拉身怀有孕才得以公开，在亲戚朋友中间引起不小波动[1]。类似的道德声讨也发生在费·索洛古勃身上，1912年作家的剧本《生活的人质》在彼得堡上演，这个用"假结婚"做婚姻缓兵之计的故事导致观众对剧本所宣扬的爱情观的一片质疑声。在俄国象征主义戏剧不长的发展史里此类事例不一而足。我们可以看到造成类似"不尽人意"的最直接原因就是观众的反应偏离了作家的预期轨道。问题的症结在于作家在个人的艺术生活中引入了一类超越现实生活道德的女性形象及爱情观。这一创作思路在一些具有"索菲亚"情结的作家的早期诗歌创作中已经显现，只是在直接面向观众反馈的戏剧领域影响尤其明显，而且关系到俄国象征主义戏剧的得与失。

这类女性形象外在表现为美好的化身，而且带有一定的神圣色彩，然而行为却出离现实"道德规约"，用现今网络流行语形容正是那一类外表清纯脱俗实际工于心计、玩弄感情的"绿茶婊"。该称谓可以直观地描述出俄国象征主义剧本里这类女性外在形象与实际行为的反差，而且容易为读者所理解，该词的外延含义以及网民借此名号所表达的控诉情绪本文并不涉及。俄国象征主义剧作家塑造的女性形象里适用于这一称呼的有勃洛克的"陌生女郎"（《陌生女郎》）、勃留索夫的尤利娅（《旅行者》）、索洛古勃的莉莉丝（《生活的人质》）以及其他相关爱情情节中的人物，后文论述我们将一一提到。

这些人物有的是作家从自己前期作品中移植过来，有的则是在剧本中首次露面。她们在作家的戏剧世界里代表着独特的艺术准则，如果我们将考察视野放诸俄国戏剧发展史，会发现她们的加入给俄国戏剧形态增添了新元素。变化首先体现在剧本中出现了一批具有"双重体验"特质的人物。

一

从普希金、果戈理到屠格涅夫、奥斯特洛夫斯基、科贝林直至契诃夫俄国戏剧舞台上的主要角色大多是现实生活或历史情境中实实在在的形象，发展到象征主义阶段，主角的身世背景集中出现了"非现实"转向。这是因为在俄国象征主

1 这件事甚至被维拉的暗恋对象、著名作家米·库兹明改编为小说《家中亡人》(1914)。

义作家的认识里此岸世界另一边还有一个彼岸世界，这一时期的俄国戏剧集中讨论了一系列形而上问题，追逐另一个世界。作家在剧本中塑造了一类能够同时体验两个世界的特殊人物。他们生就一派矛盾性情，跨越此岸世界与彼岸世界，“绿茶婊”便在其中。

勃留索夫《旅行者》的尤利娅是典型的外表矜持、实则“不甚检点”的形象。她是护林员的女儿，父亲在外出之前一再叮嘱，无论谁叫门都不要开，然而恻隐之心让她违背了父亲的意愿，擅自接待了一个陌生人，姑娘逐渐从小心谨慎到放松警惕再到敞开心扉乃至相谈甚欢（实际上只是她自言自语、自我说服），最后单方面认为这个陌生人被命运和上帝派来抚慰她那颗希求爱情的心灵，当疯狂的爱欲驱使她扑向这位使者时，她却发现过路人只不过是一具尸体。“他死了！这是谁！有人吗！救命”，有了这个荒诞的结尾，放纵欲望的少女便多了联通死亡世界的神秘体验，否则《旅行者》只是一个十足的少女艳遇故事，更无所谓象征主义氛围。

相较于早期抒情诗中的“美妇人”，勃洛克的《陌生女郎》少了那种纯粹神性。“先前‘美妇人’的柔情歌声已被‘醉后叫嚷的声息’、‘孩子的哭叫’和‘女人的尖声叫嚷’所取代。”[1] 同名剧本讲述了三个幻梦，第一幻梦在酒馆里，酒鬼们三五成群聚集在一起谈论各种话题，诗人自言自语描述心中的理想女神——陌生女郎，周围没人明白他的话；第二幻梦转到一座桥上，陌生女郎从天上降临人间，而后随一位路过的“情场老手”离开了，与此同时远处的星相师为一颗彗星的陨落而伤痛，诗人从星相师那里得知陌生女郎和一位先生离去，陷入忧伤；幻梦逐渐转入贵族沙龙，大家正在闲谈时，陌生女郎敲门而入，人们瞬间被她迷住，诗人若有所思，说不出话，当他好像忽然记起一切走向陌生女郎时却不合时宜地被星相师挡住去路，一阵寒暄过后诗人再次寻找陌生女郎却早已不见她的踪影，只在空中闪烁着一颗明亮的星。与诗作相比，《陌生女郎》的戏剧版本增加了酒馆、沙龙、与情场老手和蓝衣人对话等情节在整个故事中的分量，使得“陌生女郎”的形象更加丰富立体。如果说诗歌里的“陌生女郎”更像一个纯粹的彼岸造物，那剧本里的她则降临此岸，在此岸徘徊，在酒馆、路边接受“情场老手”的“调情”。“此女只应天上有，人间哪得几回寻”，这样一个来自另外世界的神圣女性在剧情进展中表现得似乎是一位与几个男人纠缠不清的酒馆风尘女子。“陌生女郎”既被赋予了勃洛克理想的“永恒女性”气质又带有诗人在酒馆中常会遇到的酒吧女郎的影子，介于两个世界之间。俄国象征主义戏剧舞台上的女主角鲜有纯粹来自现实的形象，她们往往拥有一种源自弗·索洛维约夫“索菲亚”情结的神性，比如勃洛克《滑稽草台戏》的女主科伦比娜。在意大利喜歌剧里，科伦比娜是著名丑角阿尔列金的妻子，勃洛克在自己的剧本里则有意塑造了一个带着神圣光环的科伦比娜，而非单纯的滑稽角色。从意大利喜剧到俄国象征主义戏剧民间草台戏名丑被赋予了神圣女性色彩。类似的形象移置还有索洛古勃的《生活的人质》。

索洛古勃讲了一个颇有意思的荒诞故事：米哈伊尔和卡佳青梅竹马、私定终身，但双方父母均不支持他们的爱情，强迫他们分开，卡佳嫁给了父母指定的苏霍夫，米哈伊尔和同样深爱着他的姑娘莉莉丝住在一起，双方明为分手，实为莉莉丝出的缓兵之计，即卡佳暂且顺遂父母意愿，待时机成熟，莉莉丝立马离开米哈伊尔，成就他们二人迟到的姻缘，八年之后，米哈伊尔功成名就，莉莉丝认为时机已到，主动让出自己的爱人，卡佳也抛弃孩子，离开苏霍夫，与米哈伊尔终成眷属。莉莉丝就是一个来自彼岸的造物，自我牺牲的形象。莉莉丝原是亚当在夏娃之前的第一任妻子，后渴求与丈夫平等，弃夫而去，变身邪恶形象，在中世纪文学中被看做诱惑者，被认为是吸血鬼鼻祖。索洛古勃一改她离开亚当之后向恶魔堕落的形象，将其塑造成圣女，把莉莉丝为了平等弃夫而去的行为原型打造成“为他人作嫁

1 王彦秋，“世界乐队”的鉴赏家——论勃洛克的诗歌创作与音乐，《国外文学》，2005年第2期，第114页。

衣"、为真爱造福的神圣之举。为了成就米哈伊尔的幸福莉莉丝甚至跪下亲吻卡佳的双脚祈求后者奉献出真挚的爱情。这已然不是现实世界之人的行为，而接近至圣之爱了。然而，索洛古勃笔下的莉莉丝并非不食人间烟火的圣人，更不是未经性行为受孕的玛利亚圣母，她神圣光环的投影里是日常生活中的为人妇。莉莉丝深爱着米哈伊尔，同样经历着从恋爱到婚姻的过程，八年间默默履行着妻子的职责，直至米哈伊尔和卡佳终成眷属，她神圣的光芒才真正冲破了尘世的躯壳。莉莉丝是连结尘世与理想世界的形象，化解了现实世界之爱与理想世界之爱的矛盾。那种超越两个世界之上的爱对她是圣洁的，正如莉莉丝对米哈伊尔说的话"你所爱的一切，对我都是神圣的"，[1] 这是一种基督式的爱。莉莉丝作为独特的女性形象出现在剧中，开辟了一条成全姻缘的新路。[2] 莉莉丝既是救世主，又是领路人。

陌生女郎重又变成天上的星星，莉莉丝登上七级台阶悄然离去，科伦比娜成了扑克牌。她们本是彼岸的造物，在此岸徘徊一遭最终重返那个遥不可及的世界。不可忽视的是俄国象征主义剧本里与这类独特形象对应的还有另一类同样具有"双重体验"特质的人物。作为镜像式的存在，他们的身世恰好与之相反。这类人物来自尘世世界，但有能力体验另一个世界，是彼岸力量的发现者，具有诗人一样的气质，通常以剧作家本人为原型，剧情建立在他们的双重体验图景之上。

勃洛克的抒情剧三部曲（《滑稽草台戏》《广场上的国王》《陌生女郎》）是描写这类双重体验人物的典范之作。三部剧的情节线索正是主人公与彼岸现实若即若离的关系，基本戏剧动作是主人公分别在此岸寻找自己来自彼岸的永恒女性——科伦比娜、建筑师女儿、陌生女郎。他们能够真实感受到"永恒女性"的存在，但靠近彼岸的行动遇到各种阻力，而且阻碍实际上不是外在的，恰恰源于自身双重体验带来的思考和犹疑。

诗人走进酒馆，说着旁人听不懂的话：

在这些如火的目光中、漩涡般的眼神间有如在蓝色雪花之下绽放一样突然露出一张面容：黑色面纱后面"陌生女郎"至美的脸……帽子上的翎羽在摇晃……被手套束紧的纤纤素手拎着沙沙作响的裙裾……她缓缓走过，走过……

……永恒的童话。这，是"她"，是"世界统治者"。"她"手握权杖，统辖世界。"她"让我们着迷。[3]

诗人清楚徘徊在尘世的陌生女郎是彼岸造物，绘声绘色地描述着"陌生女郎"的容颜，而当她真正出现在他面前时，诗人却哑口无言，一动不动地站着，然后"静静地坐到偏僻的角落，若有所思地看着陌生女郎……他慢慢从原地站起来，手放在额头上，在房间里前后踱了几步，从他的脸上看得出来，他在竭力回忆着什么"。酒馆所在的此岸世界和陌生女郎现身的彼岸世界在诗人身上汇合，构成整个《陌生女郎》剧本的就是诗人两重体验在酒馆这个时空里相遇、并立的场面。同样，这类人物既不属于此岸世界又不属于彼岸世界，他们游离其间，内心承受着两个现实的痛苦。他们同"陌生女郎"们一样都是俄国象征主义戏剧常用的独特人物。不管是来自此岸的人，还是自彼岸降临的圣者，他们同时跨越两个现实，将两个现实的思考融于一身。剧作家乌托邦地寄希望于在人物身上展现这种共存并借助戏剧的示范作用实现弗·索洛维约夫所谓的理想世界对尘世世界的提升和改造。

二

正是勃洛克、索洛古勃、勃留索夫等剧作家对世界的象征主义认识造就了俄国象征主义戏剧这些特殊人物的外在特质，这类形象在之前的俄国戏剧作品中几乎是没有的，而且与其外在形象形成巨大反差的人物行动同象征主义之前各流派

1 Сологуб Ф. Собрание сочинений в 8 т. [т.5]. М.: Интелвак, 2002, p.251.

2 实际上，剧本当年在彼得堡上演之后，作品中所表达的爱情观备受指责。

3 Блок А. Полное собрание сочинений и писем в 20 тт. [т.6]. Драматические произведения (1906-1908). М.: Наука, 2014, pp.68-69.

戏剧作品比，俄国象征主义剧作家笔下的人物行动近乎荒诞和“不可理喻”。《滑稽草台戏》的皮埃罗和阿尔列金争抢同一个女人，阿尔列金甚至打倒皮埃罗抢走科伦比娜，但这两个人从未被塑造为情敌。索洛古勃的三个剧本则赤裸裸地讲述了几个“违背常理”的故事：《生活的人质》里的卡佳和米哈伊尔终成眷属的代价是分别背叛自己的丈夫和妻子，莉莉丝甚至主动祈求卡佳与自己的丈夫走到一起；《爱》描述了一个无视伦理关系的爱情故事，婚礼前夕女儿被未婚夫抛弃，悲愤之际，父亲说出自己的养父身份并坦露了对女儿的两性之爱，没料想多年来在这层关系的掩盖下女儿对父亲也心怀爱意，就这样前一刻的父女成了这一刻的情侣；在另一个剧本《深渊上的爱情》中“他”和“她”久居山顶，直到一个陌生人闯到山顶打破了他们的生活。她被陌生人以及他描述的山下生活深深迷住，毅然与丈夫分手随陌生人下了山，但接下来的生活却让他们两人始终无法平和。有一天他们突然接到山顶的他自杀的消息，为求得心灵解脱，两人最终饮弹自尽。

上述故事如果用现实生活的眼光审视简直是不可思议的行为。然而，正是这些看似不可理喻的情节架构形成了独特的俄国象征主义戏剧元素——基于非矛盾关系的戏剧冲突。因为，通常情况下，这种人物设置和行动是制造戏剧冲突的绝佳素材，或者形成直接对抗，或者进入对立关系模式。但是，我们在俄国象征主义剧本里似乎不易发现类似迹象，甚至找不到冲突所在。那能否认为俄国象征主义戏剧崇尚“无冲突论”？实际上，这些剧作家建构了一种基于非矛盾关系的融合式戏剧冲突。需要指出的是，比俄国象征主义剧作家稍早一些的契诃夫在戏剧创作中就已经非常注重挖掘平静的生活画面所蕴藏的戏剧力量，“在生活里人们并不是每时每刻都在开枪自杀、悬梁自尽、谈情说爱。他们也不是每时每刻都在说聪明话。他们做的更多的倒是吃、喝、勾引女人、说蠢话，必须把这些表现在舞台上才对。必须写出这样的剧本来，在那里人们来来去去、吃饭、谈天气、打牌。使舞台像生活那样，但又比生活更复杂，在这个过程中，有人走运了，有人倒霉了”[1]。不同的是，契诃夫立足于现实世界的思考，而象征主义作家更倾向将思想的触角伸向形而上世界。[2]

谭霈生教授在《论戏剧性》中指出冲突展开的内在动力是人物性格和人物关系，冲突主导是矛盾对立的力量，但对于分析戏剧冲突表现为融合的俄国象征主义戏剧，人物关系与戏剧冲突的这层关系仍旧有效。而且，谭教授也同时讲到“展开冲突的方式是多种多样。真正有作为的剧作家决不会让某些成规束缚住自己的手笔，总是要不断探求新的路子”[3]，并举了《琼斯皇》的例子。融合式戏剧冲突恰恰是俄国象征主义剧作家在探求新路子上迈出的一步，戏剧冲突新形态以戏剧人物新关系为支撑。谭霈生教授的《戏剧本体论》将冲突的性质作为划分标准，从矛盾关系和非矛盾关系出发，前者发展为冲突和抵触，后者发展为非冲突。俄国象征主义剧作里常见的人物关系属于后者。

“非矛盾”不是人物的完全统一，不存在对立。俄国象征主义剧作家当然也塑造了一批对立的人物形象，不过所谓的“对立”已经超出了以往的定义范围，是蕴含融合趋势的对立。

对非矛盾关系应做两方面理解。第一，人物的对立以及由此引发的行为不能置于现实生活价值体系，因为象征主义戏剧本身并不以直接反映现实为宗旨，现实主义考量容易使理解剧本的努力走入歧途。因此，剧本中很多人物看似对立，实际并非势不两立，《滑稽草台戏》的阿尔列金抢走了皮埃罗的未婚妻，但皮埃罗和阿尔列金从未被塑造为情敌，当然，这与意大利即兴喜剧（The Commedia Dell’Arte）的人物模板有关，然而，在另一些剧中，没有了固定模式的制约，人物的对立仍然采用这种框架，《深渊上的爱情》里的“他”与“尘世之人”也不存在敌对关系，他们在

1 契诃夫，《契诃夫论文学》，安徽文艺出版社，1997年，第346页。
2 参见拙作《关于俄国象征主义戏剧的几个问题》，发表于《戏剧》，2015年第3期。
3 谭霈生，《论戏剧性》，北京大学出版社，1981年，第95页。

剧中更接近以类型化的人物群像出现，类似的还有《生活的人质》中的莉莉丝与卡佳。与此同时，剧中人的诸多行为若以现实价值评判足够被贴上“不道德”的标签。阿尔列金和“尘世之人”抢他人未婚妻；莉莉丝提供的方案实际上对苏霍夫是极其不公平的；阿尔吉斯特冒充王后与国王同床共枕，而计谋被识破之后却向合法夫妇施魔法致死（《死亡的胜利》），种种行为皆违反伦理，但实际上对他们做法的评价已然超出了现实价值体系。我们不能认为科伦比娜离弃未婚夫是不道德的，同样不能认为陌生女郎轻易地随他人而去是水性杨花的表现；在“他”看来，自己的爱人随“尘世之人”离去是自由心灵的表现；米哈伊尔和卡佳以牺牲苏霍夫的幸福为代价最终成就自己的姻缘是结束“人质”状态的正确选择；阿尔吉斯特的魔法是真爱至上原则的体现。在俄国象征主义戏剧价值体系里，所有人物的“出轨”行为作为精神层面探索的意义要大于行为本身的品性模范意义。所以，勃洛克在1908年出版的抒情剧三部曲序言里指出，“这三部小剧实质是抒情剧，也就是那样一些表现个别心灵的感受——怀疑、激情、失败、堕落的作品，只不过是以戏剧的形式展现出来。我并未在此得出任何思想的、道德的或其他结论。”[1] 这也导向我们对非矛盾关系的第二方面理解，对立最终走向融合。

我们再来观察一下剧中人物“对立”的结局如何。阿尔列金跳出窗外、跌入虚空；国王化作石头、阿尔吉斯特倒在石像脚下，爱与死亡画上了等号；米哈伊尔与卡佳终成眷属，莉莉丝完成了她维护至爱的神圣任务离他们而去；“他”“她”和“尘世之人”均以自杀达到了他们追求的精神境界。这样的情节在现实主义剧作中是很难想象的，几乎不合情理的结局在象征主义剧本里恰恰是对立融合的处理。我们看到，对立走向融合或者表现为双方的终结，或者表现为“神圣的和解”。就像“他”与“她”分手之际，对“尘世之人”说：“您驱散了幻想，带来了我所不了解的真理。我走得太高，您让我明白，我远未获胜，尘世还未长成，那一天没有来临。”[2]“神圣的和解”背后的潜台词是此岸的不完善和彼岸具有向此岸渗透的力量，不管是国王的石化还是“尘世之人”随“她”自杀都是此岸世界在彼岸力量影响下的变形。[3]

双方的终结或者“神圣的和解”指的都是此岸现实和彼岸现实的毁灭，山上的人、山下的人、下山的人均以消逝告终。两个现实纷纷坍塌预示着另外一种模式存在的可能，《生活的人质》描述了一种通过神圣形象的中介实现爱情升华的模式，但大部分剧本提供的是“毁灭性”结局——个体的消亡，消亡不等于死亡，死亡只不过是一条特殊途径，寄托着俄国象征主义剧作家探索新生活模式这一终极理想。就此而言，俄国象征主义戏剧里的“绿茶婊”实为自彼岸世界降临此岸的“风尘女子”，而新生活探索止于个体的消亡，她们在此岸走向终结，出现即为了消失，为了将对立的力量融合到一条通往新现实的路，为了以索菲亚向索洛维约夫显圣的姿态向剧本中身为彼岸世界发现者的“诗人”们显容，从而提升他们的心智，这样，“绿茶婊”们行动的场面便有了宗教仪式意义。

三

……莉莉丝站在台阶顶部，身着黑长袍，头戴金色头饰，脸上洒满神圣的光辉。

莉莉丝：我累了，极度疲惫。我已走过几个世纪——我把人们呼唤到我身边——完成使命，然后离开。我依旧不是那个头戴花环的杜尔西内娅[4]，我前方的路很长。[5]

---

1 Блок А. Собр. соч.: В 6 т. [т.3]. М.: Наука, 1981, p.383. 我们也不排除勃洛克写下这段文字的动机是刻意引导读者视线，避开当时观众将《滑稽草台戏》的剧情与别雷和勃洛克夫妇三人关系做联想。

2 Сологуб Ф. Собрание сочинений в 8 т. [т.5]. М.: Интелвак, 2002, p.323.

3 索洛古勃，《深渊上的爱情》“高山-深渊”的世界结构本身反映的就是两个世界的并立，而“她”走下山的情节正是这个渗透过程。

4 杜尔西内娅：《唐·吉诃德》人物，原是养猪的村姑，被唐·吉诃德看做理想的爱人，并取了一个颇具公主意味的名字“杜尔西内娅·台尔·托波索”，每次战斗之前，唐·吉诃德都会高呼她的名字。

5 Сологуб Ф. Собрание сочинений в 8 т. [т.5]. М.: Интелвак, 2002, p. 301.

这是《生活的人质》最后米哈伊尔和卡佳赶走苏霍夫并终成眷属之时莉莉丝离开的场面。按照索洛古勃的描写，帮助丈夫抢夺别人妻子的莉莉丝这一刻头戴金饰、沐浴在光辉里的画面与拉斐尔笔下的圣母形象颇有几分相似。正是这些女性形象的加盟使得俄国象征主义戏剧场面别具一格地蒙上一层神圣色彩。这也构成了俄国象征主义戏剧的第三个新元素——仪式化场面。上述场面在《生活的人质》里只占一小部分，或者说剧本只是部分场面做了仪式化处理。实际上，这也是俄国象征主义戏剧场面仪式化处理的两种基本方式之一。

关于仪式与戏剧的关系加拿大仪式学家格兰姆斯（R. Grimes）在《仪式研究的起点》中认为"当仪式不再是一种直接的体验，而是变成了模仿、虚构和扮演，或当仪式形式仅仅成为一种传统习惯时，戏剧便历史地出现"[1]，戏剧与仪式在形成早期共享着一些形式，但当这些形式逐渐变为人们习以为常的行为时，仪式因素便让位于表演因素。俄国象征主义者试图在戏剧中唤醒仪式记忆，有意放大戏剧中本已蕴藏的仪式能量，建构仪式化的场面。仪式为俄国象征主义作家在戏剧领域的美学实践探索提供了功能框架，成为剧作家开掘戏剧场面惯用的一种组织方式。仪式介入的形式大致可分为两类：整体场面仪式化和局部场面仪式化。

第一类型中，剧本整体按照仪式形式完成，从结构到人物设置，直至台词，基本属于再现仪式的程序。此类剧本不多，最典型的是索洛古勃的《事奉我的礼拜》。该剧创作于作家的姐姐奥尔加去世之际，在很大程度上可被看做索洛古勃思索死亡与祭祀的结果。剧本整体描写的是礼拜仪式（liturgy），在这里特指完成圣餐礼中子夜领圣血的仪式。剧本的整体结构按照礼拜仪式程序完成，大致包括了入堂式、唱诗、祷告、领圣血、祝福和退堂式。剧本没有传统剧作法的"场"和"幕"，但场面依然能够清晰地划分开来，依据便是仪式程序。每个场面都对应一个程序。索洛古勃借用仪式程序结合自己的戏剧思想在剧本中对仪式稍作修改。人物设置按照仪式要求称作"圣礼参与者"，而非剧本中通常的"出场人物"（действующие лица），有祭司少年（该角色代替了圣餐中的献祭者耶稣）、圣传、圣坛守护人、分别带刀、红酒、花环和面包的姑娘、处女、分别手执碗和蜡烛的青年等等。每个仪式场面我们可以通过情景说明辨别。

索洛古勃描绘了一个子夜领圣血的仪式。"夜幕降临。做礼拜的人们聚集在空旷的山谷……所有来人都脱下鞋和日常服装，穿上白衣服，头戴花环，等待少年来临……等待做礼拜的人们唱起回忆的颂歌……"剧本幕启这段说明刻画的正是入堂式，第一个场面是在场参与者轮流合唱，呼唤祭司出现。圣传的说辞唤来少年基督显圣般的降临，"从山上传来少年空灵又柔和的声音，伴随着里拉琴声"，场面转入信众歌颂"主"的祷告，少年逐渐显露面容，出现在大家面前，"少年手捧白色郁金香走来，身披白色长袍，腰系黄丝绦，手脚赤裸，胸口半掩"。祭司出现之后开始宣信程序，"我——是羔羊，祭司和主宰"，大家吻祭司的脚，"手执蜡烛的青年排成一个大椭圆弧圈，中心是少年和祭台"，下一个程序是少年给大家自带的面包、红酒、花环和刀祝圣，接着赤裸身体的少女为少年披上白色的圣礼服，信众手牵手围绕祭台唱歌，最后捧碗的青年将碗递给祭司少年，后者将祝圣过的红酒倒入其中，再用刀割破手指，滴血混合。然后，碗在人群中传递，每一位参与者都要滴血，这时迎来领圣血仪式的高潮，"少年俯身，嘴唇贴在碗沿呷一口……所有人按次序在少年手中的碗沿抿一下"，事毕，仪式结束，"兄弟姐妹互相亲吻，分别，悄无声息。细心的妇女和姑娘收拾好祝圣过的物品和仪式服装"[2]。

以上引号中的文字均出自剧本的情景说明，藉此我们可大致了解仪式程序，而且能够很清晰地看到剧本整体的仪式结构。如果将该剧本搬到

1 R. L Grimes, *Beginnings in Ritual Studies*, University of South Carolina Press, 1995, p.145.
2 Сологуб Ф. Собрание сочинений в 8 т. [т.5]. М.: Интелвак, 2002, pp.7-29.

舞台上，观众看到的将是一连串圣餐仪式的场面。以索洛古勃《事奉我的礼拜》为代表的整体场面仪式化不能被看做自然主义“照相式”复现，而是以仪式形式为组织原则将仪式的内涵运用到戏剧思想阐释中。此类剧本还有别雷的《降临》（发表于1903年第三期《北方之花》丛刊）和《夜的陷落》（见于1906年第一期《金羊毛》）。这是别雷未完成的秘仪剧《反基督》的两个片段，根据两部分的风格可大致推断出别雷头脑中已经形成了一部神秘仪式型剧本。

在局部场面仪式化的剧本中，仪式结构只在个别场面中发挥组织效力，具有扩展剧情现有表现空间的功能。不同于前一类情况，仪式在此类剧本中大多仅作为与仪式相关的行动模式，组织某一场中的动作与人物关系，所以，当场景转换，剧情笼罩在仪式氛围之下会略显突兀，但稍作分析，我们能够捕捉到如此安排所传达的另一层信息。局部仪式化场面被很多俄国象征主义剧作家运用在作品中，比如勃洛克的《滑稽草台戏》。此剧借用了欧洲喜剧常用的丑角皮埃罗、科伦比娜和阿尔列金，将三者发展为三角恋关系。短剧主体是科伦比娜被阿尔列金夺走、最后竟变成一张扑克牌这个近乎荒诞的情节。其中，科伦比娜与皮埃罗再次会面时的场面用的正是11世纪俄国民间“迎春”仪式。“迎春”活动分迎春（召唤春神）、贺春（庆贺春神降临）、葬春（埋葬春神）三部分。剧中阿尔列金第二次出场时的戏剧场面从舞台调度到台词无一不透露出召唤春神的仪式形式。

> 欢快地呼喊：“火炬！火炬！火炬游行！”
>
> 火炬合唱队上。面具人聚集在一起，又笑又跳。
>
> ……
>
> 领唱阿尔列金走出合唱队。
>
> 阿尔列金：……啊，我多想敞开胸脯
> 尽情呼吸，拥抱世界！
> 在那空旷的无人之处
> 摆开欢乐的春天喜宴。
>
> 这里无人能够明白
> 春天在那高空徜徉！
> 这里无人能够恋爱
> 他们都在梦中忧伤！
>
> 你好，世界！你重又与我同路！
> 你的心早已与我近在咫尺！
> 我要迈进你的金色窗户
> 享受你那春天的气息！[1]

合唱之后，身披白色盖布的死神上，随着一步步临近，盖布后面逐渐显现出科伦比娜的面容。科伦比娜出场的神圣场景的组织方式源于葬春部分，在民间仪式中的程序如下：春神在姑娘们围成的圈子里跳舞，另一个身披白布的姑娘出现，所有人喊“死神”，于是大家与死神搏斗，保护春神。最终死神用树枝打倒草扎的春神，大家为春神送葬。勃洛克对仪式组织方式的借用完全不同于索洛古勃，读者能够感到些许的仪式氛围，但已经很难看出原本仪式中的角色，仪式化场面并未作为仪式置入剧本，剧中人物只是在个别场面中以仪式程序完成戏剧动作，剧本整体与仪式没有很大关系。《滑稽草台戏》中的仪式化场面更像是整个剧本的一处注解，用民间仪式的形式烘托整体草台戏的氛围。与此同时，草台戏作为源于民间广场的表演样式具有狂欢生活中对既定规范秩序嘲讽戏谑的“脱冕”力量。《滑稽草台戏》是勃洛克应丘尔科夫之建议完成，发表在后者主办的反对神秘无政府主义的刊物《火炬》（1906年第一期），勃洛克借这种草台戏、民间仪式的力量营造了谐谑氛围，嘲讽当时他本人也已无法完全赞同的神秘主义。

以上三部分我们分析了与剧本中独特的神圣女性形象相关的俄国象征主义戏剧新元素：“双重体验”特质的人物，基于非矛盾关系的戏剧冲突和仪式化场面。这些新元素改变了俄国戏剧形态，

1 Блок А. Полное собрание сочинений и писем в 20 тт. [т.6]. Драматические произведения (1906-1908). М.: Наука, 2014, p.19.

形成俄国象征主义戏剧的流派特色。然而，其中一些剧本并未能够上演，还有一些在舞台呈现时遭遇滑铁卢，比如《生活的人质》在1902年因其“不可理喻”的爱情观在彼得堡听到一片质疑声。当本文围绕“神圣女性”形象思考百年前的俄国象征主义戏剧发展过程中出现的问题时，我们发现在当年的观众眼里“神圣女性”未曾神圣，神圣的“风尘女子”被观众的不理解“尘封”，这在一定程度上缘于剧作家对戏剧氛围的掌控。

四

我们在阅读或观看以象征主义为代表的现代派剧本时经常会有这样的印象——情节无逻辑或毫无情节可言。这正是俄国象征主义戏剧发展的症结所在。在索洛古勃、勃洛克、安年斯基等作家笔下编剧重点从情节转到了氛围。氛围在现实主义戏剧里经常作为渲染剧情的辅助，而自象征主义始，逐渐成为戏剧建构的重要部分，甚至可以做戏剧本体论层面的思考。象征主义戏剧指向另一个世界，追求来自彼岸的神秘体验，依照逻辑结构的情节有能力表现受因果律制约的现象以及那些能被理性包容的现象，却无法企及超越现实的神秘，所以，单凭情节、情境这种传统戏剧建构手段不足以完成象征主义戏剧，或者说，象征主义戏剧不以情节取胜，而在于营造近乎神秘的氛围，促发观众的直觉感受。象征主义剧作家将这种感受修饰为世界本体，面对的是超越现实世界的理想世界，认为真正的世界就存在于神秘感觉的层层迷雾之后，象征主义戏剧的任务是拨开迷雾，让彼岸的阳光照亮此在世界，“象征需要的是看透与无限精神元素相关联事件的能力，因为世界正是建立于这一精神元素之上。”[1] 神圣女性形象在这一戏剧美学追求下顺理成章地从字里行间登上了戏剧舞台。

然而，在实践阶段，这一诉求和相关尝试却遭遇了“不尽人意”。1901-1911年间，俄国象征主义作家创作了至少20部象征主义风格的剧本，只有勃洛克的《滑稽草台戏》和《陌生女郎》、索洛古勃的《夜之舞》、《生活的人质》和《管家万卡和侍从让》等寥寥几部实现了舞台呈现，大部分作品停留在案头剧阶段甚至根本未发表。斯坦尼斯拉夫斯基曾致信勃洛克谦称自己能力有限，无法理解《命运之歌》的创作意图。[2] 单从象征主义氛围来看，这些作品大胆尝试了多种手法，在剧本内营造出不同以往的形而上氛围，但若搬上舞台，哪怕由梅耶荷德使用博取眼球的手法导演，观众恐怕也会面临同斯氏一样的困惑：不理解，无法感知。这里涉及氛围感知度的问题。如果将建构氛围戏剧视作设计传递系统，剧作家在剧本中营造氛围是输出部分，感知度则是输入部分。感知部分不通畅，剧作家再精巧的设计也如同对牛弹琴。开篇我们列举的两个例子便如此。俄国象征主义戏剧的“失”在相当程度上缘于氛围感知度出现了问题。

观众对氛围的感知分为显性层面和隐性层面。显性层面主要作用于剧作家为营造戏剧氛围而使用的可见手段，即构成象征主义氛围的基本因素——象征的运用，包括局部象征和整体象征。第一种情况集中表现为个体象征物，《三度花开》里三次出现的花、陌生女郎、《夜之舞》里神秘的金花均属于象征物，而且它们极具剧作家的个性特征，就像植物在巴尔蒙特美学世界里是独特的象征系统，在植物的自由生长中他甚至看出了诗歌的韵律交错和节奏变化，所以《三度花开》的主要象征物是三种不同颜色的花。因此，观众面对这些象征如何能够理解其中的奥妙？这个问题也反映了勃留索夫两种假定性的区别，用玫瑰花象征美女这类常规假定实际上更易被理解，而需要调动观众想象力的“有意识的假定”难保观众不会不知所云致使假定性机制无法顺利运作。局部象征如此，整体象征亦然。

俄国象征主义戏剧的整体象征通常基于在剧本中初步搭建一个非现实的世界结构，指向另一

1 Волынский А. Литературные заметки//Северный вестник. 1893(3): 133-134.
2 斯坦尼斯拉夫斯基：《斯坦尼斯拉夫斯基论文讲演谈话书信集》，中国电影出版社，1981年，第227页。

个承载着剧作家理想主义幻想的世界，这种极具个性特征的剧本需要有一定鉴赏力和美学修养的观众。为搭建世界结构俄国象征主义剧作家运用风格模拟将古希腊悲剧、仪式或假面喜剧转用到剧本建构中。然而，这种思路存在不可回避的语境问题，即使做到安年斯基主张的古希腊悲剧与现代心灵结合，对于观众能否真正感受到剧本氛围我们仍存疑问，因为，古希腊人的生活中较好地保留着仪式传统，而现代人离开了那个特殊语境或许很难理解仪式中蕴涵的社会秩序和道德典范。比如假面喜剧中的面具，“只有当它为观众所熟知，观众才能在当代语境下重新阐释其象征意义，进而看懂剧本，而且，20世纪初的观众适应了现实主义戏剧思维，不会自然而然地理解面具的原始象征涵义”[1]，所以，相对而言，1906年梅耶荷德导演的勃洛克《滑稽草台戏》能吸引观众的恐怕还是闹剧和滑稽剧元素，作家期望借假面喜剧传达的那种神秘氛围被梅耶荷德的杂耍、狂欢技法消解了，这也是勃洛克对梅氏版本不甚满意的重要原因。显性层面氛围感知遭遇的情形是观众根本无法理解，也就没有感受输入可言，另一种情况则有所不同，观众可以理解象征物，但与剧作家欲表达的涵义无法对接。

隐性层面在于观众对剧本隐含意义的感受方式，与显性层面一脉相承。象征主义剧作家当年已经意识到象征手法的过分个性化导致观众理解剧本受阻的问题，维·伊万诺夫提出用群聚性对抗个体主义，勃洛克主张转向民众戏剧。勃洛克认为民众在剧院里面对来自理想世界的“美妇人”时就会抛弃民间草台戏的庸俗氛围，神圣氛围油然而生。观众感知氛围的断裂正在于此，因为观众的感受方式并不一定如剧作家所愿，“美妇人”在观众眼里也是美的，但可能只是现实生活中的美丽女人，甚至有些神神叨叨，与勃洛克臆想的神圣女性往往判若两人。同样，身上不乏仙气的陌生女郎和索洛古勃的莉莉丝若以日常视角观之，无非行为不甚检点的妇女而已。俄国象征主义戏剧中不少人物、情节，一旦脱离象征主义氛围就瞬间沦为“不堪入目”的道德批判对象[2]。1908年勃洛克在抒情剧三部曲前言中特意强调针对三部剧不应做“道德上的评判”，但也无力改变观众心中强势的现实主义思维方式。隐性层面的氛围感知止于观众对象征主义氛围的现实主义理解，剧本指向彼岸世界或者剧作家建构的新世界，观众却在此岸世界维度感受，自然造成感受输出与输入不在相同频段，共鸣通道受阻。

五

我们从“神圣女性”这一具有俄国象征主义特色的人物形象出发分析了俄国戏剧发展至象征主义阶段出现的新元素和不可回避的问题。在俄国象征主义剧本里我们很少见到现实生活中常见的人，试图通过台词了解人物性格、背景往往是行不通的。剧作家塑造了一批独具流派特色的人物，其生平常常是虚无缥缈的，因为他们很多来自剧作家认为的理想世界，在这些“双重体验”的人物身上集合了此岸和彼岸世界的因素，承载着剧作家的世界感受和围绕世界应该是何种面貌这个问题的思考，在剧本层面呈现了象征主义作家期望在现实世界中实现的个体精神升华。俄国象征主义的戏剧冲突尝试摆脱我们通常对冲突的二元对抗理解，以“神圣女性”为代表的诸多人物及“不可理喻”的行为并未导向人物的对立，而是基于个体与他人的非矛盾关系，从对立走向形而上层面的融合。“神圣女性”是作家形而上追求结合俄国思想的产物，为戏剧场面披上一层宗教仪式色彩。俄国象征主义剧作家异常重视仪式在戏剧建构中的功能，尝试通过戏剧场面的仪式化处理唤醒戏剧的仪式记忆。仪式化场面呈现出特殊的人物关系、世界秩序，是剧作家戏剧思想的直观注解，是对个体存在的别样思考，仪式强化了个体对集体的归附感。然而，俄国象征主义戏剧的极度个性化特色也成了其自身发展的软肋，

1 J. Kot，Distance manipulation: the Russian modernist search for a new drama, Northwestern University Press, 1999, p.89.

2 所以，当年索洛古勃剧本宣扬的爱情观不被接受，以此推测，维·伊万诺夫在妻子莉季娅死后续娶亡妻与前夫的女儿维拉很可能也是出于这种形而上的考量，但在世人看来，这些做法似乎不可理喻。

集中表现为氛围感知受阻。剧作家运用的一些极具个性特征的戏剧表现手段增加了观众理解剧本的难度，一些精心设计的人物和情境在尚未准备好接受象征主义的观众那里脱离了象征主义语境转眼便成了难以捉摸的败笔。应该说，相较于之前的契诃夫以及之后的马雅可夫斯基、布尔加科夫的剧本，以索洛古勃、勃洛克、勃留索夫为代表的俄国象征主义戏剧尽管上演率不高，但从俄国戏剧发展史考量，象征主义戏剧的存在感更多地体现在方法论改革意义上，作为20世纪俄国“新戏剧”探索的先头兵尝试了一批不同于现实主义风格的戏剧建构方式。本文考察的“得”与“失”只涉及了俄国象征主义戏剧发展过程中几个较突出的特点，并非全貌，一些未纳入本文视野但颇有价值的问题，如俄国象征主义戏剧与梅耶荷德导演思想的关系，值得我们后续深入研究。

（作者单位：华东师范大学）

论《欺骗》中的"生成"张力

奚 茜

© 2017 比较文学与跨文化研究（1），48–54 页

内容提要：当代女作家安妮塔·布鲁克纳在其小说《欺骗》中刻画了一位单身知识女性安娜·达兰。主人公安娜从与时代脱节的小公寓到开放的巴黎大都市，冲破传统的桎梏，重构自我的精神家园，这与德勒兹的"生成"观有很大相通之处。本文在文本细读的基础上，探寻女主人公的成长轨迹，用德勒兹的"生成-女人"分析小说中"生成"动态在女主人公身上的具体表征。从女主人公压抑的内心到"生成"差异的微粒子碰撞，再到"生成-女人"之张力，"生成"激发人的欲望开端，其持续的"生成"作用力为处于边缘位置的女性注入了新的活力，带来希望的光明。

关键词：安妮塔·布鲁克纳《欺骗》 德勒兹 生成-女人 逃逸线

安妮塔·布鲁克纳（Anita Brookner, 1928- ）以书写单身知识女性的生活图景见长，其细腻的刻画和平实的笔墨描绘了当代单身知识女性在特定社会情境下的生存状态。在布鲁克纳的《欺骗》[1]（*Fraud*, 1992）中，女主人公离开成长的环境，摆脱束缚，最后过着独立的生活，"确实具有某种女性成长的意味"[2]。但是，深入挖掘主人公安娜·达兰的内心世界，她的逃离不仅是一种传统意义上的成长，也昭示着一种反抗，反抗男人/女人二元中心。从德勒兹的"生成（becoming）"思想解读，安娜的成长历程更像是创造一种逃逸线以释放压抑，生成本来的人，探索对周围的事物和所生活环境的新的感知，任生命中各种微粒子碰撞生成张力，使主人公通过感知到生活的潜在力量而受到刺激，做出本真的"生成-女人"的反应。此处的"生成-女人"并非书写一部女性成长史，而是摆脱传统的性别标签，获得成为女人的真实的感受。

德勒兹用"线"的概念透视和概括人生，线主要分为三种：克分子线、分子线和逃逸线。克分子线是固定的、切分性的，其轮廓分明的切分使人生成为可规划的，构成了人生诸如求学、入职、结婚之类的重大选择，被定义为模态化（molaire）的切分线；分子线依然是切分性的，却是较柔韧的切分，它打乱了时间性，是偶然性出现的事件，被定义为分子化（moléculaire）的流；逃逸线既超越了各种断片也超越了各种门限，把我们带到了一个未知的、既无法预见也非预存在那儿的目的地[3]。在德勒兹看来，正是基于这种生命力量，逃逸线成为一种创造线。逃逸线的存在既超越了克分子线的传统模式，又融合了分子线上偶然碰撞的微粒子事件，因此，所有生产性的事物都是在这条线上发生的。

德勒兹的"生成"思想强调的是一个动态的过程，欲将挣脱克分子实体的传统束缚以建构新的感受或是生成一种不可感受的世界。"生成"思想旨在不断生成差异，处于居间（in-between），增强生命的力量，使生命能量最大化。它拒绝理论和道德的范式化批判，脱掉世俗规则的外衣，从内心深处出发，将本在的欲望释放出来，逃逸以传统为标准的主导价值。《欺骗》便处于"生成"的动态过程中：主人公安娜·达兰开始与母亲生活在与时代脱节的小公寓，交际圈子十分狭窄，安娜被克分子（molar）线的传统集体束缚，

1 文中所引《欺骗》译文部分为笔者所译。
2 王守仁、何宁，《20世纪英国文学史》，北京：北京大学出版社，2006年，第212页。
3 朱立元、胡新宇，线与生成：德勒兹文学创作理论的两个主要概念，《文艺研究》，2012年第1期，第20-21页。

着装传统、性格沉郁、举止拘谨，郁郁寡欢，当压抑的情绪被安娜融入内心世界，达到阈值，她便不得不向前逃亡，即从内部“逃逸”，指向对“生成”的渴求。在“生成”的动态过程中，其微粒子被不断发射出来，以不同速度、频率和方向运行，以彰显差异，这些来自内外粒子的碰撞，生成“分子（molecular）”，具有女人的某种全新的感受。内外因素的推动下，主人公安娜时值中年逃离了小公寓来到巴黎大都市，为自己打开未知空间，成为自我生命的评判官。小说结尾处，在巴黎街头，马什的女儿菲利帕偶遇神采奕奕的安娜，安娜在巴黎从事服装设计，告别了过去在伦敦的失落岁月，开启了全新的生活[1]。而且，安娜道出了对“欺骗”的新的感知，其自我的探索也影响到了菲利帕。因此，“生成”一直在持续，“生成总是在‘之间’或‘之中’，女人之间的一个女人”[2]，在无数个个体游离流动的自由中穿越人本身的欲望，与男人或是女人无关。

一、“逃逸”之前的压抑

在德勒兹的“生成”思想中，克分子和分子是相互渗透且同时运动的，克分子充当着社会固有的模式，形成网状的生硬的线状系统，分子充当着不稳定的个体，打破时空的桎梏，游离涌动进行潜在的运动，形成不可见的柔性的活动空间。克分子和分子间的作用力一旦失衡，可能会导致主人公的压抑性失语。

首先，《欺骗》的主人公安娜在封闭的小公寓中，“像维多利亚小说中的女儿。小杜丽[3]”（11）。安娜像小杜丽一样，被禁锢在监狱中，被禁锢在传统意识所编织的克分子线网结构中。布鲁克纳在此处将安娜和狄更斯笔下的小杜丽联系起来，诚然，安娜是“维多利亚”式过时的人物。同样，在开篇安娜被发现失踪后，警察道出安娜所处的大环境对她的无形压力，“她过时了。诸如照顾母亲，未婚这些特点。我认为她是典型的老处女”（14）。可见，她所生活的社区对她的行为是有所诟病的。这种自我牺牲精神并不被大众所推崇，而被贴上诸如“老处女”的标签。这样强大的克分子外力使得安娜时常深陷某种沉郁的情绪中，用最得体的表现方式来掩饰内心的波动。例如，当哈利迪医生告诉她他要和维基结婚的消息时，“她脸颊泛红，但是并没有情绪的彰显”（130）。接着，安娜一句“你？”后，稍作停顿，“悲伤地凝视他，‘我祝福你，’重复着，‘我总是祝愿你好’”（130）。由此可见，安娜将本来的情绪及时收敛起来，用得体的语言表示祝福。那句“你？”的问句后似乎要接着宣泄一种责怪或者是表达悲伤，但是戛然而止的停顿，只被一个“悲伤的凝视”所替代。哈利迪的移情别恋使得安娜的内心愈加孤寂了。话语的失声表示了安娜将歇斯底里的怒吼内心诉求转变成身体语言，即意识范围缩小了，情绪的宣泄被压抑了。紧接着安娜话语的“重复”在进行某种自我暗示、自我安慰，她所表达的得体祝福并不是她心中所想，这样违背内心意愿的做法加剧了安娜内心的波动。

其次，安娜生活在母亲的隐形控制之下，交往的圈子极其狭窄。安娜曾在故事最后道出了母亲的“欺骗”：“母亲告诉我总会得到幸福，生活中最美好的东西是值得等待的”（222）。一方面，看似劝导性的话语却使安娜在无形中被禁锢了，安娜母亲所灌输的传统价值观念和陈旧的社会秩序对安娜的内心压抑是潜移默化的。另一方面，安娜母亲的身体欠佳从客观上也限制了安娜行动的空间和时间，使得乖女儿必须呆在母亲身边。时空上的限制，使得安娜的欲望被压抑，表达被限制，“她所害怕的是母亲遭受安斯沃思事件（Ainsworth incident）[4] 后的打击，害怕的是母亲可怜的希望幻灭。她自己所受到的伤害竭力在母

1 Anita Brookner, *Fraud*, London: Penguin Books Ltd., 1992, pp.221-222. 该小说的其他引用部分在文中括号内直接注明页码。

2 张中，何谓“生成”？——论德勒兹的“生成”观念，《文艺评论》，2016年第1期，第71页。

3 小杜丽是英国作家狄更斯长篇小说《小杜丽》中的女主人公。威廉·杜丽全家老少因无力偿还债务而先后被终身监禁于位于伦敦桥和乔治教堂南大街的中段的马夏尔西监狱（Marshalea Prison），小杜丽就是在马夏尔西监狱出生的。

4 安娜·达兰的母亲艾米因晕倒在外得到乔治·安斯沃思的热心相助而爱上安斯沃思。根据杜里特家律师的调查，安斯沃思是一个已婚的投机酒商，在警察局有过欺诈的不良记录。他不是真的爱艾米，只是为骗取艾米的钱财做了她的情人。

亲面前掩饰，就像她掩饰劳伦斯·哈利迪和维基·吉布森结婚的消息一样”(46)。安娜内心强调的是他人的感受，这样富有同情心的表现是情感强制被压抑的结果。克分子的力量过于强大，将作为个体的安娜压制在社会与传统的网络中，被漫长的岁月侵蚀，使得安娜“感觉累，很累”以及催生一种“孤独感”(68)。孤独的心理体验是克分子实体所带来的效应，即外部的规训力量给予个体以一定的作用力，进而个体出现感觉性幻觉，使得女主人公持续处于低落的情绪状态。

最后，安娜的着装举止道出了其服饰语言。“我穿着带金色纽扣的褐色灯芯丝绒套装，戴着金色的耳环”(60)。这一典型正式的装扮构建了传统的女人形体，即“克分子”女人。派对上得体的交谈和问候是传统女子交际的方式，由于她们的出行受限，交际圈子较小，使得她们的欲望被压抑，自由被限制。完善的女性形态在传统的建构中加强了克分子网的二元对立性，在外部力量占主导的情况下，安娜“所获知的知识就是她必须保护母亲免受伤害”(66)。“为他人牺牲”(66)的精神加重了安娜内心压抑的情绪。这是传统女性气质的构建，也正好迎合了英国传统的“得体”。安娜得体的言行举止完善了女性形态，从而加固了“克分子”女人的实体建构。

维多利亚式的知识女性、牺牲自我的女儿和传统的得体女性，这些标签在封闭的空间里被转化为安娜所具有的传统气质形象。这种封闭的自我形象压抑了本能欲望，压抑了对情爱的呐喊，压抑了革命性的全新感知世界的能力。因此，“欺骗”在此刻还未被感知。安娜的自我封闭还处在性欲未发展的单调生活阶段，这样的单调与枯燥迫使她产生了某些感觉性幻觉（即梦境），内心的压抑便加深。诚然，感觉性幻觉是生成的动态过程中起转折性作用的因子，它打破了克分子线和分子线编织的平衡。

二、“生成”差异：微粒子间的碰撞

女主人公安娜的两个梦境，将压抑的情愫融入了此种感觉性的幻觉，使得克分子和分子的运动产生的张力达到极致。女主人公将歇斯底里的欲望压至心底，融入内心世界，一旦有内外部微粒子在生成的动态中起作用，安娜便不得不向前逃离，而相互碰撞产生的差异迸发能量，使得安娜从内部“逃逸”。梦境是一种拆解，消解克分子线的实体标签，生成“分子”，构成多样性的分子线。“这是不定的多样性、生成的多样性，而不是由可数的要素和曾是秩序的关系形成的多样性”[1]。多样的分子构成的分子线并不是简单的相加，而是对人的内心产生冲击，内化为潜在能量，从而一定程度地消解压抑情绪。梦境作为运动中的内部微粒子，给予安娜的作用力是持续性的，是潜移默化的。

> 安娜·达兰经常做同一个梦……在梦里，她笔挺地充满期待地坐在一块蛋糕前，这不是一块普通的蛋糕:这是一块梦想中的蛋糕，冷冻、夹心，顶上有晶状的葡萄。她拿起叉子插到蛋糕里去，蛋糕就碎了，出现一个金的结婚戒指。在梦里，她一次又一次地听到戒指撞击盘子的声音，而那块没吃的蛋糕在任务完成之后消失在空气中。(37)

蛋糕是甜美的，像克分子的美丽外衣，是社会期望以及传统价值观所建构的诸如责任感之类的外壳。实际上，美丽外衣，也预示着被社会束缚和被权力规训的压抑状态。梦境看似美好，却阻碍安娜去碰触戒指。“安娜梦中的结婚戒指所影射的是安娜对爱情、婚姻、独立生活的渴望，所有这些期待都凝缩到一个婚戒上”[2]。她用叉子去碰触、探索的过程便是一种反抗，冲破克分子线的规约，生成更多的“分子”，以寻求自由、地位和创造另一种新的感知。而且，“安妮塔·布鲁克纳是公认

1 筱原资明，《德勒兹——游牧民》，徐金凤译，石家庄：河北教育出版社，2001年，第107页。
2 杜业艳，探寻单身知识女性本真的自我——评安妮塔·布鲁克纳的《欺骗》，《当代外国文学》，2012年第4期，第125页。

的微图画家（miniaturist）”[1]。关于蛋糕和戒指的梦境，布鲁克纳的细腻描写和精心构图给予微粒子更为生动的呈现，从而对读者发射出更强有力的微粒流。

安娜的另一个梦境是关于母亲艾米，关于与这个对她生活影响颇深的女性的梦中对话。“安娜梦到她和母亲交谈，母亲红光满面，充满活力，身体非常健康。她们讨论各种各样的私密话题”(107)。这是安娜内心所渴望的母亲形象，遗憾的是，“我们从来没有进行过这样的谈话”(107)。现实中安娜对母亲的责任是来自“克分子”规约的孝道精神，而梦想中“母亲甜美的微笑”(107)是“生成”所倡导的分子自由和分子和谐的完美状态。作为乖女儿，安娜太听话了，“成了母亲的看护，母亲的慰藉”(111)。现实中的她不敢反抗，甚至对于安斯沃思的骗局也不敢过于干涉，她的压抑性病症只有通过梦境得以释放。

梦境的微粒子是持续运动的，速度时快时慢，但确确实实存在于安娜的生命线中。“生成，就是从(我们所拥有的)形式、(我们所是的）主体、(我们所具有的)器官或（我们所实现的）功能出发，从中释放出粒子，在这些粒子之间建立起动与静、快与慢的关系——它们最为接近我们正在生成的事物，也正是通过它们，我们才得以进行生成”[2]。这种微妙的作用从内部将传统的女性气质逐渐消解，直至外部的微粒子能量也加入进来，产生化学反应。外部的微粒子运动是瞬时的，在某个瞬间对女主人公发力，充当催化剂，使得内部微粒子的能量最终释放出来，即欲望的释放。安娜的母亲去世后，她主动承担起照顾马什夫人的担子，而马什夫人只是利用她来照顾生病的自己。薇拉·马什并不喜欢安娜，她只以冷漠的态度对待安娜，对她没有真正的关心。安娜在圣诞夜前夕意识到自己的孤独，意识到人际的冷漠。此刻，外部微粒子对自由的诉求在加剧，安娜的内心已经产生了某种微妙的变化，而外部微粒子能量实现最大化的时刻便是安娜与哈利迪夫妇的晚餐，她亲眼目睹了他们婚姻的失败。“他们[哈利迪和安娜]小心翼翼地看着对方，流露出失望的表情”(168)。此处的“失望”加深了安娜心中逃离的愿望，与其长久地禁锢于某种“失望”中，还不如去迎接或是创造新的世界。晚餐上，维基与安娜的交谈总是在空气中弥漫着尴尬的味道，可以看见三处微妙的女人间的冲突。第一次是安娜穿着母亲的毛皮外套去赴宴，维基见面就惊呼“啊，皮毛！……每次我看见它都想到那些可怜的动物们”(199)。维基直接的言语冒犯为后续晚餐的尴尬氛围奠定了基调。第二次是维基问安娜觉得晚餐怎么样，安娜“想象她在吃冰淇淋，说‘很美味’”(202)。安娜的违心回应暗示了她已经开始对此次晚餐产生厌烦情绪，想要逃离。第三次是维基询问安娜的个人情况，得知安娜依旧是单身处境，指出“你这不是自私的表现吗？”(203) 维基的咄咄逼问将晚餐的进行推至近尾声，她对安娜直接的价值评判使得安娜心中更加确定了她与维基截然不同的价值观。后来，当哈利迪离开房间之时，也感觉“如释重负”(同上)，这一点也充分说明了他“与维基在精神层面的难以沟通”[3]，表明了婚姻的失败。“她[安娜]目睹了他[哈利迪]的困境，他为自己选择的生活却是不快乐的，妻子的陪伴却使他更加孤独了”(174)。尴尬、失望和孤独，将微粒子的催化作用推至了阈值，冲破安娜心中固守的压抑的传统克分子线——她要离开伦敦。当她“脱掉褐色灯芯丝绒套装”(198)，安娜在跟过去的传统告别，在与昔日的抑郁告别。“没有必要穿得像个主妇。得体的装扮只是她母亲的主意罢了”(198)。安娜此刻违背母亲的意愿，不再是听话的女儿。脱掉传统的象征陈旧观念的外套说明“分子”产生了作用，推动安娜做出了关键性的决定。

内外部微粒的碰撞生成差异，让安娜认识到了新旧世界的差异，认识到梦想与现实的差异。

1 Phyllis Lassner, “Exiles from Jewish Memory: Anita Brookner’s Anglo-Jewish Aesthetic”, *Tulsa Studies in Women’s Literature*, Vol. 29, No. 1 (Spring 2010): 47-61, p.47.

2 吉尔·德勒兹、费利克斯·瓜塔里，《资本主义与精神分裂：千高原》，姜宇辉译，上海：上海书店出版社，2010年，第385页。

3 王守仁、何宁，《20世纪英国文学史》，北京：北京大学出版社，2006年，第211页。

从内部“逃逸”的梦境，一方面“生成增强自身生命的力量”[1]，消解安娜内心的压抑，另一方面加速了欲望因子在安娜内心的运动。从外部着力的晚餐事件，一方面让安娜看清以前单调无趣的生活面目，另一方面催化“生成-女人”的分子运动加速，从而创造另一个可能的他者[2]的世界。他者化的新世界表示一种可能的世界建构，“但这个可能的世界就在我们的世界之中，而且，如果不改变我们世界的性质，这个可能的世界就不能发展或实现”[3]。这一系列看似无意识的分子涌动，在潜移默化中生成一种力量，通过感知女人的感受而做出改变。“生成的真正力量，不是受限于那业已变成的或已经实现的东西，而是通过感知到动作之中所表达的潜在力量而受到刺激”[4]。这种生成模式[5]不是要求安娜去模仿所谓独立新女性而逃离伦敦，而是感知内心深处所潜藏的自由欲望，创造克分子和分子之间的第三条“逃逸线”，进行无声的反抗，像弱势者逃脱禁锢和压制一样，摆脱“克分子”女人式的命令词，生成女人的感受。

三、欲望开端：“生成-女人”之张力

“生成-女人”的实质在于摆脱女人的固有标签，使其力量渗透于整个社会领域，“不是模仿、也不是装扮出女人的形式，而是放射出粒子，这些粒子进入到一种微观-女性（micro-féminité）的动与静的关系或邻近性之中，也即，在我们身上产生出一种分子性的女人，创造出分子性的女人”[6]。安娜离开了成长的环境，摆脱上一辈带给她的影响，即摆脱固有的传统标签。安娜通过反复出现的梦境，触发体内微粒子的发射，而外界的冷漠和他人失败的婚姻在安娜心中幻化成偶然性出现的“分子”，因此，内外粒子的互动形成了一种动态“生成”，使得安娜具有了摆脱性别标签之外的“生成-女人”的能量。巴黎大都市为她打开了未知的空间，而未知和不确定性也正是“生成”的魅力所在。故事的结尾马什夫人的女儿菲利帕和安娜相遇，安娜告诉菲利帕她在巴黎从事服装设计工作，过着自由的全新的生活。安娜说：“最终我还是成长了。你知道这花费了我们多少时间去想明白吗？不管怎样，我现在自由了。过去的我以及期望都自由了”（223）。此时，菲利帕问她希望是否也自由了，安娜给予了否定，“希望是陈旧观念，不容易从思想里被驱走”（223）。由此可见，安娜欲颠覆传统，与旧习告别。安娜为自己发声，破除被压抑的失语，生成对女人的感受。这不是一种关于女性争取自由的呐喊，而是将人的文化编码解域化[7]，思想逃离女人固有的模式；这也不是模仿女人，而是具有女人的感受，成为生命的自我批判者。安娜·达兰在步入中年的时候选择去巴黎大都市探寻新的未知的路，这种做法本身就是一种挑战和颠覆。这一过程打开了安娜的欲望开端，对自由意志的欲望、对工作能力的欲望以及对独立思想的欲望。思想的生

1 尹晶，西方文论关键词：生成，《外国文学》，2013年第3期，第101页。

2 “他者论”是德勒兹生成观的一个分支，他者是一个感知领域的结构，没有这个结构，整个领域就不能发挥正常作用。阐释他者，同时逐渐意识到与其相对应的那个可能的世界，简言之，作为结构的他者表达的是一个可能的世界：它是被表达的，被理解的然而还仍然在表达者之外的东西。例如，在《鲁宾逊漂流记》中，鲁宾逊有时把星期五当作奴隶，把他融入当时岛上的经济秩序中，有时把他当作保守秘密的人，而那个秘密威胁到岛上的经济，有时几乎把他当动物或物品，仿佛星期五是他自己的替身或形象。星期五有时缺少他者，有时又超越他者，这两者间的差异很重要。事实上，星期五是否是“彼岸”的鲁宾逊，是否属于他者，取决于世界的时空序列，在某个时间点，“分子”的运动发生了变化，他者的在场与缺场也就随之变化。参见吉尔·德勒兹，什么是生成？陈永国译，《生产：德勒兹机器》，汪民安主编，桂林：广西师范大学出版社，2008年。

3 吉尔·德勒兹，什么是生成？陈永国译，参见《生产：德勒兹机器》，汪民安主编，桂林：广西师范大学出版社，2008年，第101页。

4 克莱尔·科勒布鲁克，《导读德勒兹》，廖鸿飞译，重庆：重庆大学出版社，2014年，第165页。

5 关于理解这种生成模式，德勒兹在《差异与重复》中举过游泳者的例子。如果游泳者通过机械地复制教练教的动作去学习游泳，那样是学不会游泳技巧的。只有在游泳者不再将教练所做的看作是一种自足的运动而看作是一种创造性的回应时，才能学会游泳。学习游泳不是重复教练的手臂动作，重复的是对水的感觉或产生手臂动作的波浪的感觉。参见Gilles Deleuze. *Difference and Repetition*, trans. Paul Patton, New York: Columbia University Press, 1994.

6 吉尔·德勒兹、费利克斯·瓜塔里，《资本主义与精神分裂：千高原》，姜宇辉译，上海：上海书店出版社，2010年，第390页。

7 “解域化（deterritorialization）”或“解辖域化”是德勒兹提出的众多概念之一，与“辖域化”（territorialization）和“再辖域化”（reterritorialization）构成三位一体。“辖域化”是指地域之间明确的分界，不仅指国家或地区的疆域，也包括自然科学、人文社科、政治、语言、意识形态等。“解域化”有“展开”的意思，与德勒兹提出的重要概念“褶子”有重合之意。褶子或辖域所隔离出来的空间是语言，每一种语言又是一个精神世界，而物质凭着打褶、展开、再打褶的能力生存。所以，解域化对于人的精神世界来说是一种内在的生产。参见Deleuze & Guattari. *What Is Philosophy?* trans. Hugh Tomlinson and Graham Burchell, Columbia University Press, 1994；陈永国，德勒兹思想要略，《外国文学》，2004年第4期，第25-33页。

成是“生成-女人”的本质，逃离男性为主导的价值系统，拒绝模仿、法则和道德规训，只是将本来具有的欲望释放出来，任其自由流动，进行各种生产、联系和创新。相较于故事开端安娜对“欺骗”的顺从，在故事结尾处，安娜获得了对“欺骗”的全新感知：“我所受到的欺骗基于别人对我的期望。他们按照需要来决定我的形象。从这个意义上来说，欺骗是惊人的普遍”(221)。安娜对“欺骗”的解释是她从个人体验中获得的新的感知，是安娜在内外部微粒子碰撞后所观察到的差异——梦想与现实的差异、传统与新生活的差异。“她是她所谓的‘欺骗’的见证者”[1]，过去从未被感知却实际见证、经历的“欺骗”到最后被安娜识破，是“生成”动态所完成的认知。在这个社会网络编织的“欺骗”之网中，传统、反抗、欲望、自由都是游离在网间的，它们的运动无规则且快慢不一，但随着差异的彰显，分子引力将一切引向欲望的开端，回归人的本来的诉求，而不是争取所谓女权。

“生成-女人”首先要摆脱传统克分子实体为女人贴上的传统标签，去感受分子碰撞的差异，这种差异的感受即体验生活的内外作用力，从而突破克分子线的传统束缚，创造自我的“逃逸线”，获得新的感知。这种生成的过程没有具体的起始点，是一直持续的绵延不断的作用力。“生成”的最终路线不过是忠于自我的内心，返回生命的本身以及本质，并不是激进争取，也不是竭力呐喊。安娜所经历的成长历程并不是呼吁自我权力的旅行，而是思想生成的经历，是不稳定的分子个体冲破传统的桎梏而使女主人公获得女人的感受，获得对“欺骗”、对人际以及对生命的新思考。这样的动态“生成”仍在继续运作，继续在安娜的生活中起着微妙的作用。而且，在安娜与菲利帕的会面后，安娜的“分子”也在作用于菲利帕，小说结尾处，菲利帕“像安娜一样”，踏进“明亮而黑暗、危险而又充满无限希望的街道”(224)。布鲁克纳将“明亮”和“黑暗”，“危险”和“希望”互相融合，其矛盾修饰与狄更斯《双城记》的开头颇为相似。此处的相似蕴含了两层意思：一方面，矛盾修辞的运用起着强调作用，表明这是个重要的、关键的时刻；另一方面，未来的世界是可能性的，充满了未知，是动态的存在。“作为主体的人，总是作为稳定的存在者视角或者同一性，无论如何都必须认知或感知外部世界”[2]。所以，动态的世界是需要人去获得新的感知的。小说结尾的安排为菲利帕打开了一个未知的世界，表征着新生活的开端，也表征着新的感知的探索。如果将生命看作时间与空间的布列，从过去到将来，作者只不过在进行书写叙事，而生成意味着以出人意料的方式闯入和打破这样的时空布列。每个人在某个时刻都可能生成潜在的“分子”，安娜如此，菲利帕亦是如此，因此，“生成-女人”没有终点，它只是以“生成-少数(becoming-minor)”[3]的形式，冲破思维的风暴，感知和认识所在的这个世界。

结语

以女主人公安娜被压抑的内心为切入点，探索其孤独的缘由：封闭的与时代脱节的空间，母亲艾米的隐形控制和传统得体的礼仪规训。深居简出的单调生活，使得安娜在传统克分子实体的外包装下湮没了自我，内心长期处于压抑状态。而转折性的梦境为安娜内心的逃逸埋下了伏笔，加之后来与哈利迪夫妇晚餐的外部因子催化，安娜毅然脱下了“褐色灯芯丝绒外套”，华丽的转身离开冲破了克分子实体的束缚，将自身的“生成-女人”的体验融入了全新的世界。已步入中年的安娜毅然离开，开启一个未知的生活，这个决定确实是颠覆性的，是“生成-少数”。这里的“‘少数’不是量的概念，而指分子过程，而‘多数’则指依据权力关系进行的群体划分，即占统治地位的群体”[4]。因此，安娜的举动是具有革命性的。她在“生成”的力量中感知女人的内心

1 Cheryl Alexander Malcolm, *Understanding Anita Brookner,* Columbia: University of South Carolina Press, 2002, p.130.

2 克莱尔·科勒布鲁克，《导读德勒兹》，廖鸿飞译，重庆：重庆大学出版社，2014年，第170页。

3 生成-少数(becoming-minor)有其他译法：生成-小民族，生成-弱势。

4 陈永国，《理论的逃逸》，北京：北京大学出版社，2008年，第121页。

诉求，在未知的巴黎大都市的探索打破了传统的自我，在“生成”运动的不确定中，创造“逃逸线”，重构“分子”对女人的全新认知。

在小说的故事叙事中，安娜的压抑失语以及她所生活的社区的人们的空虚孤独都一定程度体现了女性在大环境下的从属位置以及被边缘化的境地。但是小说同时提供了新的希望，德勒兹的“生成-女人”试图解除对克分子实体的束缚，生成“分子”性的女人，从自我的分子中寻找精神家园。“生成是作为一种绝对内在性的生命力量，它是永远地生成他者，生成差异的力量，存在则是生成在各个不同时刻生产出来的暂时稳定的产物”[1]。由此可以看出，德勒兹的生成思想对于单身知识女性群像具有新颖的诠释，其颠覆性的思想生成和革命性的世界感知，强调“分子”的感受，强调内在的力量，与解构思想有着异曲同工之妙。若将《欺骗》的生成张力比作拨打一通电话，拨打电话的人会发现电话无人接听，再看看电话薄，可以看见清晰的数字和符号，但是数字的序列每一秒都在重新组合，因此，这通电话无法确定“生成-女人”的方向，剩下的只不过是无尽的差异和无限的变化。

（作者单位：南京大学外国语学院）

1 尹晶，西方文论关键词：生成，《外国文学》，2013年第3期，第101页。

多元文化与文学

象征、道德与生成：论艾丽丝·默多克小说中的动物意象

段道余

© 2017 比较文学与跨文化研究（1），55–61 页

内容提要：在艾丽丝·默多克的小说中，动物意象与小说人物和故事情节密切关联。一方面，默多克笔下的动物是小说人物的隐喻，象征着他们的存在状况和彼此之间的关系。另一方面，默多克塑造的动物对小说人物具有更加能动的道德指引作用。对陷入臆想之中的小说人物而言，动物在小说人物的道德成长中不仅扮演了道德裁判和见证者的角色，而且也通过自身的在场使小说人物通过生成动物，摆脱了臆想，获得了新的存在方式。默多克在小说中对动物的能动性和人与动物的和谐关系的刻画既体现了战后英国社会中人类中心主义的瓦解和人对动物自身拥有主体的认识，也反映了她在道德哲学中阐释的“学习”、关注“细节”和“具体之物”的思想。

关键词：艾丽丝·默多克 动物 象征 道德见证 生成动物

引言

艾丽丝·默多克（Iris Murdoch, 1919-1999）是英国战后著名的小说家和哲学家。她一生著述丰富，不仅在小说和哲学创作中颇有建树，而且还涉足戏剧和诗歌创作。哈罗德·布鲁姆（Harold Bloom）、彼得·康拉迪（Peter J. Conradi）和杰弗里·梅耶斯（Jeffrey Meyers）等人都对默多克的小说赞赏有加。在布鲁姆看来，默多克是不亚于乔治·艾略特（George Eliot）的“道德分析家”（moral analyst），而康拉迪则认为默多克是乔治·艾略特之后英国最有才华的小说家。[1]梅耶斯更是撰文宣称默多克是“最应该和最有希望的诺贝尔文学奖候选人”[2]。除了小说创作，默多克的哲学思想也获得了极高的评价。多米尼克·哈德（Dominic Head）就指出，默多克的道德哲学“预示了20世纪八十年代和九十年代的‘后现代伦理’（postmodern ethics）”[3]。

在默多克的作品中，动物的意象反复出现。这些意象尤见于她的小说中。如在《网下》（*Under the Net*, 1954）、《沙堡》（*The Sandcastle*, 1957）和《钟》（*The Bell*, 1958）等多部小说中，默多克塑造了不同类型的狗的意象，描写了它们与小说人物的亲密关系以及它们对小说人物的影响。除了狗的意象，在《网下》和《好与善》（*The Nice and the Good*, 1968）中，默多克也刻画了猫的意象和人与猫之间的影响关系。在《逃离巫师》（*The Flight from the Enchanter*, 1956）中，默多克则描写了人与鱼和壁虎的关系。在《布鲁诺的梦》（*Bruno's Dream*, 1969）中，蜘蛛的意象则贯穿布鲁诺的过去和现在，影响着他对上帝的认知。在《大海啊，大海》（*The Sea, The Sea*, 1978）中，海豹则是小说人物寄居海边后不断寻找的对象。

纵观默多克勾勒的这些动物群像，不难发现，默多克笔下的动物意象并非只是随意的点缀，而是在小说中具有重要的功能。对此，学界也有所关注。大卫·戈登（David J. Gordon）就指出，在

1 David J. Gordon, *Iris Murdoch's Fables of Unselfing*, Columbia: University of Missouri Press, 1995, p.4.
2 Jeffrey Meyers, *Remembering Iris Murdoch: Letters and Interviews*, New York: Palgrave Macmillan, 2013, p.55.
3 Dominic Head, *The Cambridge Introduction to Modern British Fiction, 1950 – 2000*. Chongqing: Chongqing Press, 2006, p.258.

小说《好与善》中，狗和猫虽然无法言说却扮演了重要的角色[1]。伊丽莎白·迪普尔（Elizabeth Dipple）也指出在默多克的小说《天使的时光》（*The Time of the Angels*, 1966）和《好与善》中，鸟具有象征意义，“唤起了古典和基督教的精神内涵”，既象征着恶的“恐怖和残忍的破坏性”，也隐喻着世上凄惨的生活[2]。康拉迪则指出，在默多克的作品中，狗的意象具有艺术效果，表达了一种诗意[3]。

综上来看，学界虽然注意到了默多克小说中的动物意象，但却只涉及了部分动物意象和这些意象的象征意义与艺术功能，并未关注小说中的动物与小说中的人物关系以及小说人物的存在方式的关联。实际上，在默多克的笔下，动物与小说人物和他们彼此之间的关系紧密相联。动物意象不仅反映人际关系的变化，而且也在人与动物的关系中扮演了更加积极和能动的角色。通过考察默多克小说中的动物意象及其与小说人物的关系，本文指出默多克笔下的动物不仅隐喻了小说人物的处境和人际关系，而且充当了道德裁判和见证者，为小说人物提供了可能的存在方式。默多克对动物意象和人与动物的关系的刻画既反映了战后英国社会对人与动物的关系的再认识，也呈现了她对“学习”(learning)、关注“细节”(details) 和“具体之物”(the particulars) 的哲学思考。

一、 作为象征的动物

加拿大作家玛格丽特·阿特伍德（Margaret Atwood）曾指出，“文学里的动物总是象征”[4]。从与动物关系密切的加拿大文学来看，阿特伍德的观点并不偏颇。不过，从多数文学作品来看，阿特伍德的观点也许有些极端。然而，不可否认，在文学作品中，动物的意象往往被作家赋予象征的意义，充当人类“自身状况的延伸或表征”[5]。在默多克的一些小说中，动物的意象也具有象征意义。正是借助动物的象征作用，默多克在小说中呈现了小说人物自身的状况和小说人物之间的关系及其可能的发展。在默多克的小说《逃离巫师》中，小说人物安妮特（Annett Cockayne）的处境和米莎（Mischa Fox）与罗莎（Rosa Keepe）之间的关系变化便通过具有象征意义的动物呈现出来。

在《逃离巫师》中，“横亘”在约翰（John Rainboroug）和米莎之间的虫子便象征着主人公安妮特的处境。在小说中，安妮特原本是一名在校学生，由于厌倦了学校中的生活，她从学校中逃了出来，希望在社会这个更大的“校园”中有所收获。来到社会上的安妮特结识了权力人物米莎，并通过米莎结识了身为公务员的约翰。出于偶然，安妮特走入了约翰的院子，正撞上郁闷的约翰。一番谈话之后，在默多克的小说《斩断的头颅》(*A Severed Head*, 1961) 中发生的男性主人公对女性访客的“性侵犯”在安妮特和约翰之间上演。也就在这个时候，小说中的权力人物米莎突然到访。在慌乱之中，约翰将安妮特藏在了衣柜中。一如往常，随着米莎的到访，一段冗长的谈话在米莎和约翰之间展开。在小说中，除了躲在柜子里的安妮特，默多克也在米莎和约翰的谈话之间“安置”了一只虫子。在默多克的笔下，这只虫子附在墙壁上，犹如一只眼睛，注视着米莎和约翰，静默地“聆听着”他们之间的谈话。从虫子和安妮特各自的处境和遭遇来看，虫子的处境可以说呼应了安妮特的处境。正如躲在暗处的安妮特，虫子的在场表明在米莎和约翰的谈话之间有第三方的在场和介入，而虫子的在场所传达的信息也正是摆在米莎和约翰面前的真实状况：

1 David J. Gordon, *Iris Murdoch's Fables of Unselfing*, Columbia: University of Missouri Press, 1995, p.110.

2 Elizabeth Dipple, *Iris Murdoch: Work for the Spirit*, Chicago: University of Chicago Press, 1982, p.12. 在该书中迪普尔主要分析了默多克的《天使的时光》、《好与善》中的鸽子意象和《好与善》中的海鸥的意象。在她看来，死亡的鸽子象征着恶，而海鸥则象征着世上凄惨的生活。

3 Peter J. Conradi, "Preface", *Iris Murdoch: A Reassessment*, Anne Rowe eds., Basingstoke: Palgrave Macmillan, 2007, p.xviii.

4 转引自涂慧，《殖民进程、动物死亡与民族生成——加拿大英语文学里的写实动物》，《外国文学研究》，2015年第4期，第40页。

5 John Simons, *Animal Rights and the Politics of Literary Representation*, London: Palgrave Macmillan, 2002, p.35.

尽管安妮特躲在衣柜中，构成一种“不在场”的假象，但是她却在暗处见证和参与到了米莎和约翰的谈话中。在此意义上，虫子的在场也就隐喻着安妮特的在场。

其次，在《逃离巫师》中，默多克也通过壁虎的意象隐喻了罗莎和米莎之间的关系变化。如同其他小说人物，罗莎也对米莎着迷，受其权力的控制。尽管默多克在小说中并未直言罗莎与米莎的关系，但是不难看出，罗莎与米莎曾是情人关系。尽管罗莎并未嫁给米莎，但是她与米莎在情感上却存有暧昧。在得知米莎在意大利后，罗莎从伦敦赶往意大利与米莎相见。第二天，当米莎与罗莎在花园中散步时，米莎捕获了一只壁虎。随后，他把这只壁虎给了罗莎。然而，出人意料的是壁虎的尾巴却在罗莎手中折断了。从小说的后文来看，壁虎的意象和它的遭遇对米莎和罗莎之间的关系发展形成一种预述。小说中，尽管罗莎与米莎在意大利相会，但是他们之间的感情已经破裂，不复如初。米莎已经知道了罗莎与波兰兄弟之间的感情纠葛，而罗莎在得知了这一切之后，也离开意大利，回到了伦敦。以此来看，壁虎从身体完整到折断尾巴的转变象征着米莎与罗莎的关系破裂。此外，从小说整体来看，壁虎的意象也隐喻着米莎不可能在罗莎身上找到寄托。在《逃离巫师》中，作为权力人物，米莎与罗莎和妮娜（Nina）的关系密切。从米莎与妮娜的关系来看，米莎在资助妮娜的同时，也把妮娜变成了他寻求安慰和寄托之所。他时常光顾妮娜的服装店，或是在那独自呆上一段时间，或是向妮娜倾诉。小说虽然并未对米莎和罗莎之间的关系有所着笔，但从米莎与妮娜的关系可知，罗莎应该如妮娜一样也是米莎寻求安慰和寄托的对象之一。在意大利，当米莎将壁虎传给罗莎时，他实则是将作为难民的他一直追寻的一份爱心和完整性寄托在她身上。然而，在罗莎手里，壁虎却失掉了尾巴。失去尾巴的壁虎隐喻着罗莎不再是米莎寻求寄托和慰藉的对象，而是代表着一种失落所在。也正是出于这种失落感，米莎最后委婉地拒绝了罗莎。

二、作为道德见证和评判的动物

在人对动物的呈现中，动物并非总被呈现为笛卡尔（Rene Descartes）所谓的无感觉的机器。希克（William J. Scheick）就指出，在文艺复兴时期的一些艺术中，动物已不再仅仅是表达象征性意义的消极工具，而是也积极地见证了精神真理[1]。在默多克的小说中，动物同样不仅仅具有象征意义，并且也见证了小说人物的道德转变。动物发挥的道德见证（animal witness）功能在小说《大海啊，大海》中尤为明显。

在《大海啊，大海》中，海豹见证了查尔斯(Charles)在道德上经历的转变。在小说中，查尔斯居住的“夏福海角屋”（Shruff End）坐落在大海边。入住之初，查尔斯便被告知在此处海域常有海豹出没，在荒野中有兰花。然而，在查尔斯对大海和荒野的探察中，他发现的却并不是海豹与兰花，而是“海怪”、马尾云和黄花。那么查尔斯的发现缘何与众不同呢？若将查尔斯的发现与众人言传的兰花和海豹做一番比较不难发现：查尔斯发现的“海怪”、马尾云与黄花都与他本人关联颇深。首先，据查尔斯事后的回想和推断以及故事整体来看，“海怪”要么是查尔斯因使用致幻剂而引发的后遗症的表现，要么就如学者所言是查尔斯的“心理状况被投射到周边环境”[2]的产物。其次，从查尔斯的自述可知，马尾云和黄花是查尔斯自小便熟知的植物。由此观之，在对大海和荒野的探索中，查尔斯显然是以自身为尺度，着眼于自身最切近的事物。这样一来，查尔斯就难免与其他的事物失之交臂。在小说中，尽管查尔斯寄居海边，但是海豹却迟迟未进入他的视野。相反，查尔斯却多次撞见“海怪”。与海豹相比，

1 William J. Scheick, “Animal Testimony in Renaissance Art: Angelic and Other Supernatural Visitations”, *Figuring Animals: Essays on Animal Images in Art, Literature, Philosophy, and Popular Culture*, Mary S. Pollock and Catherine Rainwater eds., New York: Palgrave Macmillan, 2005, p.75.

2 Lindsey Tucker, “Released from Bands: Iris Murdoch’s Two Prosperos in ‘The Sea, The Sea’”, *Contemporary Literature*, Vol. 27, No. 3 (1986): 378-395, p.382.

“海怪”显然是子虚乌有的东西。查尔斯数次遭遇“海怪”表明他仍身处臆想之中，聚焦于自我投射的世界[1]，“无法真正看清他人和他人真正的需求”[2]。然而，随着查尔斯对自己的领悟，大海也在他面前敞开。在小说中，当夜宿在礁石上的查尔斯第二天醒来时，他终于看到了寻觅已久的海豹。

对于海豹的意象，学者大多认为它代表了一种象征，隐喻着查尔斯看不清的现实。实际上，在此处，海豹不仅仅是一种象征，而是也见证了查尔斯的道德转变。在小说中，查尔斯最终与寻觅已久的海豹相遇并非源于查尔斯的苦苦寻找。相反，查尔斯与海豹的相遇得益于海豹的叫声。在接到詹姆斯死讯的那个夜晚，查尔斯夜宿在“夏福海角屋”外的礁石上。第二天清晨，当查尔斯醒来后，他“听到一阵古怪的、令人毛骨悚然的声音从水中传来”[3]。“那溅起的水花声来得如此突然、如此猛烈，仿佛有什么东西要从水下钻出来，爬上陆地。”[4]对此，查尔斯惊恐万分，他转过身，倚伏在海礁边，然后看到了四只海豹。它们距查尔斯只有几英尺，“扭动着，嬉戏着，一会儿大口地呼吸，一会儿又发出咯咯的低吟声”[5]，并一直仰脸看着查尔斯。在查尔斯看来，“它们是来拜访我并给我赐福的仁慈的动物”[6]。也正是在这之后，查尔斯搬离了他先前拒绝离开的“夏福海角屋”，回到了伦敦，并重新介入到日常生活中。在此意义上，可以说，海豹的出现不仅是“代表神圣的真实展现或言说”[7]，而且也见证了查尔斯从臆想到看清真实的道德转变。

在小说中，默多克不仅塑造了见证小说人物道德提升的动物意象，而且也使她笔下的动物介入到对小说人物的道德惩戒中。在小说《神圣与世俗的爱情机器》（*The Sacred and Profane Love Machine*, 1974）中，默多克笔下的狗对主人公布莱斯（Blaise）而言就充当了道德评判者。如同默多克许多小说中的主人公，布莱斯也是一位游走于家庭和情人之间的中产阶级男性。为了与情人约会，身为心理分析师的布莱斯就向妻子哈里特(Harriet）编造了外出出诊的谎言。不过，布莱斯的谎言很快就被揭穿，并陷入了在妻子和情人之间做出选择的两难之地。尽管哈里特一再地忍让，却并不能挽回布莱斯。陷入绝望的哈里特决定带上布莱斯与情人的私生子卢卡（Luca）去法国。然而，不幸的是，布莱斯的妻子在法国机场遭遇了恐怖袭击。为了保护卢卡，布莱斯的妻子中弹身亡。与布莱斯的情人相比，布莱斯的妻子的命运不免有些悲惨。照理来说，在故事中，布莱斯的妻子自始至终都是一个无辜的受害者。首先，她的婚姻和家庭被布莱斯的情人破坏。尽管如此，善良和懦弱的她选择了原谅布莱斯，并接受事实。然而，她的善解人意却并没有换来应有的回报。相反，在情人的逼迫下，布莱斯决定与妻子离婚。这一次，善良的她又同意了布莱斯的要求，并远走法国。然而，令她想不到的是，她却因此在恐怖袭击中丧命。从小说前文来看，哈里特的意外死亡暗合了布莱斯的情人先前针对自己不被认可的身份而表达的希望看到他人在机场被枪杀的愤怒愿望[8]。此意义上，可以说哈里特是被默多克从小说中抹掉，从而使她的丈夫“布莱斯可以自由地再婚”[9]。

从哈里特的遭遇来看，身为作者的默多克好像对哈里特采取了一种超然的道德姿态，并未给予她太多同情的笔墨。对此，戈登也指出，“《神圣与世俗的爱情机器》的结尾相比其他的小说结

1 Peter J. Conradi, *Iris Murdoch: The Saint and the Artist*, Basingstoke: Macmillan, 1986, p.245.

2 Diane Capitani, “Ideas of the Good: Iris Murdoch’s *The Sea, The Sea*”, *Christianity and Literature*, Vol.53, No.1 (2003): 99-108, p.103.

3 艾丽丝·默多克，《大海啊，大海》，孟君等译，南京：译林出版社，2004年，第511页。

4 同上，第511页。

5 同上，第511页。

6 同上，第511页。

7 William J. Scheick, “Animal Testimony in Renaissance Art: Angelic and Other Supernatural Visitations”, *Figuring Animals: Essays on Animal Images in Art, Literature, Philosophy, and Popular Culture*, Mary S. Pollock and Catherine Rainwater eds., New York: Palgrave Macmillan, 2005, p.75.

8 Richard Todd, *Iris Murdoch*, London: Methuen, 1984, p.78.

9 Ibid, p.78.

10 David J. Gordon, *Iris Murdoch’s Fables of Unselfing*, Columbia: University of Missouri Press, 1995, p.149.

尾更具有冷嘲意味”[10]。然而，就此来判定默多克对小说人物的道德态度未免有失偏颇。从默多克对布莱斯的刻画中可以看出，默多克实际上对哈里特的遭遇给予了道德关怀。这一点从默多克借助她笔下的狗对布莱斯施加的道德惩罚中可见一斑。在小说中，布莱斯的妻子哈里特养了几只狗。在她离家出走之后，她养的几只狗无人看管，更无处觅食。饥饿使这几只狗变得疯狂。当布莱斯的妻子哈里特在法国遇害时，布莱斯恰好回到了家。此时的布莱斯即刻成为饿疯了的群狗袭击的对象，并被群狗包围住撕咬。群狗对布莱斯的袭击表面上是饥饿驱使下的本能反应。但是，从哈里特的遭遇来看，由于哈里特的不幸是布莱斯一手造成，而狗又是哈里特所养，群狗对布莱斯的袭击可以说是默多克借狗之名“对布莱斯所犯下的罪行的唯一明显的惩罚”[1]。在此意义上可以说群狗被默多克塑造为布莱斯的道德评判者。

三、作为人的存在可能性的动物

在当代的哲学、艺术和文学中，人类中心主义视野下的动物概念遭到了解构[2]。在人与动物的关系中，动物也被认为为人提供了一种“新的生活和一种新的存在方式”[3]。在德勒兹（Gilles Deleuze）和加塔利（Félix Guattari）看来，这样一种人与动物的关系是人类主体“生成动物”(becoming-animal)。如德勒兹和加塔利所言，生成动物并不是对动物的模仿，也不是动物成为原型意象，而是动物的在场创造了一种可能性的空间。它突然席卷人类主体，使其生成一种临近，一种不可辨识。这种临近和不可辨识比任何的模仿更有效地从动物身上获取一种共同的元素。换言之，生成动物意味着一个身体理解、抽象化，然后利用一个不同的身体的影响来与自己的身体保持一致。在这一过程中，个体领会了另一身体中特定的能力，并抽象化这些影响，然后在自己的生活中实现这些影响。[4]祖拉比奇维利（François Zourabichvili）进一步发展了德勒兹和加塔利的生成动物思想。在祖拉比奇维利看来，德勒兹和加塔利说的生成动物的生存显然不是动物所经历的生存，而是它们的生存在我们生存中的共鸣，生成它们的一种可能性和一种层面。因此，祖拉比奇维利强调人与一个动物的关系对人具有转变作用的可能性，因为这一动物为人提供了另一个参照，并使人依照这一参照来衡量什么样的生存是可能的。[5]在默多克的小说《网下》中，杰克（Jake）正是通过生成动物获得了一种新的存在方式。

在小说《网下》中，杰克通过生成狗，获得了新的可能的存在方式。小说中的杰克恰如漫游者，奔走在伦敦和巴黎之间，追寻着安娜(Anna）和雨果（Hugo)。在奔波中，杰克从对头手里偷走了明星狗马尔斯(Mars)，此后与马尔斯一起在伦敦的街道上游荡。夜里，杰克便与马尔斯在路边相依而睡。对杰克来说，马尔斯的身体提供了一种温暖感，因为它的身体从鼻子到尾巴都散发着温暖。在小说中，马尔斯不仅通过身体向杰克传达了一份温暖，而且也为陷入无序生活之中的杰克提供了德勒兹所说的“逃逸线”(line of flight)，使他开始过自己的生活。在法国，当马奇（Madge）要求杰克继续翻译法国二流作家的剧本，并允诺提供一大笔钱时，杰克先是稀里糊涂地拒绝了马奇的请求。其后，当马奇一再地请求杰克接受工作时，正是想到了明星狗马尔斯的处境，杰克最终坚决地拒绝了马奇的请求。在杰克看来，马尔斯正在变老。“它将不能再游过洪水浸没的河流，或者爬过高高的栅栏，或者在孤

1 Hilda D. Spear, *Iris Murdoch*, Basingstoke: Palgrave Macmillan, 2007, p.35.

2 Jutta Ittner, “Who’s Looking? The Animal Gaze in the Fiction of Brigitte Kronauer and Clarice Lipspector”, *Figuring Animals: Essays on Animal Images in Art, Literature, Philosophy, and Popular Culture*, Mary S. Pollock and Catherine Rainwater eds., New York: Palgrave Macmillan, 2005, p.99.

3 H. Peter Steeves, “Lost Dog, or, Levinas Faces the Animal”, *Figuring Animals: Essays on Animal Images in Art, Literature, Philosophy, and Popular Culture*, Mary S. Pollock and Catherine Rainwater eds., New York: Palgrave Macmillan, 2005, p.34.

4 David Banash, “To the Other: The Animal and Desire in Michael Field’s *Whym Chow: Flame of Love*”, *Figuring Animals: Essays on Animal Images in Art, Literature, Philosophy, and Popular Culture*, Mary S. Pollock and Catherine Rainwater eds., New York: Palgrave Macmillan, 2005, p.197-198.

5 Ibid, p.198-199.

寂之地与熊搏斗。它的力量正在减弱，它的智力将对它毫无用处。它将很快死去。”[1]明星狗马尔斯正在遭遇的状况无疑为杰克自己的人生提供了一个参照。尽管小说并未详述马尔斯的状况对杰克到底产生了何种影响，不难推测，马尔斯的衰老很可能让杰克联想到了自己也将会面临的衰老和他的翻译才能有一天也将会一无是处。这一点从杰克给予马奇的答复中也可看出。在小说中，尽管杰克声称他并不十分清楚他为什么拒绝马奇的要求，但他知道接受她的请求将会是他的“死亡”。在此处，杰克所说的死亡并非是生命的终结，而是隐喻着自我的丧失，因为去从事翻译便违背了他想要创作的初心。正是出于这样的思考，杰克决心去过自己的生活。对此，拜厄特（A. S. Byatt）就指出，“马尔斯的解放释放了杰克身上的某种东西，驱使着他做出‘真实’的决定，过他自己的生活”[2]。

四、默多克的动物书写与战后动物观念和她的道德哲学

从默多克笔下的动物意象和人与动物的关系来看，默多克塑造了众多人与动物和谐相处、紧密关联的小说案例。如在《网下》中，杰克与明星狗马尔斯相依为伴，一同在伦敦城中“冒险”，“浪迹”街头。其后，为了明星狗马尔斯，杰克甚至拒绝了马奇提供的工作。在《逃离巫师》中，权力人物米莎对动物充满爱心。如同哈代笔下的苔丝，为了避免动物遭受痛苦，他曾经杀死了受难的动物。在意大利，米莎的别墅更是充满了各种动物。在别墅的院子里有各种家禽，而在别墅外的高地上更是有各种鸟类、爬虫和其它动物。在别墅内外，米莎都与周围的动物保持了一种和谐的伙伴关系。那么，默多克缘何塑造了这样一些动物意象和人与动物的和谐关系呢？

默多克对动物意象和人与动物的和谐关系的塑造与战后英国社会的宠物收养和动物观念的革新分不开。据统计，在战后英国社会，宠物的收养突然增加。[3]人对动物的观念也发生了改变。先前的人类中心主义视角下的动物观逐渐让位于动物自身拥有主体的观点。[4]随着人们转变了对动物的看法，人与动物的关系也随之发生了改变。宠物已经变成了“伙伴而非调侃的玩物或时尚的装饰”[5]。默多克的小说创作始于20世纪50年代，正处于战后英国社会的变革期。可以说默多克笔下的动物意象和人与动物的关系一定程度上呈现了战后英国社会的动物观。这一点从默多克的小说《大海啊，大海》中也可见一斑。

在《大海啊，大海》中，泰特斯（Titus）与哈特莉（Hartley）的谈话以及本（Ben）和哈特莉对小狗的领养在一定程度上反映了战后英国社会的宠物收养和人与动物的关系。在小说中，当离家出走的泰特斯与他的母亲哈特莉再一次相遇后，狗是泰特斯与哈特莉谈论的主要内容，因为在泰特斯小的时候，家里养过狗，而且他也非常喜欢小狗。除了泰特斯，哈特莉和她的丈夫本也都十分喜欢小狗。在小说中，当泰特斯离家出走后，哈特莉与本则商议领养一只小狗，并最终领回了一只柯利牧羊犬。从本和哈特莉对小狗的态度来看，这只柯利牧羊犬构成了他们家庭中的重要一员，弥补了泰特斯的溺亡带来的缺失。

此外，作为默多克的哲学思想的艺术化演绎，默多克的小说对动物意象的使用和对人与动物关系的塑造也与她的道德哲学分不开。在默多克的哲学中，个体被认为倾向于处在“臆想”（fantasy）之中。默多克所说的臆想是与“想象”

---

1 Iris Murdoch, *Under the Net*, London: Vintage, 2002, p.120.

2 A. S. Byatt, *Degree of Freedom: The Early Novels of Iris Murdoch*. London: Vintage, 1994, p.20.

3 Tim Gadd, “Human-animal Affiliation in Modern Popular Film”, *Figuring Animals: Essays on Animal Images in Art, Literature, Philosophy, and Popular Culture*, Mary S. Pollock and Catherine Rainwater eds., New York: Palgrave Macmillan, 2005, p.248.

4 Jutta Ittner, “Who's Looking? The Animal Gaze in the Fiction of Brigitte Kronauer and Clarice Lipspector”, *Figuring Animals: Essays on Animal Images in Art, Literature, Philosophy, and Popular Culture*, Mary S. Pollock and Catherine Rainwater eds., New York: Palgrave Macmillan, 2005, p.99.

5 Tim Gadd, “Human-animal Affiliation in Modern Popular Film”, *Figuring Animals: Essays on Animal Images in Art, Literature, Philosophy, and Popular Culture*, Mary S. Pollock and Catherine Rainwater eds., New York: Palgrave Macmillan, 2005, p.248.

(imagination) 相对的概念。对默多克而言，想象是一种“看清其他事物的能力”和“认识与表达真理的能力”[1]，而臆想则是一种“自我中心的意识”[2]。臆想禁锢个体的思想，“阻碍新的理解”和可能的有道德的行动[3]。在臆想的作用下，个体在对他人和物的认识中忽略了他人和物的“不同性”(otherness)，无法捕捉自我之外的现实，从而造成对他人和物不公正的“看”和“扭曲的理解”[4]。

针对个体的自我中心主义的臆想，默多克给出的一种解决方式就是“学习”。通过学习，陷入臆想的个体接受了曾经被排除在外的事物。对默多克而言，学习的内容包含很多，而以动物为伴便是学习的内容之一[5]。以此来看，默多克在小说中使陷入臆想的小说人物介入到人与动物的关系中实则是她的“学习”思想的体现。也正是通过这种“学习”，小说人物接受了作为他者的动物，摆脱了臆想，看清了自我之外的现实，实现了道德成长。

对于人的臆想，默多克给出的另一条解决路径便是对“细节”和“具体之物”的关注。在默多克看来，“我们看清真实和接近善的朝圣并非只有通过高级、宽广或宽泛的方式才能被体验到，它也可以在我们与周围环境的所有最细微的关系中被体验到”[6]。在此意义上，默多克讨论的“‘救赎’或‘善’不再仅仅是‘一个抽象的观念’，而是“连接着或体现在所有具体事物中”[7]。在默多克看来，这些“具体事物教导我们爱，我们理解它，我们看到它，正如柏拉图的木匠看到桌子，或是塞尚看到圣维克多山，或是起卧兼用房中的女孩看到她的盆栽或她的猫”[8]。对默多克小说中陷入臆想的主人公而言，动物构成了周边环境中的一种具体之物和细节。通过刻画人与动物的关系，默多克实则是希望将她笔下的小说人物引向对他们周围的具体之物和细节的关注，从而使他们借助这一视野的转变，领会对他人和物的关爱，看清自身之外的世界。

结语

在默多克的小说中，动物并非是笛卡尔式消极和无感觉的机器。相反，默多克塑造的众多动物群像与小说人物自身的存在状况和人物间变动的关系紧密关联。如同文学作品中的大多数动物意象，默多克笔下的动物意象不乏象征意义。它们或隐喻了小说人物自身的状况，或隐喻了人物间的关系走向。除了象征意义，默多克塑造的动物意象在人与动物之间也扮演了更加积极和能动的角色。一方面，默多克使她笔下的动物介入到了小说人物的道德转变中。这些动物或见证了小说人物的道德成长，或充当了道德裁判，对陷入臆想的小说人物施加道德惩罚，促使他们看清自我之外的现实。另一方面，默多克笔下的动物也为小说人物提供了可能的存在方式。对陷入臆想中的小说人物而言，与动物的紧密关系为他们提供了“逃逸线”。通过生成动物，小说人物开始过自己真正的生活。

默多克对动物意象和人与动物关系的刻画既是人与动物的关系在战后英国社会发生转变的反映，也是她自己的道德哲学思想的体现。一方面，默多克在小说中对动物的能动性和人与动物的和谐关系的刻画体现了战后英国社会中人类中心主义的瓦解和人对动物自身拥有主体的认识。另一方面，默多克对动物和人与动物的紧密关系的描写则体现了她在道德哲学中阐释的“学习”、关注“细节”和“具体之物”的思想。

（作者单位：南京大学）

1 Iris Murdoch, *Existentialists and Mystics: Writings on Philosophy and Literature*, New York: Penguin, 1998, p.255.

2 Margaret Holland, “Social Convention and Neurosis as Obstacles to Moral Freedom”, *Iris Murdoch, Philosopher: A Collection of Essays*, Justin Broackeseds., New York: Oxford University Press, 2012, p.262.

3 Iris Murdoch, *Metaphysics as a Guide to Morals*, New York: Penguin, 1993, p.322.

4 Iris Murdoch, *The Sovereignty of Good*, London: Routledge, 2001, p.57.

5 Megan Laverty, *Iris Murdoch's Ethics: A Consideration of Her Romantic Vision*, London: Continuum, 2007, p.100-101.

6 Iris Murdoch, *Metaphysics as a Guide to Morals*, New York: Penguin, 1993, p.474.

7 Ibid, p.497.

8 Ibid, p.497.

达菲诗歌中的暴力记忆与女性身份[1]

周 洁

© 2017 比较文学与跨文化研究（1），62–67 页

内容提要：英国当代桂冠诗人卡罗尔·安·达菲以戏剧独白诗的形式创造了许多关于暴力记忆的诗歌，女性在暴力行为中身份各异。她们有时是在暴力下沉默不语的弱女子，有时是在死后诉说暴力的女冤魂，有时是参与暴力的坏女人，有时则成为以暴力颠覆男权的女英雄。通过这些女性对暴力行为的戏剧独白，诗人揭露、批判、颠覆了男性霸权。

关键词：达菲诗歌 暴力记忆 女性身份 男性霸权 颠覆

卡罗尔·安·达菲（1955-）是2009年受封的英国桂冠诗人，也是英国历史上第一位女性桂冠诗人，还是21世纪英国第一位桂冠诗人。她自20世纪60年代起开始诗歌创作，到20世纪80年代，已在英国诗歌界颇有影响，先后获得英国国内各类重要诗歌创作奖项，赢得了广大读者。她使用日常语言形式，通过戏剧独白诗给予各类社会边缘人群以言说的机会，揭露并探讨性别、种族、殖民、虐童、移民等社会现象及问题。[2] 在达菲关于暴力记忆的戏剧独白诗中，有一些身份各异的女性形象，她们诉说了女性受暴或施暴的经历，揭露并颠覆了男性霸权。

一、 男性暴力下沉默的弱女子

由于长期处于男性霸权的控制之下，有些女性在男性暴力下沉默不语。西苏（Cixous）曾经提醒读者注意区分“speaking”和“talking”的区别，认为女性的武器是语言，她们不停地说(talk)，但是她们没有真正地说（speak）——由于没有话语权，她们无“话”可说，只是能够发出声音而已。因为无知，她们总是占据沉默的位置。[3] 女性主义认为男权是女性受压迫、受歧视的根源。女性一直与她们的压迫者——男性生活在一起：由于男权意识的强大影响，她们被看作是“他者”，或者“第二性”。作为具有女性主义思想的诗人，达菲在早期诗歌中表达了同样的女性主义思想，如诗歌《女孩儿说》（“Girl Talking”）和《精神失常》（“Psychopath”）中都刻画了在暴力下沉默不语的女性形象。

戏剧独白诗《女孩儿说》出自诗集《站立的裸女》（*Standing Female Nude*, 1985），由一位受暴女孩儿泰斯琳（Tasleen）的表妹做第一人称叙述者，讲述了一场性暴力的记忆。叙述者讲述泰斯琳痛苦死去的过程中丝毫不动声色，甚至于说出“并不痛”（4）[4]。尽管叙述者描述了泰斯琳在荡秋千时恶心流血的情景，她却意识不到死者痛苦的原因与后果。死者的妈妈同样没有意识到，只以为女儿是胃疼（14）。直到泰斯琳死掉，妈妈才哭起来。最令人震惊的是神职人员对她的死因的解释，“她正午外出，被鬼取走了心”（22），一句话把她的死去归因于她自己的行为不轨。由此可见，女人是受男人控制的，泰斯琳遭受磨坊主性暴力致死，她们对真相一无所知，牧师还警告所有年轻女子正午不准外出，借以掩盖男人的淫乱行为。这首诗含蓄地批驳了以牧师之口说出的

1 本文系教育部人文社会科学规划研究项目《达菲诗歌女性主义研究》阶段性成果。
2 Deryn Rees-Jones, *Carol Ann Duffy*, Plymouth: Northcote House, 1999, p.1.
3 刘岩、邱小经、詹俊峰，《女性身份研究读本》，武汉：武汉大学出版社，2007年，第152页。
4 Carol Ann Duffy, *Standing Female Nude*, London: Anvil, 1985. 文中引用诗行皆由笔者翻译，括号内为诗行数。

男性霸权的谎言，牧师为了进一步控制女性，荒唐地以女孩儿正午外出作为死因以便掩盖男性的性暴力。[1] 在这首诗里，女人确实如西苏所说的，会发出声音（utter），但是她们不说话[2]：失去女儿的妈妈只是哭，没有丝毫的自我防护意识，她们不知道磨坊主丧失了人性，不知道自己已经成了受暴者，更不知道牧师的话是谎言。作为女性，她们不仅仅接受了男权社会的价值观念，而且把那些价值标准内化成她们的行为标准，甚至成了男性的联盟，把那些价值标准施加在下一代女性身上。所以，她们即使在遭受暴力、失去生命时仍然沉默不语。

出自《出卖迈哈顿》(*Selling Manhattan*, 1987) [3] 中的戏剧独白诗《精神失常》里，同样有一位在男性暴力下丧失性命的女性形象。由于这首诗的叙述者是男性施暴人，女性虽然拒绝了叙述者，却始终沉默不语。施暴人对自己施暴过程的记忆和描述，真实揭露了男性霸权思想及其对女性的伤害。叙述者讲述了自己童年的一些记忆片段，以及他如何强奸并杀死女孩儿然后把她丢到了运河里。叙述者是一个痴迷于自己外表、靠眼睛吸引女孩儿的自大的青年，有漂亮的女孩儿在身边时，他感觉自己像个国王，怀着一种能够控制世界的自信，似乎在他心目中，女人可以提高他的身份。他对女孩儿从他身边骑马而过的叙述似乎暗指由美女海伦引发的特洛伊木马之战，把女孩儿刻画成了一种挑战。他相信男人可以拿小金鱼和椰果讨得女孩儿的欢心，像许多电影中的故事那样，他把女性看成是男性可以通过廉价物品换来的东西。他以为自己知道女人想要什么，并以此追求他认识的女孩儿。但是，他对女性的了解只是他12岁时与爱丽丝的性经历和他碰巧看到的母亲与房客性交而父亲从中得利的情景。他对女孩儿进行诱骗，但是，遭到了女孩儿的拒绝，为此他很生气，因为他自负地认为自己比猫王长相好，有潜力。气愤之极，他杀了女孩儿的金鱼，还残忍地用拳头打掉了女孩儿的牙齿。整首诗中，他几次重复说她在运河里，好像是在暗示女孩儿是在地下或者地狱。在诗歌最后几行的独白中，凶手似乎没有丝毫悔恨。他把角落里的女孩儿描述成“露丝·爱丽丝的替身/轻酌着她生命中的最后一杯金青柠”(59-60)。露丝·爱丽丝是英国历史上最后一个被处以绞刑的女人，因在伦敦的一个酒吧外杀害了对她很凶残的情人而受到了法律的惩罚。凶手把女孩儿说成是露丝·爱丽丝的替身，与后面酒吧间的男招待说到了关门的时间，似乎在预示她生命的结束。精神变态的凶手说“在我的头脑里/有一种奇怪的冷静，我几乎能飞”(61-62)，似乎他离开了那个地方就能够忘记他的罪行，对他来说，“明天/我就到了别处，忘却了一切”(63-64)。很明显，从他的叙述来看，他实际上无法忘记事情的整个过程。他独白最后的几句话毫无意义，实际上，他又回到了精神变态的迷幻状态。该诗不仅表明凶手的精神变态，更明确地告诉我们，男人把女性看做“物品”，认为女人应该服从男人。这种男性霸权思想使这个青年使用暴力杀死了拒绝他的女孩儿。

但是，女性在受暴后会永远沉默吗？女性想要获得解放，必须推翻男权体制，为此，女性主义质疑男权性别体制的合法性，挑战男性在人类社会的至上地位[4]。在《精神失常》最后一节，凶手提到的露丝·爱丽丝既是男性暴力的受害者，也是女性主义的偶像。虽然，精神失常者杀死的女孩儿被剥夺了生命，并且一直沉默不语，诗人却似乎为其后来诗歌中创作的女性施暴者形象埋下了伏笔。

二、诉说政治暴力创伤的女冤魂

很明显，达菲不能忍受女性受暴后的沉默。即使她们死了变成冤魂，也要诉说暴力给她们带来的创伤。在出自诗集《站立的裸女》的反战诗

1 Angelic Michelis & Antony Rowland eds., *The Poetry of Carol Ann Duffy: Choosing Tough Words*, Manchester: Manchester University Press, 2003, p.11.

2 刘岩、邱小经、詹俊峰，《女性身份研究读本》，武汉：武汉大学出版社，2007年，第152页。

3 Carol Ann Duffy, *Selling Manhattan*, London: Anvil, 1987.

4 参见 *Carol Ann Duffy* Interview at http://www.telegraph.

歌《流星》（“Shooting Star”）中，达菲以一个在二战期间死于纳粹大屠杀的犹太妇女作为叙述者，从坟墓和记忆中诉说了纳粹的残暴和受暴者的悲惨遭遇，使这段记忆永远留在人类历史上。

诗歌首先揭露了纳粹的贪婪和残酷。叙述者在诗歌开头描述了纳粹因贪婪而掠夺财物并伤害无辜的情景：本来是永久爱情信物的戒指，在纳粹眼里只是财宝，他们为了得到一枚戒指而折断人们的手指（1-2）；叙述者提及了多个女孩儿的名字，她们都无助地成了纳粹残暴的遇难者（3-4）。很明显，纳粹分子准备射杀她们。在这里，诗人通过“星星”的比喻，表明犹太人脸上的印记代表他们的出身。这种标记既是他们个人身份的印记，也是他们遭受纳粹分子虐待、被剥夺自尊和生命的印记。叙述者为这些女孩儿表示悲哀，因为她们失去了生命；但她也为她们自豪，因为她们勇敢地站立着，像雕塑一样（5）；除此之外，她只能回忆，那些日子让世界变得永远低劣（7-8），似乎她是个先知，可以预见那悲惨的情景，并把它留在人类的记忆里。

诗歌还通过叙述者对自己遭受性暴力的回忆揭露纳粹的残暴。在这里，诗人用语委婉，“一个士兵见我活着，解开了/他的腰带”（8-9），谈及自己被强奸的后果，她说“我的肚肠惊恐破裂”（9），揭露了纳粹对犹太妇女所犯下的令人难以启齿的罪行。纳粹曾经制订政策为30万犹太人施行绝育手术，他们却又强奸犹太妇女以表示他们对犹太民族的统治。对女人的这种伤害代表纳粹对犹太民族的毁灭，这种暴力不是单纯的性暴力，还是一种政治暴力，因为女性与一个民族紧密相连。[1]

诗歌试图唤起人们对纳粹的残暴与战争给女性带来的创伤的回忆。叙述者看到死尸中的孩子时，纳粹士兵大笑着朝孩子的眼睛射击（11-12），这对犹太女人是一种折磨，让她至今记忆犹新。不幸发生得出人意料：在一个美妙的四月的晚上，年轻人正在坟墓旁吸烟交谈（14），她突然听到枪声，孩子没死，士兵只是在开玩笑——对犹太人的生命开玩笑对于纳粹士兵来说是司空见惯的，他们对生命没有任何尊重。大屠杀后，生活中充满巨大的痛苦（17）和可怕的呻吟（18）；人们继续生活着：在草地上喝茶、洗制服、孩子跑向玩具，世界在沉睡中将死者埋葬（19-20）。让叙述者不安的是：过去的已经过去，人们很快便把一切忘记，他们仍然互相残杀。她呼吁人们不要忘记她所遭受的痛苦，告诉那些忘记过去的人们她曾经经受的一切是无法忍受的，即使最坚强的人也会哭泣（23）。最后，她希望人们怜悯她、怜悯那些在战争中遭受痛苦的人们，因为她们凄凉而失落。

这首诗通过死去的犹太女人之口，以政治暴力的受害者身份，用近乎宗教仪式中使用的语言讲述过去与现在，呼吁人们以过去的记忆为镜，停止掠夺、停止暴力，给世界以和平，给社会以和谐。

三、男性影响下施暴的坏女人

女性被男人看作客体的存在，被分成截然不同的两类：天真、无邪、无私、忘我的“天使”，和复杂、自私、危险的“妖魔”。达菲不仅通过冤魂让女性诉说自己的受暴经历，也刻画了在男性暴力影响下参与施暴的坏女人形象。但是，坏女人是男性暴力的毁灭性影响的产物，由于男性暴力的影响，她们产生了攻击性，变得残忍，走向自我毁灭。《世界之妻》（*The World's Wife*, 1999）中的《魔鬼之妻》（“The Devil's Wife”）便描述了一个因受男性暴力影响而参与施暴并走向毁灭的女性。

《魔鬼之妻》是基于1965年发生在英国的沼泽谋杀案（“the Moors Murders”）而作的[2]。1963年7月到1965年10月间在曼切斯特及周边沼泽地区，五名10岁到17岁的孩子先后遭到奸杀。这个事件的女主角叫米拉·韩德丽（Myra Hindley），她从

1 梁晓冬，一个犹太亡灵的诉求——评英国桂冠诗人卡罗尔·安·达菲的反战诗“流星”，《外国文学研究》，2010年第6期，第72页。

2 维基百科 http://zh.wikipedia.org/wiki/%E8%BF%88%E6%8B%89%C2%B7%E5%B8%8C%E5%BE%B7%E8%8E%89

小常被父母打骂，五岁被送去与祖母同住，又遭暴力对待。由于父亲个性粗暴，她长大后便有性虐待狂心理。同犯伊恩·布雷迪（Ian Brady）则是一个出生前便死了父亲、由未婚女招待所生的男孩儿。因年轻的母亲经济拮据，他被送到当地一户有四个孩子的夫妇家收养，从小就喜欢折磨小动物，后来粗暴到伤害小孩子，曾两次因入宅行窃被传到少年法庭；工作后又曾九次被传上法庭；18岁前，曾两次被判处两年的训改（"training"）。1957年到1959年之间，他改邪归正了，但是，随后却与米拉·韩德丽犯下了沼泽谋杀案。

达菲在诗中将上述事件改写成五部分，记录女性因做了魔鬼之妻而变得残忍，最终自我毁灭的过程。叙述者在第一部分"泥土"（"Dirt"）中，讲述了自己如何与魔鬼相恋并且迷失自我的记忆。从叙述中可以看出，她是被男人迷惑后成为悲剧人物的。她被他看女孩儿的眼神、说话时的极尽讽刺挖苦之能事和他的粗鲁所吸引，对他充满了渴望（1: 6）[1]，变得喜怒无常，直至他请她出去。身体的欢愉使她疯狂地迷失，放弃了工作，每天跟魔鬼去树林、操场或者游乐场，去掩埋玩偶，不分昼夜，不顾风雨。她失去了自由，一步步陷入他的控制。她感觉自己的舌头像石头；嘴像遭到重击的伤口，无法说话；眼睛像两块黑板，看不到东西。她认识到，自己对孩子没有柔情，没有丝毫的关心，似乎这些都预示着他们将要做的事情——杀死孩子。总之，第一部分就让读者看到，女人盲目地投入男人的怀抱，从此被男人所控制。

叙述者在第二部分用美杜莎（"Medusa"）做标题表现女人对魔鬼丈夫的恐惧、依恋、盲目追随和被男权完全控制的记忆。美杜莎的神话故事是女性主义者在进行女性主义理论创作中常用的：西苏在短文《美杜莎的笑》（"The Laugh of Medusa"）中，把女人看成是一个"黑洞"（"black hole, as abyss"）[2]，这个观点让人联想到弗洛伊德关于女性没有阴茎只有一个可怕的洞的观点，弗洛伊德把美杜莎的故事看成是对阉割的恐惧（"part of the fear of castration"）[3]。叙述者去找他们一起埋葬了的玩偶，却没找到，便产生了失却自我的意识（2: 2），也就是说，一切都发生得如此之快，好像她未加思索就被占有了，被魔鬼占有就意味着堕落。等她明白后，发现自己已经被自己的铲子和泥土埋葬了，或者说，她在埋葬玩偶的同时失去了自我。随后她发现周围没人喜欢她，她的心被紧紧地攥在他的拳头里并且被挤压成干，失去了个人意志。当人们给她照相时，她就给他们以"美杜莎的笑"（2: 7），表现得毫无生气，因为她已经变得极其冷漠，对任何事情都不在乎，包括法官、法庭甚至法律。她承认自己的堕落，被锁上了"双重枷锁"（2: 9）。她每天用他们的密码给他写信，希望能够出狱。但是，她知道这很困难，所以无望地叹息："魔鬼是邪恶的，而我是魔鬼之妻/这就更糟了"（2: 14-5）。这叹息背后的深刻含义是她将得到更严重的惩罚，因为她是个女人——这是对男权制度的不公的揭露，在男权制度下，女人犯下与丈夫同样或更小的罪行，也要受到更大的惩罚——她所能做的只有在地窖里哀号。

叙述者在第三部分《圣经》（"Bible"）中表现出一种混乱，在拒绝承认罪行时，她语无伦次："不是我我没干我不能我不愿"（3: 1），"不公平不对不是真的/不是那样的"（3: 9）；她对什么都不能确定，说"也许这也许那不知道说不准好像是"（3: 11），要见律师、牧师或媒体（3: 6），重复着"是他""是他"（3: 4，12）。呼应了警方比德（Peter Topping）提到过的沼泽谋杀案罪犯在教堂里的忏悔，承认她卷入了连环案，却又说自己不在案发现场。叙述者在第四部分中用"黑夜"（"Night"）描述被判终生监禁的狱中生活，表现了悔恨和认识到自己罪行的严重性之后的恐惧。在最后一部分"请求"（"Appeal"）中，叙述者列出了如果没有取消极刑他们可能承受的各种死刑，

1 Carol Ann Duffy, *The World's Wife*. London: Picador, 1999.

2 See Helene Cixous, "The Laugh of the Medusa" http://bfsutheory.blog.163.com/blog/static/322936832007914523449 84/

3 参见张在新转载博文（Professor Mary Klages's home page in the University of Colorado): http://bfsutheory.blog.163.com/blog/static/3229368320079145234498 4/

把生与死联系了起来。但是，最后，她又一次提出问题："我是魔鬼的妻子，/我能做什么？"（5: 11-12），表明身为人妻，女人无力摆脱丈夫的控制或影响。

这样看来，整首诗歌描述了一个被魔鬼吸引后误入歧途，最后失去自我受到惩罚的女人，表明男权制度下男性暴力和霸权对女人的恶劣影响及毁灭性后果。女性是软弱的，无知的，低于男性的，屈从于父亲或丈夫乃至整个男权制度；而充满男子气的男人们，无论在家还是在社会上，都是绝对的统治者，大男子主义思想在他们自己的思想和行为中根深蒂固，也影响着女性，毁灭着女性，使她们成为男性暴力和霸权的受害者。

四、以暴力颠覆男权的女英雄

因受到男性暴力和霸权的影响而变成施暴者的女性受到了惩罚，而面对男性霸权以暴制暴、颠覆男权的女性却得到了幸福和成功。达菲在《世界之妻》的开篇之作《小红帽》（"Little Red Cap"）中刻画的小红帽便是这样的典型。自从小红帽的故事在世间流传，便出现了多个版本。在那些版本里，小红帽都是被动的角色，常常被狼吃掉后被猎人或伐木工人从狼口里救出。西苏曾在她的文章"阉割还是斩首"（"Castration or Decapitation?"）里，把女性的生存状态描述成为从一张床上到另外一张床上，从一个梦到另外一个梦，认为，即便女性像小红帽一样站起来，走出家门，仍然不能应对灾祸：她从一个房子到了另外一个房子，从母亲家到了外婆家，而外婆则是邪恶的，因为她不让小红帽外出。外婆常常是大灰狼，所有想出去探索世界奥秘的小女孩儿都受到大灰狼的威胁。为此，在西苏看来，小红帽的故事表现了女性相对于男性的被动。[1]只有达菲在对《小红帽》的改写中，不仅改变了小红帽被叙述的身份，让她成为自己故事的叙述者，还把她描写成为以暴力杀死狼、颠覆男性霸权的女英雄，彻底改写了小红帽在人们心中的记忆。

达菲对男性霸权的颠覆首先表现在不选用第三人称叙述角度，而是让小红帽做自己故事的叙述者。由于使用了第一人称叙述角度，"我"显得非常突出，是"我"先看到狼的，从此"他"便成为"我"关注的对象——站着、读诗、长着大耳朵、大眼睛、大牙齿和毛茸茸的爪子，说话拖着长腔，红酒粘在他满是胡子的下巴上。"我"告诉读者自己追随"他"的原因是诗歌。在该诗中，狼代表一个看似成熟、自我为中心的诗人。他给"我"买了一杯酒，那是"我"第一次喝酒，天真单纯，16岁，涉世未深，但是为了诗歌，虽然知道狼会把"我"带到深深的树林里，"我"还是跟着他去到了一个充满荆棘的地方，在猫头鹰的眼睛注视下，"我"失去了童真。当然，失去童真是因为"我"主动爬向狼，并且从早到晚地依附于他的毛皮。红色上衣的碎片、耳边狼的呼吸声、听他读的情诗，勾勒出一个充满性欲的场面。失去童真后，"我"得到了知识。但是，"我"也发现了他的本性——"我"寻找白鸽时，他张开大嘴，一口便使白鸽一命呜呼。这是一只代表女诗人诗歌语言天赋和灵感的白鸽，被代表男性的狼无情地据为己有。以后与他一起的日子里，"我"吞噬着他的书，收获着成长，写出了可以与他的作品媲美的诗歌。十年过去了，"我"发现与他在一起将使"我"失去对自己天赋的拥有，终于勇敢地对"狼"采取了暴力行动：

我举起斧头
砍向柳树，看她如何哭泣。我举起斧头，砍向鲑鱼
看她如何跳起。我举起斧头，砍向狼
他正睡着，一斧下去，从阴囊到喉咙，看到
祖母闪光的、洁白的骨头。
我把他肚子里填满石头。给他缝合起。(36-40)

1 刘岩、邱小经、詹俊峰，《女性身份研究读本》，武汉：武汉大学出版社，2007年，第145页。

在这五行诗里，达菲使用了三个排比句式，表现了小红帽的行动对男性霸权的颠覆，把读者的注意力吸引到诗歌末尾，小红帽变得独立而强大，不再是传统小红帽故事里那个需要伐木者或猎手保护的小女孩儿。她拿起斧头的行为表现了她拥有了继承传统的权力，更表现了她自身的活力和天资。[1] 诗歌最后几行使用的一般现在时，与开始使用的一般过去时形成对照，好像告诉读者，小红帽最初关于狼的认识是错误的，狼并不那么有才智，相反，他吃掉了外婆——男性霸权导致了女性在文学史上的沉默。小红帽看到了外婆，明白了也终止了这种沉默，她创作出生动的、鲜活的、温暖的、跳动的、长着翅膀的、狂热的文字，是音乐，也是热血（29-30），直至她最后唱着歌独自从树林里出来，都是一种宣言：她将成为一个诗人，成为俄耳甫斯（Orpheus），获得解放[2]，变得自主而成熟，从而确立女性在文学界的地位。

结语

达菲通过戏剧独白诗描述了性暴力、政治暴力、暴力犯罪与凶杀等各种暴力记忆及女性在这些暴力记忆中的不同身份。如果说在男性暴力下沉默不语的弱女子、死后诉说政治暴力的女冤魂和受男性暴力影响参与暴力的坏女人，都是男性霸权的揭露者和批评者，那么，以暴力颠覆男权的小红帽，则是男性霸权的颠覆者。这些诗歌作品与达菲的其他作品一同体现了她早期的女性主义思想，是提高女性意识，探索女性身份，抵制男性霸权的有力武器。揭露导致女性受压迫根源的男权制度，是达菲完成的一项女性主义任务，分析和审视女性作为男性暴力的受害者和颠覆男权的施暴者等身份，有助于把女性从隶属于男性的地位中解放出来，也有利于理解达菲后来在创作中表现出的对男女和谐关系的向往。

（作者单位：山东财经大学）

1 Avril Horner, “Small Female Skull”: patriarchy and philosophy in the poetry of Carol Ann Duffy, Angelic Michelis & Antony Rowland, eds., *The Poetry of Carol Ann Duffy: Choosing Tough Words*, Manchester: Manchester University Press, 2003, p.110.

2 Ibid, p.110.

孤独的声音：奥登早期诗歌误读探析

吕 冰

© 2017 比较文学与跨文化研究（1），68–76 页

内容提要：本文以学界对于奥登早期诗作《哦，那是什么声音》的误读为挖掘点，从奥登本人关于此诗的阐释出发，进行诗、画、圣经三者之间的互文式解读，分析其中所蕴含的神性与人性、科学与文学的二元关系，并由“agape”以及儒家思想中的“仁”作为中介，从宗教层面进行二元整合，以此说明奥登40年代的宗教转向并非无根之萍，并进一步阐述产生这种误读背后的文化动因：英国宗教文化的式微。

关键词：奥登 宗教 误读

1934年美籍英裔诗人威斯坦·休·奥登（Wystan Hugh Auden, 1907–1973）在一篇详述中产阶级生活方式的文章中指出，一个人总是惯于信任他从未拥有过的知识，[1] 这几乎可以看作是他早年文学生涯的精辟总结。对于奥登来说，这个知识从某种程度上包括了马克思主义、弗洛伊德主义等等，而他自身对此的虚弱肯定也使得对其早期作品的任何解读都不会承担被批判的风险，从而间接导致关于他诗学思想的某些偏见，《哦，那是什么声音》就是这种趋势的典型例子。这首写于1932年的诗从发表伊始便频遭误读，从某种程度上说反映了学界对于奥登早期诗歌的评论惯式，其背后的文化原因也值得我们深思。破除这种误读，厘清奥登诗作的真实目的一方面有助于探查他的思想轨迹和诗学原则，另一方面，则为探索20世纪30年代英国文化风向提供了一条可行性路径。

一

《哦，那是什么声音》在大部分时间里都被阐释成具有先知性质的政治诗，预言了当时纳粹德国入侵他国的野心，约翰·卢卡斯的评论可以看作其中的代表。他认为诗中出现的红衣士兵“并不似保卫者而像侵略者”[2]，像是在隐喻“墨索里尼对阿比西尼亚的入侵，又或者弗朗哥对西班牙的占领独裁。”[3] 卢卡斯认为，说这首1932年的作品“写于德奥合并和入侵苏台德那段时间也不为过，两者都发生在1938年。”[4]而《哦，那是什么声音》中最令人伤心的对话——“你的赌咒发誓都是骗人谎言？都是谎言？不，我答应了要好好爱你，亲爱的，但我必须离开这边。”[5]——“仿佛早已洞见莱昂·布鲁姆会最终决定不再援助西班牙共和国，又或者提前知晓张伯伦在伦敦机场挥舞的《英德宣言》其实是一纸空言。”[6] 这些猜测显然来自于诗中出现的红衣士兵以及时下人回顾纳粹崛起时的历史轨迹，的确，奥登确实较早地对希特勒的崛起开始警醒，但笔者认为当时引起这种警醒的并非他自己，大部分应该来自于他的朋友兼诗人依修伍德对于希特勒的大肆抨击。据奥登的传记作家查尔斯·奥斯本所记录，1932年八九月间，依修伍德从德国返回伦敦度夏，奥

1 W. H. Auden, *Prose and Travel Books in Prose and Verse*, Volume I, 1926-1938, New Jersey: Princeton University Press, 1996, p. 51.
2 See John Lucas, “Auden's politics: power, authority and the individual” in *The Cambridge Companion to W. H. Auden*, ed. Stan Smith, London: Cambridge University Press, 2005, p.157.
3 Ibid, p.157.
4 Ibid, p.157.
5 W. H. 奥登，《奥登诗选：1927-1947》，马鸣谦、蔡海燕译，上海译文出版社，2014年，第152页。
6 同上，第152页。
7 See Charles Osborne, *W. H. Auden: The Life of a Poet*, London: Michael O'Mara Books Limited, 1995, p. 91.

登频繁与其会面，期间依修伍德曾不断对他说起纳粹在德国的情况。[7]或许正是在与朋友这种交流的影响下，奥登有意无意在诗中写下了关于战争的预言式场景。

另外则是关于精神分析学方面的评论，这一倾向如无意外应是当时弗氏学说盛行之下的产物。1936年10月携有这首诗的作品集《看！陌生人》出版，三个月后（1937年1月）C. D.刘易斯在《诗艺》上发表评论，指出这首诗中可能带有的弗洛伊德影响。他认为奥登是一个处于贵族传统中的诗人，个人化的作品是他最为成功的作品，但有两首谣曲例外，其中一首就是《哦，那是什么声音》。[1]刘易斯接着说，奥登将自己的作品与弗洛伊德的世界观捆绑在了一起，如果后者能够自成一个文化结构，那么奥登无疑会成为经典。[2]即便如此，刘易斯仍没有具体指出《哦，那是什么声音》中潜藏的弗式结构，只略略提出谣曲精确的韵律和有条理的一贯性是之前所没有的。又过了一年（1938年），赫尔曼·佩施曼在给奥登的信中开始询问关于这首诗里的弗洛伊德因素，奥登的回信耐人寻味："如果你喜欢就这么认为吧，"他这样说道，"我的灵感来源于一副关于耶稣在客西马尼园临终祷告的油画。"[3]这个最初的回答是相当私人性质的，直到1971年奥登才公开说明这首诗的意图，在关于弗洛伊德的讲座中提到这首诗时再次谈到，这首诗的灵感不是梦境，而是《客西马尼园的临终祈祷》这副油画，这也间接地反驳了刘易斯三十年代的评论。

遗憾的是，即便奥登本人公开阐明，这个研究方向在当时依旧没有被认真对待，而当评论界发觉并重视它则又过了将近40年。首先开始从这方面分析的专家是《奥登与基督教》的作者亚瑟·克尔市教授，此后，奥登的文学遗产执行人门德尔松教授在2009年《纽约书评》上评论克尔市的研究时亦同意他的说法，认为奥登"在以为他已经永远告别了基督教的时候"仍在"使用一套基督教的话语系统"[4]，不过这种倾向一直被掩盖着，他所举的就是《哦，那是什么声音》这个例子："奥登在那些表面上看起来是世俗诗的作品里，隐藏了其原初的宗教意向，就比如他那首充斥着不祥之兆的《哦，那是什么声音》，诗中场景似乎是设在18世纪的伦敦，里面有着成群穿猩红色军装的士兵。"[5]碍于篇幅限制，克尔市教授和门德尔松教授都没有就此进行更进一步的讨论，而笔者试图以此为着眼点，按照他们的思路，从奥登本人对此的阐释出发，来厘清奥登是如何把《客西马尼》这幅画写入诗中并嵌进自己隐晦的宗教情感的。

二

《客西马尼园的临终祷告》[6]这幅画描绘了一个新约场景，在马太福音、马可福音、路加福音里都有出现，其画面和意象与《哦，那是什么声音》恰到好处地贴合在一起：在诗歌开头的前三个小节里，叙述者a连续反问红衣士兵到来的目

1 See John Haffenden, *W. H. Auden: The Critical Heritage*, London: Routledge Press, 2004, p. 227.

2 Ibid, p. 228.

3 Arthur Kirsch, *Auden and Christianity*, Yale University Press, 2005, p.10. See also John Fuller, *W. H. Auden: A Commentary*, p.153.

4 See Edward Mendelson, "Auden and God", *The New York Review of Books*, 54.19 (2007): 70-75, see also http://www.nybooks.com/articles/2007/12/06/auden-and-god/.

5 Ibid, pp. 70-75, see also http://www.nybooks.com/articles/2007/12/06/auden-and-god/.

6 有很多艺术家画过这个主题，比较著名的当属文艺复兴时期的手法主义大师埃尔·格列柯和威尼斯画派的开山鼻祖乔凡尼·贝利尼，两者的画作都存于伦敦国家艺术画廊。根据奥登的回忆，油画前景中绘有跪地祈祷的耶稣，旁边睡着三个使徒，背景里则有一群正在过桥的士兵。著名评论家约翰·富勒据此暗示奥登看到的是格列柯的作品(See John Fuller, W. H. Auden: A Commentary, London: Faber & Faber, 1998, p. 154)，而凯瑟琳·巴克奈尔和尼古拉斯·詹金斯曾在奥登讲座编选注释中给出理查德·达文波特-海恩斯的猜测(See Richard Davenport-Hines, *Auden*, London: Minerva Press, 1995, p. 118)，认为奥登看到的是贝利尼的画作（See Katherine Bucknell & Nicholas Jenkins, 'In Solitude, For Company': W. H. Auden After 1940, London: Oxford University Press, 1995, p. 193）。鉴于奥登本人两次对于此画作的描述可以看出——1. 作品存放于伦敦国家艺术画廊（两幅画均满足）；2. 远处有士兵（两幅画都满足）；3. 士兵正在过一座小桥（这一点只有格列柯的画作满足）——所以笔者倾向于同意约翰·富勒的观点，即奥登看到的是格列柯的作品。若是如此，那么格列柯的画作被奥登视为灵感来源这一偶发性事实，对诗作阐述现代性的各种并发症便是一种预言式启发。格列柯晦涩的空间感，风格晦涩厚重，他的绘画特征具有很强的个人特质，并且，用我们的标准来说，是非常现代的，在沉寂几个世纪后被重新发现，被毕加索和波洛克称作是西方第一位现代派画家，从某种意义上与奥登诗中嵌入的精神遥相呼应。

7 W. H. 奥登，《奥登诗选：1927-1947》，马鸣谦、蔡海燕译，上海译文出版社，2014年，第151页。

8 同上，第151页。

的——“那如此震耳的声音是什么？”[7]“那如此清晰的闪光是什么？”[8]“他们全副武装地在干什么？”[1] 这里叙述者a未必不清楚个中缘由，但焦虑的情绪促使其不停地向叙述者b征询，不期然与耶稣对门徒说自己“心里甚是忧伤，几乎要死”[2]的“警醒”[3]产生了灵魂上的共鸣。紧接着到第四节，透过叙述者b那句“亲爱的，你为何跪在了地上？”[4]的询问，可以明了叙述者a也和耶稣一样开始祈祷，第五六七小节对于士兵沿途动向的三次猜测在数量上与耶稣在客西马尼园的三次祷告相照应，特别是a对于红衣士兵去找“牧师”和“医生”的猜测与耶稣连续两次相同的祷告在单个意象上非常切近：耶稣说着“我父啊，倘若可行，求你叫这杯离开我；然而，不要照我的意思，只要照你的意思。”[5] 祷词前半句的圣杯意象让人联想到圣餐仪式，这种联想又与“牧师”一词联系在一起，而整句话反映出的耶稣脆弱又坚定的奉献精神，又与“医生”这一形象相仿，那种似要剖开和治愈世间一切罪恶、又无法摆脱对自己命定身份的无奈感透过字画无声地表达出来，令人唏嘘。另外有趣的是，奥登在1934年的一篇散文的注释中写到，人们如今新的负罪感并没有被地狱概念的褪色而削弱，它被转移到了医学上。[6] 这样一来，医生的形象就几乎等同于地狱的世俗代偿，使得这个意象具有了一种意外的二元性影响。另一方面我们看诗中的另外一个叙述者b，诗的开始他在不停地安慰叙述者a——亲爱的，那震耳的声音“只是穿着猩红军服的士兵”[7]，那清晰的闪光“是反射在他们武器上的阳光”[8]，他们全副武装只是“在进行常规演习”。[9] 结合新约，我们可以猜测b的身份有可能是耶稣的三个门徒，而进一步凸显这种圣经原型的则是《哦，那是什么声音》中最后的两节：叙述者b在军队来临时突然离开，面对a的哭诉“你的赌咒发誓都是骗人谎言，都是谎言？”[10] 叙述者b说了下场前的最后一句话，“不，我答应了要好好爱你，亲爱的，但我必得离开这边。”[11] 这里叙述者b与门徒的关系用奥登自己的话来解释再合适不过，在一次讲座中他谈及此诗来源时讲到：“当时我就想，假如让这幅油画动起来会是如何，人们会看到士兵们越走越近直到清楚地看到他们要做什么。在这之前，按照福音故事，耶稣会唤醒他的使徒，然后，在他被逮捕以后，他们都抛弃他逃走了。”[12] 所以，叙述者b在士兵到来之前离a而去是门徒弃耶稣逃跑这一场景的原型置换，b以某种形式爱着a，就仿佛耶稣的门徒爱着耶稣，但最终b与那些门徒一样，到底还是背弃了a，留下她或者耶稣一人面对士兵们“灼热如火焰的目光”[13]。整首诗将《客西马尼园的临终祷告》这副油画的主题用文字的形式表达出来，并且进一步指出了耶稣被逮捕之后的遗留状态。对于门徒或者叙述者b，耶稣和叙述者a都给予了充分的爱和信任，但前者最终都会抛弃他们，留下后者“独自一人面对恐惧”。[14] 这首诗意在表现一种分裂与和解的二元关系，其中，分裂是指神性与人性、科学与文学的二元分裂，而和解，则由“agape”古希腊语里的“大爱”作为沟通桥梁。

首先是神性与人性的二元关系。奥登认为，二元性仅指整体在发展过程中的不同阶段——如在宗教转向之前和之后的人。[15]事实上，耶稣的

1 W. H. 奥登，《奥登诗选：1927-1947》，马鸣谦、蔡海燕译，上海译文出版社，2014年，第151页。
2 马太福音：26:38。
3 同上。
4 W. H. 奥登，《奥登诗选：1927-1947》，马鸣谦、蔡海燕译，上海译文出版社，2014年，第152页。
5 马太福音：26:39。
6 W. H. Auden, *Prose and Travel Books in Prose and Verse*, Volume I, 1926-1938, New Jersey: Princeton University Press, 1996, p. 48.
7 W. H. 奥登，《奥登诗选：1927-1947》，马鸣谦、蔡海燕译，上海译文出版社，2014年，第151页。
8 同上，第151页。
9 同上，第151页。
10 W. H. 奥登，《奥登诗选：1927-1947》，第152页。
11 同上，第152页。
12 Katherine Bucknell & Nicholas Jenkins, *In Solitude, For Company: W. H. Auden After 1940*, p.193.
13 W. H. 奥登，《奥登诗选：1927-1947》，马鸣谦、蔡海燕译，上海译文出版社，2014年，第153页。
14 Katherine Bucknell & Nicholas Jenkins, *In Solitude, For Company: W. H. Auden After 1940*, p. 194.
15 W. H. Auden, *Prose and Travel Books in Prose and Verse*, Volume I, 1926-1938, p.7.

神人两性中的人性一面凸显明显，他在客西马尼园祈祷的时候会否恐惧于自己即将消失在此世的命运？奥登曾说，西方人的精神世界是由基督教和希腊精神所堆砌起来的，柏拉图对于他们的影响是哲学上而不是政治上的。柏拉图为什么这么慷慨赴死，因为他认为自己可以去到一个更好的地方，柏拉图担忧他的精神在这个世界不能与理式世界完美融合，而耶稣的担忧和柏拉图恰恰相反，耶稣一旦被架上十字架，便意味着作为脆弱的人性的消失，而由神性代替人神二元性，这会使得他的存在变成一个约伯式的难题——上帝再一次被肯定为人类的想象无法到达的存在。“凡是想保全生命的，必丧掉生命”[1]冲淡了对人类的爱意，他本是来“将自由带给世人”[2]，让“他们回归自由所抱有的人类真正的自然天性。”[3]但是伴随着他的大爱的降格，他坠入了被柏拉图所轻视的那个世界。与此相对，“惧怕”——作为被“限制”住的大爱的对立面，就顺理成章地在叙述者b身上出现，这种“惧怕”，奥登认为“需要被博爱和爱欲所拯救”。[4]从某种程度上说，b是耶稣人性的一种身份滑动，这种滑动柏拉图会认为是自然而然的，苏格拉底坚信人类的灵魂会经历一系列化身，而柏拉图在《斐多篇》里告诉我们，人类的所有知识都拥有一种由某种形式或者规则所设定好的前知识。在这里，这种滑动的身份就是柏拉图的前知识，它是不朽的，游荡于全部的历史之中，他所改变的只是像人类肉体这样的中间介质。而相应地，叙述者a就代表了耶稣的神性部分，是神的本质。奥登认为耶稣首先将人神这两种形象结合起来，他将形象与行为结合起来，于人前展示了上帝。“我父”是人类的真正本质；“我”则是他对于这种本质的有意识的认知。在耶稣那里，这种认知是完整的，“我”和“我父”是一体的，“如果不是借着我，没有人能到父那里去。”[5]所以，我们不妨把a看做“我父”，将b看做“我”，那么b对a的抛弃就是耶稣人性与神性的分离，是耶稣在客西马尼园被带走之后的审判和受难，是一种失忆，不是似曾相识，而是忘却自己原始身份的表征，因为我们处在耶稣被送上十字架之后的阶段，神人的完整性已经离我们远去。所以这首诗从一开始就戴上了一种“分离”的标签，表现了人由原初的浑然一体的分割过程。

其次，奥登对于科学与文学分野关系的暧昧态度在此诗中也有所显现。他曾认为，科学，这个在上个世纪与被看得见的物质世界联系在一起的概念，现在将自己的注意力转向了主观经验的内部世界，中产阶级在其中倾注了自己所有的信任。[6]在他父亲的书房里科学书籍与诗集和小说并排而立，而且他从未想过其中一者会比另一者更加人性化。他对于父亲书房的态度即是他对于科学与文学关系的态度。[7]他反对罗伯特·格里夫对于诗歌和科学的清晰分界，并且如果他晚期表现得反对一个世俗的科学文明，那么他所反对的是将科学变成上帝，这对于他来说是个始终如一的姿态。[8]他极力对抗这种分裂，有意识地对自己所处的境况和自己所坚持的态度作出暗示。但他又注定会成为一个现代诗人，因为他本身就背负了某种被先天分割的才智，在实证哲学占上风的现代社会，人文主义模式拼命向科学分析靠近，分裂了前苏格拉底时代集预言家、诗人、巫师、哲学家为一体的智者，使得天才一词的范围变得狭窄，知识和感性不易再奢侈地集于一体。他于1932年写到，整体的概念已经没有了，只有破碎，人开始变得有自我意识，他开始感觉，我是我，你不是我，我们从内部将自己与他人隔绝开来。整体的概念没有了，有的只有自我。[9]而让人类从自然中分割出来的工具则是一种冷静的，没有善恶概念的理性智识，奥登的医学世家背景和

1 W. H. Auden, *Prose* Volume II, 1939-1948, Edward Mendelson ed., London: Faber and Faber Limited, 2002, p. 14.
2 Ibid, p.14.
3 Ibid, p.14.
4 Hugh Underhill, *The Problem of Consciousness in Modern Poetry*, New York: Cambridge University Press, 1992, p. 254.
5 W. H. Auden, *Prose* Volume II, 1939-1948, Edward Mendelson ed., London: Faber and Faber Limited, 2002, p. 15.
6 W. H. Auden, *Prose and Travel Books in Prose and Verse*, Volume I, 1926-1938, New Jersey: Princeton University Press, 1996, p. 49.
7 Hugh Underhill, *The Problem of Consciousness in Modern Poetry*, New York: Cambridge University Press, 1992, p. 244.
8 Ibid, p. 245.
9 W. H. Auden, *Prose and Travel Books in Prose and Verse*, Volume I, 1926-1938, New Jersey: Princeton University Press, 1996, p. 13.

生物学的兴趣让他很自然地体会了这种过程。在奥登1937年的《牛津》中，自然的体验是和“知识”“智慧”相悖的。在获得知识和智慧的过程中自然的感觉被牺牲了。[1] 1940年奥登给斯彭德写信时感叹：“你知道我的主要才能在逻辑和灵感，感受性是我的弱项。这意味着我必须通过前者来感知生活；我必须有知识，必须在我能感觉任何事之前拥有大量的知识。”[2] 这句话注定了奥登是一个现代诗人，这在某种程度上可以看做是在变量环境里对诗人性质生成的定量实验。这种实验对于诗人来说是残忍的，其结果便是产生一种近乎冷漠的激情。但正因为这样我们才可以在《哦，那是什么声音》中看出如此繁复的解读，从18世纪的贵族内乱到20世纪的世界性集权，从文艺复兴大师的宗教油画到寓意深刻的抒情谣曲，这些大部分都是转瞬即逝的灵感转录，透着某种极端个人化的遗世独立。他的诗，就像这首《哦，那是什么声音》，即便有两个人，即便他们以各种形式相爱，也逃脱不了分离的结果，要么是抛弃，要么是被抛，个人和他者泾渭分明，冷淡疏远是其诗歌的气质。如此一来，个人和他者就会像知识和感性那样被迫分离。奥登曾在很多文章中指出让自己全心全意地接受他人存在的艰难性，[3] 他在1932年的同一篇文章里写道，“这种感觉愈增长，会有愈多的人感到有必要跨越沟堑去恢复自己身为生活一份子的感觉。”[4] 在他的早期散文中，奥登认为这种跨越要依靠语言，晚期的他则认为这是一种宗教性事物，比如他引用西蒙·韦伊的论述认为“相信他者存在这种事就其本身来说是一种爱。”[5] 这是他一生为之追求的真理，在别人看来是理所当然的事却让他体会到了别样的意味，所以他说出来的“爱邻人如爱己”才最为动听，最为迷人。

如果上面论述中的重点在“分裂”，那么下面的部分则重点注意“和解”。“agape”——取自古希腊词源的大爱是对抗二元性的最好手段。孕育出直觉性诗人的荷马时代已经一去不返，现代性要求诗人在理智和感性中各司其职，能同时包容两者需要某种成熟极端的系统，宗教内部固有的二元性和矛盾论将其变成了最为合适的言说者。二元性，或者用J. 罗伯特·巴斯的话说“矛盾性”，囊括了物质和精神，人性和神性，以及短暂与永恒。[6] 在这个系统里，信仰和理性既要彼此分割又要相互应和，它在创立伊始，不仅要求超乎理性，而且要求随时准备为信仰反对理性，圣保罗是这种满溢信仰的集合体，而经历了德尔图良、奥古斯丁、祁克果直到现代主义发问我是谁时，《旧约》时代的虔诚和希腊文化的超然变成了强烈的个体被抛感和失落感，人类只得拾起了理性武装自己，基督教发展到这时变成了信仰和理性的角力，在相互牵制中寻求平衡，德希尔说，只有通过行动理性才能够认清自己，而只有通过理性行为才能称为自由的行动。[7] 当a和b处在一个面临选择的境地时，b首先做出了回应，由于b具有“我”的功能，又经历了现代性的洗礼，便自然而然成为理性的化身，而相应的a就被动地被推到了信仰的位置上，但是这场较量中，b注定会成为失败者，因为理性是一个工具，并不能控制或约束任何事物；他能做的仅仅是驱使一个欲望去缓和另外一个欲望。[8] 理性，亦可以看作是逻辑，只能分离矛盾而象征则可以将其整合。[9] 那些包含在宗教、哲学和艺术中的机制乐趣只有通过象征才能够传递。[10] 象征不仅仅是两种事实的并列展示(像隐喻那样)，而且还是两种表述的并置展现，无论

1 Hugh Underhill, *The Problem of Consciousness in Modern Poetry*, New York: Cambridge University Press, 1992, p. 254.

2 Arthur Kirsch, Auden and Christianity, Yale University Press, 2005, p. 5.

3 Ibid, pp. 3-4.

4 Ibid, p. 4.

5 Ibid, p. 4.

6 J. Robert & S. J. Barth , “Theological Implications of Coleridge’s Theory of Imagination”, in *Coleridge’s Theory of Imagination Today*, ed. Christine Gallant, New York: AMS Press, 1989, p.7.

7 Hugh Underhill, *The Problem of Consciousness in Modern Poetry*, New York: Cambridge University Press, 1992, p. 250.

8 W. H. Auden, *Prose and Travel Books in Prose and Verse*, Volume I,1926-1938, New Jersey: Princeton University Press, 1996, p. 6.

9 See J. Robert & S. J. Barth , “Theological Implications of Coleridge’s Theory of Imagination”, in *Coleridge’s Theory of Imagination Today*, ed. Christine Gallant, New York: AMS Press, 1989, p.7.

10 Ibid, p.7.

多么模糊，解释两种相隔甚远，迥然不同的事物，像是人类和上帝。正是通过这种诗的语言，那种横亘在固有和超越之间的天堑才能链接。[1]所以叙述者a最后的行动，最后的回答一定是爱——宗教语境下的大爱。

忏悔和爱是整个治疗和救赎过程的关键，在1940年前后都是这样，[2]在奥登的定义里，大爱是由恩典演化来的爱欲，是一种转变，而不是附加，是对于律法的满足，而不是破坏。[3]而对于转变的中介来说，“恩典”维持了自身的神秘性。[4]大卫·特雷西说，基督徒关注于耶稣揭示了一直在路上，但还未来临的恩典这一事件。而当我们反思这一恩典时，将其全部的意义展现为一种与爱之上帝，被爱的世界，以及被赋予被吩咐去爱的自我这些对象精心安排的联系里。[5]事实上，我们可以通过一个中国哲学中的相似概念来加深对其的了解，奥登在1937年的《战地组诗》中也提到过它，“仁，真正的人道，还没有实现”，[6]它和“agape”在某种程度上十分类似。陈谷嘉在《儒家伦理哲学》中说“仁者，人也”，仁即人。爱的内驱力来自何处，道德主体向善的自觉性如何产生？[7]答案也许就在于其本质。“仁”的本质含义就是“爱人”。[8]樊迟问仁，子曰：“爱人”（《颜回》），而“爱人”的本质是什么，这也许要从仁的初始本意来探究。陈谷嘉考察了关于甲骨文“仁”的始初本意——《周书·金滕》说：“予人若考，能多才多艺，能事鬼神。”清段玉裁在《说文解字注》释“仁”说：“独则无耦，耦则相亲，故字从人二。”这说明“仁”所表明的是一种人与人之间的关系。人所指的“相亲”（予人若考）关系具有“爱人”的萌芽。“仁”字所指的是从人二，是指人的一种复数关系。[9]这种关系上升至形而上学的层面，就是爱与其载体的相处方式。这种复数的、带有一体两面的关系如何理解，我们可以从战时组诗的《注释》找到线索——“除了一个有用的可爱机器，肉体一无是处/作为爱的差使，奔跑的足迹遍布房间各处/与此同时，灵魂在书房栖居，与ta的私人上帝述说着钟情。”[10]机器，作为现代社会的象征，能够轻易地让我们将身体和现代焦虑联系到一起，它存在于“房间”的各处，虽然只是作为爱的信使，他仍然占据着房间主人的位置，奥登在《注释》中特别指出，“灵魂”存在于“书房”当中，而“肉体”则奔跑于房间各处。笔者认为一方面奥登倾向于同意亚里士多德的观点，即“肉体”和“灵魂”都存在于此世、在“房间里”；然而另一方面，奥登或许也同样认同柏拉图的观点，亦即存在有一个理式世界，我们并不能从这个世界得到对于理式的绝对认知。奥登和柏拉图唯一的不同在于——是爱，而非灵魂存在于这个世界，所以身体“作为爱的差使，成为在这个房间的爱的代理人”。事实上，奥登模糊了房间内爱所代表的身份，所以它既可以从鹰的视域被观察到，也可以作为“私人上帝”“诉说着钟情”。爱和灵魂似乎是被分离的事物，门德尔松教授说奥登想要绝对的独立和绝对的共同体，前者是对灵魂的要求，后者则是对肉体。[11]但是为什么仍有如此多的焦虑存在？门德尔松教授用奥登的话回答说，虽然我们试图发展二元性，但是却寻找错了方向：我们一直试图让肉体变得越来越个人主义而让精神越来越共产主义。这样做

1 See J. Robert & S. J. Barth , “Theological Implications of Coleridge’s Theory of Imagination”, in *Coleridge’s Theory of Imagination Today*, ed. Christine Gallant, New York: AMS Press, 1989, pp.7-8.

2 Hugh Underhill, *The Problem of Consciousness in Modern Poetry,* New York: Cambridge University Press,1992, p. 254.

3 Stewart Cole, “Love and Other Gods: Personification and Volition in Auden”, *Twentieth-Century Literature*, Vol.60, No.3 (Fall 2014), p. 367.

4 Ibid, p. 368.

5 J. Robert & S. J. Barth , “Theological Implications of Coleridge’s Theory of Imagination”, in *Coleridge’s Theory of Imagination Today*, ed. Christine Gallant, New York: AMS Press, 1989, p. 10.

6 奥登，《依修伍德，战地行记》，马鸣谦译，上海译文出版社，2012年，第309页。

7 陈谷嘉，《儒家伦理哲学》，人民出版社，1996年，第16页。

8 同上，第2页。

9 同上，第3页。

10 W. H. Auden, *Prose and Travel Books in Prose and Verse*, Volume I, 1926-1938, New Jersey: Princeton University Press, 1996, p. 683.

11 Edward Mendelson, *Early Auden*, New York: The Viking Press, 1981, p. 67.

所导致的结果是，一方面我们丧失了爱的能力，另一方面我们失去了思考的能力。[1]《哦，那是什么声音》中的分离从形式和内容上揭示出这种趋势，但是他也只是展示了一个现象而非提供了一个问题的解决方式，叙述者a将要进行的“行动”也只是我们的逻辑推论而非其命定的未来。由此，大爱的重要性就从这些混乱中浮现出来。斯图尔特·科尔在其论文的注释中指出：亚瑟·克尔什认为1940年奥登重返教堂的行为不应该被视为移民美国过程里的关键性进程，而更像是一个渐进的过程，这个过程只关心他生活和作品当中模糊的默示中心。[2]科尔继续说在奥登30年代的作品中，他一直尝试去调和爱的定义，协调作为一种具有极强私人驱动力的复合体以及作为一种更加被公有化影响的、具有盲目力量的、必须建立在任何耐久的共同体下的爱。[3]这些事实使得奥登在十年后的宗教转向看上去不再突兀。

三

根据上面的分析可以看出，学界对于早期奥登的解读都集中于当时的政治和文化热点，盲目夸大他的政治和文化倾向，而忽略了作者本人所表露的宗教诉求，从某种程度上说，这间接导致了支持者们对于奥登40年代转向后进行的猛烈抨击，而事实上，早在30年代前半段作者就已经开始酝酿这种转向，所以笔者认为，英国评论界对于后期奥登的评价是一种文化偏见，造成这一偏见的原因是，作为阐释第一线的知识分子的宗教触觉变得迟钝起来，他们的视界在缩小，视点在变短，这是现代社会快速发展带来的文化恶果。切斯特顿认为，“现在的问题不再是发现未知的新事物，而是如何缩短我们与已知世界的距离，也就是把遥远的世界拉近到我们面前，而不是一直极目眺望远方的地平线。”[4]然而当他们将关注点向自己拉近，甚至探查到自我的最深层（比如弗洛伊德主义）时，似乎遗落掉了某种“过去靠自然力量无意识地培养起来的美德”，[5]比如虔敬感、比如完满感，比如那些过去通过宗教定位我们灵魂的东西，反应在文化中就是某种传统类型批评的乏力。利维斯曾说，“文明的危机实质上是由批评不振所致，”[6]也许这个结论应该倒过来：批评的萎靡不振是因为背后的文化危机。艾略特说，文学批评反映了一个社会的精神深度，在任何一个时代，如果人们对伦理和神学问题有比较一致的看法，那么那个时代的文学批评就会比较充实。[7]然而在20世纪30年代，相较于各种主义掀起的政治热情在文化界此起彼伏的喧嚣，一种坚实的、有根的、静谧的文化情感被迫蛰伏，这种情感的成分非常复杂，但毫无疑问，神学是其中的一部分。

神学在英国之所以陷入如此境地，与其发展环境有密切关系。自宗教改革伊始，英国所走的道路就与欧洲各国大相径庭，亨利八世怒发冲冠为红颜的劲头让英格兰教会非常偶然地脱离了罗马教廷的管制，但就像几年后他又亲手将这位红颜安·博林送上断头台那样，新教在英国的命运也如这位暴君的爱情般分裂动荡，天主教、英国国教以及国教内部各派的混战至此绵延不休，相应的，普通民众的宗教信仰随着这些大小派别的征战随波逐流，加之英国自古以来个人主义和经验主义传统，到了17世纪的洛克、贝克莱等经验主义先哲那里，虽然对于信仰的信仰仍深深扎根于内心，但上帝已经成为了可以推导出的逻辑存在，不仅如此，洛克还进而将道德作为推导出上帝之后的副产品，使其和各门科学一样成为能够推演的一门科学，这隐隐造成了一种贻害颇深的后果：道德的标准变得飘忽不定。到了20世纪，

1 Edward Mendelson, *Early Auden*, New York: The Viking Press, 1981, p. 67.

2 Stewart Cole, “Love and Other Gods: Personification and Volition in Auden”, *Twentieth-Century Literature*, Vol. 60, No.3 (Fall 2014), p. 392.

3 Ibid, p. 368.

4 切斯特顿，《改变就是进步》，刘志刚译，东方出版中心，2010年，第230页。

5 哈罗德·布鲁姆，《读诗的艺术》，王敖译，南京大学出版社，2010年，第133页。

6 陆建德，《弗·雷·利维斯与<伟大的传统>》 http://data.book.hexun.com/chapter-109-2-2.shtml.

7 托·斯·艾略特，《艾略特文学论文集》，李赋宁译，百花洲文艺出版社，1994年，第237页。

艾略特对此深表忧虑，他认为当共同准则脱离了神学背景后，会因受到偏见的影响而有所改变，这种道德标准对时代变革的适应性被人们满意地认为是人类不断进步的标志，但是实际上它只能标志着人们的道德判断的基础多么不牢靠。[1]这种不牢靠的背后是神学和人学之间联系的断裂，没有了一种终极意义上的支撑，人们的所有推论都是无根的浮萍。在英国，“信仰”这一概念已经被“人权”偷偷代替，霍布斯鲍姆说，“‘人权’这个概念并非穿着古罗马市民的长袍、说着十八世纪晚期的启蒙思想家的诗句而确立了它在英国人民当中的地位，而是罩着旧约时代先知的斗篷、口诵着班扬式的圣经语言：《圣经》《天路历程》与福克斯的《殉道列传》这三本书，若不是英国劳动人民学习阅读的启蒙读物的话，也是他们学习政治的启蒙读物。”[2]也就是说，宗教与其说与信仰有关，不如说与政治、治民之术联系在一起，那些国家政策的制定者即使本身是基督徒，通常也并不关心基督教国家可能具有的结构。所以自然地，宗教仪式渐渐变成一种民众习惯，日常习俗，而非信仰。造成这种局面的原因是人失去了与土地的联系，特别是资本主义大规模兴起之后尤为如此，资本主义在精神上是“抽象和算计的，并且割断了人同土地的联系。”[3]英国的工业化一直走在世界前沿，达到高度工业化的时间要比其他任何一个国家都早得多，[4]有数据表明，到维多利亚时代英国农业就业人口从35.9%减少到8.7%，而与之对应的就是工业人口和城市人口的迅速增加。[5]而国家越是高度工业化，物质主义哲学就越容易盛行，功利主义哲学就会占据上风。这种无限制的工业化趋向则造成了各个阶级的人们脱离传统，疏远宗教。[6]威廉·巴雷特认为，宗教曾经是包容着整个人类生活的机构，它提供了一个意象和符号系统，使它能表达自己从而达到精神整体的渴望，然而随着这种包容机构的丧失，人不仅成了一个被逐出家门的，而且也成了一个片断的存在。[7]

而对于奥登来说，教会准则的模糊性使年轻时的自己感到厌恶，就像青春期的孩子不愿意听父母的话那样，但从30年代开始，这个“叛逆”的诗人就已经开始归家，这种做法在他的大部分同代人看来是那么匪夷所思，但他依然执着地留给他们一个孤单的背影，其意义不亚于宗教在这个时代的踽踽独行。所有这些惶惑、寂寞、孑然与悲怆仿佛早已在《哦，那是什么声音》中预示，伴着庞大力量的锵锵步伐，诗中被抛者的身影和客西马尼园的耶稣在各自的被迫逃离中渐渐重合，克己、献身渐渐成为他与耶稣的共相，都在以宗教为中介寻找着关于孤独的崭新诠释。《哦，那是什么声音》与《客西马尼园的临终祷告》之间的紧密联系说明奥登一直在思考神之献身的问题，叙述者a是耶稣行刑之前精神状况在文字层面的投射，他在诗歌留白后所面临的命运即是耶稣的命运：自愿降格为人类并为其牺牲。从某种意义上说这是一种终极的和解方式。加缪认为，作为上帝和人之间的调节者，基督解决苦难与生死的办法，是要对这些问题负起责任，[8]他试图告诉人们，“人神也耐心地忍受苦难，无论是恶还是死都绝对不可归咎于他，因为他也忍受煎熬并且死亡。”[9]也就是说，“只有一位无辜神明的牺牲，才能对无辜所遭受的长期而普遍的折磨作出合理的说明。只有上帝的苦难——最深重的苦难——才能减轻人的极度痛苦。”[10]这些安抚了对上帝起疑的人的惶惑，但同时也昭示出点亮晦涩心灵的灯

1 详见托·斯·艾略特，《艾略特文学论文集》，李赋宁译，百花洲文艺出版社，1994年，第237-238页。
2 艾瑞克·霍布斯鲍姆，《原始的叛乱——十九至二十世纪社会运动的古朴形式》，杨德睿译，社会科学文献出版社，2014年，第177页。
3 威廉·巴雷特，《非理性的人》，段德智译，上海译文出版社，2012年，第38页。
4 T. S. 艾略特，《基督教与文化》，杨民生、陈常锦译，四川人民出版社，1989年，第15页。
5 张卫良，维多利亚晚期英国宗教的世俗化，《世界历史》，2007年第1期，第36页。
6 T. S. 艾略特，《基督教与文化》，杨民生、陈常锦译，四川人民出版社，1989年，第15页。
7 威廉·巴雷特，《非理性的人》，段德智译，上海译文出版社，2012年，第38页。
8 详见加缪，《置身于阳光和苦难之间》，杜小真、顾嘉琛译，上海三联书店，1997年，第59页。
9 同上，第59页。
10 同上，第61页。

光中隐藏有多少黑暗——“如果从天上到人间的所有一切都无例外地同受痛苦，那么一种奇怪的幸福是可能实现的。”[1]——加缪在后面加上的这句话直接点明了这种隐患，“奇怪的幸福”是这种隐患的委婉表达，它为平等蒙上了一层阴影，仔细追究下去连像“你不是孤独一人”这类安慰都暗含着些许对于孤独的诋毁以及对于陪伴的轻蔑，让“普遍存在的不公正与完全的公正对于人来讲都同样令人满意”[2]这种想法变成了人类的原罪，如此一来反而使得受难的耶稣与人类的隔阂变得更大——虽然其本意是拉近彼此的距离。耶稣（以及叙述者a）虽然具有某种伟大的灵魂，令人平静，但却更加难以企及，他们是牺牲的源头，以救赎为目的，必须以打破自身平衡的姿态去适应一个不确定的责任，茕茕孑立是其至高无上的荣誉，相较之下《哦，那是什么声音》里叙述者b那句“不，我答应了要好好爱你，亲爱的，但我必得离开这边。”[3]都显得不那么可憎，因其只是之后盛大孤独的开场白，这样一来，全诗所透露出的孤独感和奥登的冷淡疏离、及其他借以此诗进行的文化反叛都不再是一种怪癖，转而沉淀为精神场域中的真理。

（作者单位：南开大学文学院）

1 详见加缪，《置身于阳光和苦难之间》，杜小真、顾嘉琛译，上海三联书店，1997年，第61页。
2 同上，第61页。
3 W. H. 奥登，《奥登诗选：1927-1947》，马鸣谦、蔡海燕译，上海译文出版社，2014年，第152页。

多元文化与文学

怪诞与恐怖：《押沙龙，押沙龙！》的伯克式崇高美学效应[1]

胡 英

© 2017 比较文学与跨文化研究（1），77–83 页

内容提要：威廉·福克纳在《押沙龙，押沙龙！》里尽情描摹丑陋社会里的丑陋人性，再现美国旧南方逝去的可怕世界。然而，怪诞、恐怖、死亡等不仅没有吓跑读者，反而持续挑战着读者的阅读习惯，令读者痴迷不已。这种现象的深层原因是什么？埃德蒙·伯克以"死亡"和"恐怖"为核心的崇高理论为解析福克纳对旧南方父性文化"丑"和"恶"的暴露与批判提供了别样视角。作家在作品里运用权威、黑暗、丑恶、怪诞、恐怖、死亡等元素，探讨两性的命运与家族的悲剧，营造出独特的伯克式崇高美学效应，体现出对不合理的父性社会秩序的批判与救赎意识。作品的虚拟世界之丑与艺术之美最终达到了和谐统一。

关键词：埃德蒙·伯克 崇高 威廉·福克纳 《押沙龙，押沙龙！》

引言

威廉·福克纳终身致力于书写家乡的故事，体现出强烈的历史感和责任感。他的作品往往不以发掘人物丰富的内心世界取胜，也不以情节的跌宕起伏出彩。无论是《献给爱米丽的一朵玫瑰花》，还是《喧哗与骚动》、《八月之光》，或是《押沙龙，押沙龙！》，都凸显情节概略化、人物平板化等特征。然而，作家在描摹夸张背景、营造惊悚气氛、刻画象征意象、深化主旨等方面却不遗余力。福克纳笔下的世界丑陋、可怕、令人骇异，然而，怪诞、痛苦、死亡等不仅没有吓跑读者，反而持续挑战着读者的阅读习惯，激发着读者的想象力，令读者痴迷不已。这种现象的深层原因是什么？换言之，作家极力展现的虚拟世界之丑究竟如何成就了作品的艺术之美？本文试图以埃德蒙·伯克的崇高理论为切入点，以《押沙龙，押沙龙！》为例，解析福克纳作品以审丑为特征的崇高美学效应。

一、伯克式崇高

如果我们简言福克纳的作品体现出崇高感，一定令熟悉朗吉弩斯崇高涵义与中文崇高语义的读者大感困惑，因为福克纳的虚拟世界充斥着丑和恶，而朗吉弩斯笔下的崇高既包括对大自然雄浑景观的赞颂和热爱，更包括对作品崇高、雄浑文风的追随[2]。同样，在中文里，崇高义为"最高的"、"最高尚的"[3]，它往往出现在赞叹的场合，表达人们对雄浑、壮美景致与人格的钦羡之情，与丑陋、恐怖等情感无关。因此，要理解福克纳作品以审丑为内核的崇高感，首先需要厘清埃德蒙·伯克对崇高概念的界定。

1757年，伯克出版《关于我们崇高与美观念之根源的哲学探讨》（*A Philosophical Enquiry into the Origin of Our Ideas of the Sublime and Beautiful*）[以下简称《探讨》]，在前人基础上独辟蹊径、系统地阐释了"崇高"这个"欧洲美学界争执不休的核心概念"[4]。在该论著中，伯克一改朗吉弩

1 基金项目：四川省教育厅重点项目"威廉·福克纳作品自然物象的象征意义研究"（11SA068）。

2 Longinus, "On the Sublime", in *Selected Readings in Classical Western Critical Theory*. Ed. Zhang Zhongzai. Beijing: Foreign Language Teaching and Research Press, 2002, pp. 91-112.

3 中国社会科学院语言研究所词典编辑室，《现代汉语词典》，北京：商务印书馆，2014年，第182页。

4 Marie Mulvey-Roberts, ed., *The Handbook to Gothic Literature*, London: Macmillan Press, 1998, p. 226.

斯从修辞学、文体学角度探讨崇高的套路，转而从生理学、心理学的角度入手，界定人趋生避死的本能如何产生了两个相互依存却又相互对照的审美概念，即“美”和“崇高”。

伯克把人求生欲望的积极体现界定为“美”[1]，把人消极逃避死亡以求自保（self-preservation）[2]的生存欲望界定为“崇高”。美关乎生存的愉悦体验[3]，而崇高关乎死亡的痛苦想象。什么是崇高？伯克认为，凡恐怖者皆崇高[4]。为何如此？因为它们令人恐惧、骇怕，担心死之将至。伯克式崇高由此成为一个审丑的概念[5]，与恐怖、可怕、危险、痛苦、死亡等负面情绪密切相连；它强调生与死的张力，唤起焦虑、匮乏、缺失等痛感，属于惊恐之美、惊悚之美、惊惧之美，与高贵、高尚、雄伟、壮美等涵义无关[6]，其心理基础是对死亡的恐惧，以及由这种恐惧所生发的危险感、恐怖感。

伯克在《探讨》里并没有细致分析他所罗列的崇高元素在文学作品中所产生的美学效应，但或许正因为他的崇高理论不高扬理性主义的大旗，不注重表现人超越恐怖、神秘力量的能力，不颂扬人的精神自由与灵魂高贵，反而着力于揭示人面对神秘恐怖对象时内心生发的那丝颤栗与恐惧，他这种审丑的美学才对18世纪末、19世纪初盛极一时的哥特小说创作产生了独特的吸引力。之后，哥特手法逐渐臻于完善，成为西方文学创作中重要的表现手法，伯克的崇高论是其重要的写作指南。正因为伯克理论对哥特这个黑色浪漫主义文学范式的发展壮大起到了纲领性的指导作用，利奥塔才精辟地称伯克为浪漫主义崇高美学的设计者[7]，《探讨》也被看作“恐怖和恐惧美学的蓝图”[8]。若干年过去，伯克式崇高成为哥特作家的集体无意识，他们常在作品里自觉不自觉地运用伯克所列举的崇高元素，尽情构筑丑陋且怪诞的人类世界，缓缓揭开社会里、人性中丑和恶的神秘面纱，对人类社会展开有意无意的批判、甚至是救赎行为。世易时移，富有良知的艺术家们的批判与救赎意识并没有随着时间的逝去而淡化，反而在现当代具有哥特元素的小说里表现得更为显著。福克纳的约克纳帕塔法系列小说即是一例。

二、《押沙龙，押沙龙！》的“死亡”主题与伯克式崇高效应

尽管没有证据表明福克纳曾潜心研究伯克理论，并有意识地将其运用于自己的创作实践，但福克纳的创作始终深深扎根于哥特传统，而哥特传统的重要理论来源正是伯克的崇高论，因此，说福克纳至少间接受到伯克理论的影响并不为过。通观福克纳的作品，“死亡”是一条主线，是其约克纳帕塔法系列小说的共有主题，而“死亡”正是伯克崇高论的核心元素。

在福克纳的众多小说中，《押沙龙，押沙龙！》因讲述萨德本家破人亡的悲剧而成为显性表现“死亡”主题的作品。该主题的焦点人物是萨德本家族的创建者。这是一个像上帝一样充满权威、冷酷无情的家长，年轻时独自来到约克纳帕塔法县，白手起家，建立了萨德本百里地庄园，娶妻、生子，成为当地最大的庄园主。然而，他竟在南北战争爆发前逼走唯一的儿子亨利，并最终促其杀死妹妹朱迪斯的未婚夫邦，使其妻埃伦不堪打击一命呜呼。已界暮年的萨德本一无所有，

1 Edmund Burke, *A Philosophical Enquiry into the Origin of Our Ideas of the Sublime and Beautiful and Other Pre-Revolutionary Writings*, London: Penguin Books, 2004, p. 87.

2 Ibid, p.127.

3 伯克认为产生美感的心理基础是人们的社交需求，其中尤为重要的是人们传宗接代的需求，确切地说，是男性在寻求性伴侣的过程中，对具有“美”的特征的女人产生伴有生理欲望的爱的冲动（97）。

4 Edmund Burke, *A Philosophical Enquiry into the Origin of Our Ideas of the Sublime and Beautiful and Other Pre-Revolutionary Writings*, London: Penguin Books, 2004, p.101.

5 伯克在《探讨》里明确指出，丑是一个与崇高相关联的概念，当丑激发起强烈的恐惧感时，它就是崇高的（153）。

6 自一世纪至二十世纪以来西方理论家们（如朗吉弩斯、伯克、康德、席勒、黑格尔、利奥塔）对“sublime”一词的阐释尽管有一脉相承的学术谱系关系，但由于其论述各有其历史维度，因此，该词实质是一个内涵极为丰富、甚至矛盾的概念。国内译者通常将“sublime”译为“崇高”或“壮美”。然而，“sublime”和“崇高”、“壮美”并非概念对等的词汇。由于目前难以找到一个可以区分各家“sublime”涵义的中文对等词汇，本文暂且沿用惯例，将伯克《探讨》的核心概念“sublime”译为“崇高”。

7 让-弗朗索瓦·利奥塔，《非人——时间漫谈》，罗国祥译，北京：商务印书馆，2000年，第112页。

8 Marie Mulvey-Roberts, ed., *The Handbook to Gothic Literature*, London: Macmillan Press, 1998, p. 82.

却并不灰心，反而雄心勃勃地着手重建家园。他先向21岁的小姨妹罗沙求婚，要她先为他生一个儿子，再行婚礼，吓得罗沙一去不返。萨德本转而勾引穷白人沃许·琼斯15岁的孙女，致其怀孕，却始乱终弃，被沃许乱刀砍死。萨德本家族的悲剧愈演愈烈，最终，庄园成为一片废墟，只留下十几座孤坟。

萨德本家族的故事就此定格为一个类似古希腊悲剧的场景：舞台上尸首横陈，充满血腥、暴力和杀戮，散发出浓烈的死亡气息，令人惊悚的死亡感营造出强烈的伯克式崇高感。连缀死亡主线、表现死亡主题的核心人物，就是王朝的缔结者萨德本。萨德本之所以成为引发家族多米诺骨牌死亡效应的人物，与其毫不妥协的权威感密切相关。在伯克看来，"强权"[1]是引发恐怖感、催生崇高感的重要元素。拥有强大力量和权力的主体，会对他人的生存构成威胁，由权力引发的暴力带给弱者强烈的痛感，后者将不可避免地生发生存的危机感和毁灭的恐惧感。萨德本正是拥有生杀大权的父权制家长。他独揽家族大权，既是黑暗阴沉的男性原则的产物，也是黑暗阴沉的男性强权的象征。强权者成为丑恶者、恐怖者的代名词，携死亡的威胁奔涌而来，使周围的人无路可逃，不可避免地产生匮乏、焦虑、无力等痛感，从身心方面体验可怕、恐怖、危险的对象所带来的伯克式崇高感受。面对步步紧逼的死亡威胁，弱者毫无抵御和抗争能力，成为强大外力所操纵的对象，逐渐丧失理性的能力、自主行为的能力，成为强权者意志的傀儡，死亡的俘虏。

萨德本家族的人，正是这样一步步被萨德本强大的男性人格力量所操控，被强大的外力裹挟向前，逐一步入死亡和毁灭之途。与萨德本家族没落和衰败相关的历程，即，萨德本这个父权家长如何将亨利变为可悲的杀人犯，将朱迪斯变为可怜的未婚寡妇，将埃伦变为无泪的尼俄柏，将庄园变为阴森、丑恶、可怕的"蓝胡子"大宅[2]，使众多家族成员难逃暴毙宿命的历程，集中体现了美国旧南方父系制家庭的丑恶、可怖之处。无处不在的强大男性原则，催生黑暗可怕的死亡气息，弥漫整部作品，"死亡"既是主线，更是主题，弹奏出来自过去的黑暗、怪诞、恐怖世界的强音，由强权导致的死亡惊悚营造出《押沙龙，押沙龙！》独特的伯克式崇高美学效应。

三、《押沙龙，押沙龙！》的女性哥特人物与伯克式崇高效应

《押沙龙，押沙龙！》的突出主题是死亡，其哥特表现手法则打破和谐，凸显痛感。哥特手法的聚焦点是罗沙这个旧日淑女，饱受萨德本的侮辱，仓皇逃离萨德本百里地庄园，蜗居于坟墓般的黑屋子，成为活鬼的经历。罗沙依托紫藤花语对过去无声指责，再现了旧南方父权家庭充满伯克式崇高感的丑恶、怪诞、恐怖世界。

罗沙是萨德本家族悲剧的见证者。她自小失去母亲，被姑姑按照南方社区的传统价值观培养成"娇弱"而"珍贵"[3]的淑女。罗沙认同了这个身份，也认同了这个身份预设的人生轨迹，渴望有朝一日嫁给南方绅士，相夫教子。"家"成为罗沙最为渴望的东西。然而，由于家世贫寒，罗沙一直无人可嫁，直到鳏居的姐夫萨德本向她求婚，萨德本庄园才成为她梦想的归宿。可是，萨德本求婚仅仅是因为他需要一个儿子，他对罗沙的淑女身份并无热情，对罗沙爱的焦虑与渴求更不感兴趣。罗沙终于明白，自己在萨德本眼中原来跟"母狗、母牛或母马"[4]并无两样，仅仅是繁衍后代的工具，对温馨家庭的期盼因而变为泡影。她逃回小镇，成为社区的笑柄。冰冷孤寂的家成为坟墓般阴森可怕的地方，坟墓的栖居者成为活着的鬼魂。旧南方父权家庭隐而不显的丑陋，将美丽优雅的南方淑女一夜变为丑陋怪诞的活鬼。

罗沙成为自闭、自虐的女性哥特式人物，在

1 Edmund Burke, *A Philosophical Enquiry into the Origin of Our Ideas of the Sublime and Beautiful and Other Pre-Revolutionary Writings*, London: Penguin Books, 2004, p.107.

2 William Faulkner, *Absalom, Absalom!*, New York: Vintage Books, 1987, p. 71.

3 Ibid, p. 101.

4 Ibid, p. 210.

自我监禁中度过了余生。她痛苦、屈辱、愤慨，决心讲述自己的过去，揭开萨德本家族的诅咒之谜。然而，整整43年甘为“非人”、活“鬼”[1]的罗沙，在建构过去时遭遇了失语之困。她最终回归女性传统，选择紫藤花语，记录女性的过去，讲述旧南方的历史。这种“非语言”[2]的象征型叙述方式隐晦而含混，将气味、声音、色彩等融为一体，成为营造《押沙龙，押沙龙！》伯克式崇高感的重要因素。

罗沙的紫藤花语，追忆自己从淑女蜕变为活鬼的历程。妙龄的罗沙，渴望像夏日紫藤一样生发得青青翠翠、开放得甜甜蜜蜜。罗沙对爱充满憧憬——轻盈飘飞的萤火虫、咕咕低叫盘旋的鸽群、响亮拍击翅膀的雀群，映衬丁香般浪漫的甜香紫藤，这些都烘托出淑女的梦想。这种美好的场景充溢生命的欢快气息，给人和谐、愉悦的感受，构成伯克话语里“美”[3]的图景。然而，萨德本粗暴野蛮的求婚粉碎了罗沙的梦想，罗沙从此与世隔绝，与麻雀的聒噪声相伴，日复一日度过漫长安静、死气沉沉、炎热困倦的日子。其时，丑陋的黑屋紫藤代替了甜香美丽的夏日紫藤，被骄阳将甜得发腻的味道熏蒸进坟墓一般的屋子，与屋子的棺材味、老处女的酸臭味相混杂，构建出怪诞恐怖的场景：

> 科德菲尔德小姐穿一身永恒不变的黑衣服……身板笔挺，坐在那张直背硬椅里，椅子对她来说过于高了，以致她两条腿直僵僵地悬垂着仿佛她的胫骨和踝关节是铁打的，它们像小孩的双脚那样够不着地，透露出一股无奈和呆呆的怒气，她用阴郁、沙嘎、带惊愕意味的嗓音说个不停……房间里会出现一片带淡淡的棺材味儿的昏暗……，透过来的还有一股长期设防禁欲的老处女的皮肉发出的酸臭，与此同时，从那把椅座太高使她看上去像个钉在十字架上的小孩的椅子上，在袖口和领口那一个个花边组成的白蒙蒙的三角形的上方，有一张苍白憔悴的脸……[4]

阴郁黑暗的房间、阴郁沙嘎的嗓音、恶心酸臭的体味、丑陋衰老的女人、棺材与坟墓的死亡气息，成为《押沙龙，押沙龙！》塑造女性哥特形象的重要元素，也成为作品营造伯克式崇高感的主要元素。以死亡的恐怖为发端，伯克探讨的崇高元素涉及晦暗不明的空间、虚空孤寂的状态、黑暗阴郁的建筑、恶心奇臭的味道、丑陋可怕的对象。[5]这些色彩、气味、空间等方面的元素唤起死亡的可怕、痛苦体验，营造出伯克式崇高之感。象征罗沙活鬼形象的黑屋紫藤正是如此唤起了南方女性在爱的梦幻破灭之后的痛楚，在父权社会里虽生犹死状态的怪诞。塑造罗沙哥特形象的一系列元素，包括黑色的衣服、白蒙蒙的三角形花边、苍白憔悴的脸、直僵僵悬垂的胫骨和踝关节、无奈的怒气、阴郁沙嘎的嗓音、钉在十字架上的小孩，以及反复强调的混杂恶心死亡气息的紫藤味，从光线、气味、颜色、形状、声音、形象等角度勾勒出一个令人痛苦不安的场景，将死亡的体验直陈于前，再现了一个不和谐、不愉悦的场景，激起丑陋、怪诞、恐怖等令人厌恶的情绪体验。这种摧毁美丽，再现怪诞、恐怖的方式颇具哥特式的夸张，通过重复这种夸张方式——通过对晦暗不明的居室、黑白对照的人形、恶心酸臭的味道等恐怖崇高元素的艺术加工——福克纳逼真地再现了旧南方父权家庭之丑。这种充满死亡气息的恐怖之家，将人物推向绝望之境，囿于怪诞恐怖的状态，人物不由自主生发的惊恐感和惊惧感营造出《押沙龙，押沙龙！》独特的伯克式崇高美学效应。

---

1 William Faulkner, *Absalom, Absalom!*, New York: Vintage Books, 1987, p. 5.

2 Ibid, p. 5.

3 Edmund Burke, *A Philosophical Enquiry into the Origin of Our Ideas of the Sublime and Beautiful and Other Pre-Revolutionary Writings*, London: Penguin Books, 2004, p. 87.

4 威廉·福克纳，《押沙龙，押沙龙！》，李文俊译，上海：上海译文出版社，2004年，第1-2页。

5 Edmund Burke, *A Philosophical Enquiry into the Origin of Our Ideas of the Sublime and Beautiful and Other Pre-Revolutionary Writings*, London: Penguin Books, 2004, p.102, p.113, p.122, p.124, p. 153.

四、淑女神话与伯克式崇高效应

《押沙龙，押沙龙！》再现的“家”丑恶而可怕，集中呈现了两个怪异人物——萨德本这个恶魔般的男性家长和罗沙这个活鬼般的旧日淑女。萨德本主宰的家，充满权威的暴力，摧毁了家族几乎所有的人，也毁掉了罗沙这个外来者的生活，其伯克式崇高感震撼人心。然而，如果萨德本家族覆灭的悲剧仅仅是作家丰富想象力的产物，那它终将成为神话，停留于文本的层面；而作家对这个可怕怪诞、具有伯克式崇高感的旧南方父性家庭丑恶的暴露，也终将成为传奇，其对现实的干预性将大为削弱。但事实却是，《押沙龙，押沙龙！》的文本真实与旧南方父系社会的物理真实之间，存在一定的关联，这就使作品的伯克式崇高感在某种程度上与旧南方现实世界的伯克式崇高感具有某种一一对应的关系。这种对应关系，主要体现在萨德本和罗沙这两个人物与南方家长与南方淑女的角色对位上。杜克大学司各特（Scott）教授的历史学专著《南方淑女》，有助于揭示福克纳文本的两性角色与旧南方父性文化两性角色的对应关系。

司各特在该论著中，聚焦美国南方1830-1930间的历史，解读以男权为立足点的淑女教育如何改变了女性的命运，并进而改变了社会的进程。该解读同时为罗沙的故事与萨德本家族的悲剧提供了学术性注脚。旧南方的性别教育，谓之淑女教育，表面上仅关乎女性的角色模式塑造，但实际上关心的是两性的培养，即，如何将女性培养为淑女，将男性培养为绅士。南方绅士和南方淑女的称谓与中世纪的骑士传统遥相呼应，充满浪漫气息，在旧南方的文化语境里，同样富于浪漫色彩。淑女教育规定女子应娇弱端庄、优雅美丽，嫁给南方绅士后成为“家中皇后”（Queen of the Home）[1]；男子应意志坚定、品性坚毅、果断威严，成为“理想家长”（perfect patriarch）[2]：两者各安其位。绅士和淑女各自拥有浪漫的称谓，但并非平等互助的伙伴关系，而是权力悬殊的主仆关系。淑女教育对两性角色模式的僵硬规定使两性的角色逐渐变得诡异古怪。福克纳在《押沙龙，押沙龙！》里所塑造的萨德本和罗沙两个角色，就象征性地呈现出父性文化下男性的角色变迁和女性的宿命。

男性成为事实上的独裁者。萨德本便集中体现了这一角色形象。他个性坚毅，行事果敢，在家里拥有不可动摇的权威地位，是典型的理想家长形象。然而，这样的角色缺乏同情、温暖和关爱，最终变成“恶魔”、“食人兽”、“别西卜”[3]式的可怕人物，集中体现了父权社会男性的偏执、暴力、冷漠、不公，象征阴森黑暗的“男性原则”[4]的残暴和恐怖。这种可怕、恐怖、具有伯克式崇高感的家长，把本应温暖的家庭变为阴森恐怖的地狱，使家族成员难逃厄运，将家族导向了覆灭，其不容挑战的权威正是父权制家庭的罪恶之源，也是悲剧伯克式崇高感的生发之源。

女性则难逃受苦受难的命运。作为低人一等的性别，女性的惟一出路是结婚，而身为妻子，必须温顺驯服，尊丈夫为“主”、“主人”，时时接受他的“指导和控制”，履行“西西弗斯般的”事务。[5]妻子和母亲的角色被美化为上帝为淑女指派的角色，为此，她们需终生克己忘我、默默承受苦难。[6]妻子和母亲的身份充满挑战，但老处女则会招致整个社会的遗弃，因此，后者同样是令女性唯恐避之不及的身份。这种两难的处境使她们时时充满焦虑感、恐惧感和危机感。淑女教育荒诞怪异，成为女性伯克式崇高感受的源泉。罗沙怪诞恐怖的生存方式，就象征性地诠释了女性在父权制下的生存境遇。

淑女罗沙因为贫穷难以嫁人，绝望之余，答应了令她恐惧的姐夫萨德本的求婚，像“被口哨

---

1 Anne Firor Scott, *The Southern Lady*, Chicago: The University of Chicago Press, 1974, p. 4, p. 3.
2 Ibid, p. 14.
3 William Faulkner, *Absalom, Absalom!*, New York: Vintage Books, 1987, p. 8, p. 23, p. 223.
4 Ibid, p. 392.
5 Anne Firor Scott, *The Southern Lady*, Chicago: The University of Chicago Press, 1974, p. 13, p. 4, p. 14, p. 6, p. 21.
6 Ibid, p. 23, p. 4.

召唤的狗”一样迫不及待地奔跑到这个“妖魔”、“野兽”的面前。[1]然而，萨德本以交配生子为前提的求婚，使罗沙经历了身份危机，让她看清了自己在家庭和社会里的地位。罗沙经历了身份迷失之困，但她并不能利用这个机会重构一个独立的自我，因为膜拜男性权威的淑女教育自始至终致力于驯服女性，将女性变为男性的同谋，以确保男性在家庭和社会的权威地位。女性在政治、经济、文化上的独立和自主均被剥夺，亦被剥夺宝贵的成长机会，这可以解释为什么罗沙始终停留在孩童阶段，始终生活在“子宫般的走廊里”，不能理解周围的世界为何只是一个“死去的、难以理解的影子”，[2]充满死亡的气息。罗沙的经历象征的正是父系制社会里女性被边缘化、失语、痛苦的必然命运。父权社会的女性若不能逃脱被男性定义的命运，便不能逃脱爱的匮乏、身份缺失、话语权缺失、生存危机等种种噩梦。

淑女神话的破灭没有给罗沙带来积极重建身份的机会，反而让她的世界变得更加荒诞怪异，她的身份持续发生变化，由淑女变为鬼魂，最终异化为一棵南方紫藤。这种遭遇深刻表现了淑女教育的欺骗性和虚妄性，揭示了“淑女”这个诡谲的伪身份如何扼杀了女性的智性与生命力，使淑女们注定成为“空心人”[3]和鬼魂，始终处于缺失主体性的状态。在父系制下，对女性身份和命运的焦虑成为女性的焦虑之源，对男性权力的恐惧成为女性的恐惧之源，种种痛感交织成一幅怪诞恐怖的伯克式崇高图景，而这种图景，正是文本世界对现实世界父性文化伯克式崇高感的真实写照。

淑女教育这个虚妄的神话，不只成为女性身上的枷锁，让女性失去身份、失去话语权，还使整个社会失去了提供博爱、宽容、保护、和谐发展的均衡力量。这直接导致了巴霍芬在《母权》一书中所定义的“母性原则”(matriarchal principle)[4]的缺失，使旧南方的父性文化片面强调秩序、权威、等级、服从等理念，从而失去了遏制偏狭的“父性原则”(patriarchal principle)[5]的力量。[6]父性文化本身的缺陷由此成为其家庭与社会结构固有的缺陷，成为其自身最为恶毒的诅咒，在其历史上不可避免地上演父子反目、兄弟仇杀、兄妹乱伦等悲剧。使女性身份影子化、地位边缘化的“淑女教育”由此成为旧南方社会悲剧之源、萨德本家族诅咒之谜。福克纳在虚拟世界关于旧南方男女命运的思考由此与司各特淑女教育研究视域里的两性世界重合了。旧南方现实世界的父性文化，透过福克纳的文本世界，呈现其可怕的一面，透过文本回荡起怪诞恐怖的伯克式崇高感。

结语

福克纳终身致力于描写家乡那片“邮票般大小的土地”[7]，对家乡辉煌灿烂之后的失败、屈辱历史及其深层原因难以释怀，这种爱恨交织的情结成为其持久的创作动力。几乎在所有的作品中，福克纳都反复吟咏着家乡的兴衰变迁，探讨着种族、性别、阶级等问题，种种丑怪现象还原为他一部部作品里怪诞、可怕的乱象图景。在《押沙龙，押沙龙！》里，旧南方的各种丑恶得到了淋漓尽致的描述，对其父系制秩序下男性地位与女性身份、命运的探讨仅仅是其中一个方面，萨德本这个南方家长的悲剧人生与罗沙这个南方淑女的悲剧故事也不过是众多男女悲剧命运中的沧海

1 William Faulkner, *Absalom, Absalom!*, New York: Vintage Books, 1987, p. 197.

2 Ibid, p. 202.

3 Ibid, p. 181.

4 Johann Jakob Bachofen, *Myth, Religion, and Mother Right: Selected Writings of J. J. Bachofen*, Trans. Ralph Manheim, Princeton: Princeton University Press, 1992, p. 80.

5 Ibid, p. 80.

6 关于“母性原则”与“父性原则”在社会中所起不同作用的阐释，请参看胡英、刘济波，“《到灯塔去》与《献给爱米丽的一朵玫瑰花》展示的两性秩序”，《四川外语学院学报》，2008年第6期，第13页。

7 Elizabeth Margaret Kerr, *Yoknapatawpha: Faulkner's "Little Postage Stamp of Native Soil"*, New York: Fordham University Press, 1976, p.169.

一粟。然而，仅仅是通过象征性地讲述萨德本如何由万能的上帝变为十足的恶魔、罗沙如何由美丽优雅的淑女蜕变为黑屋活鬼的经历，福克纳就揭开了旧南方淑女教育这个特有的脓疮，揭示出这个以男权为基石的文化体制如何使偏颇、狭隘的父性原则毫无约束地打破整个社会和谐发展的秩序，使旧南方不可避免地走上家族崩溃、社会解体的毁灭之途，由此成为旧南方父系制社会的丑中之丑、恶中之恶。为了强化悲剧效应，福克纳在作品里尽情运用权威、黑暗、丑恶、怪诞、恐怖、死亡等元素营造以死亡恐惧为核心的黑色哥特美感，将旧南方的痼疾聚焦于艺术舞台的强光之下，使作品获得了震撼人心的伯克式崇高美学效应。这种对家乡父性文化的批判与救赎意识与作家矛盾而复杂的故乡情结也正是一脉相承的。

对旧南方父系制社会"丑"和"恶"的无情暴露、剖析与批判使福克纳背上了丑化南方的恶名，使他长期被许多同时代的南方人看作逆子，其作品亦饱受诟病。然而，福克纳作品并不是简单地为丑而丑、为怪诞而怪诞。诚如瑞典文学院院士哈尔斯特隆在给福克纳颁发诺贝尔文学奖时所说，福克纳写作南方的"阴暗"、"残忍"、"野蛮"、"残酷"正是要哀悼一种他"出于正义和人道永远不能忍受的生活方式"[1]，也诚如福克纳在接受诺贝尔文学奖时所言，他写作的目的并不是要暴露"恐惧"、不是要预言"人类末日的厄运"，而是要反复抒写心灵对"关爱、荣誉、怜悯、尊严、同情和牺牲"[2]等美德的不懈追求，是要呼唤人类光荣精神的觉醒，使人类重新拥有高贵而不朽的灵魂。福克纳在作品里大肆渲染虚拟世界之丑，目的并不局限于仅仅通过怪诞恐怖的伯克式崇高感取得净化效果，而更倾向于通过强烈的惊骇体验促使人们思索不合理的家庭伦理观、不公正的社会结构与偏颇狭隘的文化秩序对人类生存的挑战，促使人们建立更为合理的文明秩序。正是在这个层面上，作家表现出强烈的社会责任感和职业良心，体现出对偏颇狭隘的社会结构强烈的批判与救赎意识，其写作的深层动机正是对人性之美的追索、对希望与光明的永恒追求。正因如此，作家才在作品里成功消解了丑与美的张力，使虚拟世界之丑与艺术之美达到了和谐统一，成就了作品永恒的艺术魅力。

（作者单位：成都信息工程大学外国语学院）

1 李文俊编，《福克纳的神话》，上海：上海译文出版社，2008年，第225、226页。
2 威廉·福克纳，《福克纳随笔》，李文俊译，上海：上海译文出版社，2008年，第121、122页。

美学与宗教精神：论陀思妥耶夫斯基对夏济安的影响

龚 刚

© 2017 比较文学与跨文化研究（1），84–93 页

比较文学与翻译

内容提要：俄国小说巨匠陀思妥耶夫斯基对中国文艺界的影响是一个关乎中国文学以至中国文化的自省与革新的重大问题。从新近出版的《夏志清夏济安书信集》（香港中文大学出版社，2015）可见，海外华文文学批评界的代表人物夏志清、夏济安昆仲不但对陀氏小说推崇备至，而且深受其影响。其中，夏济安所受影响尤为深巨。陀氏小说不仅拓展了夏济安的文学视野，深刻影响了他的审美思维，也塑造了他的心性和感知世界的方式，这不是外来文化的简单植入，而是一种浸入式的启迪。和鲁迅一样，夏济安将陀思妥耶夫斯基奉为中国新小说家的导师。陀氏小说所彰显的通过文学叙事深思人类本性与生命价值的创作取向与严肃态度，既与夏济安本人的心性相契合，也一举奠定了夏济安文艺价值观的思想基础。夏济安以《罪与罚》、《卡拉马佐夫兄弟》为参照指出，“中国近代缺乏一种‘不以society为中心，而以individual为中心的morally serious的文学’”。这一观点与鲁迅所谓中国现代小说与《罪与罚》等巨著对比起来“真是望尘莫及”的感叹遥相呼应。反观中国现代小说史，的确缺少深入拷问人性，深切反思罪与罚、罪与赎，从而催人反省的鸿篇巨制。即使在当代中国文坛，也迄未出现陀氏小说式的博大、厚重、深邃的“道德反思之作”与“哲学化小说”。本文从夏济安对陀思妥耶夫斯基的接受与评价、陀思妥耶夫斯基对夏济安文艺观的影响、陀思妥耶夫斯基对夏济安创作倾向及生活态度的影响等三个方面，较全面地探讨陀氏对夏济安的影响，并对陀氏的美学精神、宗教精神对于中国文学的启示意义略加申说。

关键词：夏济安 夏志清 《夏志清夏济安书信集》 陀思妥耶夫斯基 哲学化小说 道德反思之作 宗教精神 中国现代文学的缺陷

陀思妥耶夫斯基（Fyodor Dostoyevsky）是与托尔斯泰齐名的19世纪俄国小说家，他的《卡拉马佐夫兄弟》、《罪与罚》、《白痴》、《群魔》、《被侮辱与被损害的》等一系列小说，深入拷问人性，深刻探讨道德的意义、此在与永恒的关系，对现代世界产生了深广影响。法国保尔·布尔热的《门徒》、安·纪德的《梵蒂冈的地窖》、阿·加谬的《局外人》、美国德莱塞的《美国的悲剧》都明显地受到了《罪与罚》的影响。[1]在中国文坛，陀思妥耶夫斯基也长期受到关注，鲁迅誉其为“人的灵魂的伟大的审问者”[2]，王长简的笔名“师陀”其实就是以陀思妥耶夫斯基为师的意思，他的代表作《结婚》揭示了十里洋场的人性恶，刻划了主人公胡去恶由淳朴到堕落的轨迹，分明有陀氏笔意。

1918年初，《新青年》杂志刊出周作人翻译

1 弗里德连杰尔，《陀思妥耶夫斯基与世界文学》（施元译，胡德麟校），第261-263页，上海译文出版社，1997年。
2 鲁迅，《〈穷人〉小引》，《集外集》，第92页，人民文学出版社，1995年。

的《陀思妥夫斯奇之小说》一文，原作者为特里特斯（W. B. Trites）。[1] 周作人在译者按语中简介了陀氏的生平、创作，并指出陀氏的小说"汉译至今未见，亦文学界缺憾也"。[2] 此后，文学研究会的其他成员如茅盾、耿济之、王统照等也致力于译介、评论陀氏的作品和思想。有学者指出，自新文学运动以来，陀思妥耶夫斯基在中国人的接受视野中显示出三副不同的面孔：民国时代，陀思妥耶夫斯基作为一个"为人生"的进步作家，受到左翼文艺界的欢迎；50年代之后，陀氏被革命洪流淹没，成为艺术上有可取之处，但思想反动的"两面人"；90年代以来，陀氏作为一座灿烂的文学丰碑，不断刺激中国读者的审美想象，并成为中国学者心目中的"先知"。[3]

在2015年出版的《夏志清夏济安书信集》中，可以看到一个"大为佩服"陀思妥耶夫斯基，并在文艺观、创作倾向以及生活态度等方面都与其有共鸣并受其影响的中国现代批评家兼作家，他就是夏志清的长兄夏济安。夏济安（1916-1965）曾先后任教于西南联大外语系、北京大学外语系及台湾大学外文系，在鲁迅研究、左翼文学研究、英文文章学研究等领域颇有造诣，任教台大期间创办《文学杂志》，提倡"朴素的、清醒的、理智的"风格，排斥"辞藻华丽热情奔放的文章"[4]，培养了白先勇、陈若曦、叶维廉、李欧梵等著名作家和批评家，沟通了学院与文坛，是20世纪五十至六十年代"海外（华文）文学批评界的代表人物"[5]。他在与夏志清的通信中，多次对陀思妥耶夫斯基的小说艺术加以点评，同时谈及陀氏对他的影响，这些散布于不同日期的书信中的片段是"陀学"研究以及中国现代文学批评史研究中的珍贵材料。本文拟从夏济安对陀思妥耶夫斯基的接受与评价、陀思妥耶夫斯基对夏济安文艺观的影响、陀思妥耶夫斯基对夏济安创作倾向及生活态度的影响等三个方面，探讨夏济安与陀思妥耶夫斯基的文学因缘。

一、夏济安对陀思妥耶夫斯基的接受与评价

夏济安至迟于1948年初开始精读陀思妥耶夫斯基的作品，他首先阅读的是《罪与罚》的英文版（*Crime & Punishment*），其次是《卡拉马佐夫兄弟》（*The Brothers Karamazov*）。在1948年2月9日及同月21日致夏志清的信中，他对陀氏小说的笔法、创作态度、文学史地位及其两部代表作的优劣作了简短评论：

> 在上海看掉本*Crime & Punishment*（《罪与罚》），现在读《卡氏兄弟》。陶氏[6]的小说组织很紧凑，值得效法。似乎太serious一点，令人觉得胸襟不够开展。对于人生的认识，不及莎翁。[7]
>
> 《卡氏兄弟》读完大为佩服，是我生平所读之最好小说也。《罪与罚》为一神经质brooding青年之故事，并不十分了不起，《卡氏兄弟》则于'贪嗔痴'描写发挥淋漓尽致，终不离人生之真，确是杰作。陶氏角色都非常articulate（能说会道），故事差不多都在对白中进行，很不容易。陶氏intellect之高与感情之深刻丰富确超出一般小说家，而可与莎翁媲美。三兄弟中，我顶喜欢Dmitri，他是真noble，Alexey纯是好人，不大有趣，Ivan我不大了解。陶氏对于Ivan似乎尚未能把握得住，Ivan与Dmitri之间的对白太少，我认为是美中不足，他们两个如果一对一的多说

1 特里特斯的评论原名《陀思妥耶夫斯基》（*Dostoievsky*），刊于1915年8月出版的《北美评论》（美国最古老的文学杂志）第202卷第717号（*The North American Review*: 1915 Aug. No. 717, Vol. 202）。由于众多研究文章并未指出特里特斯一文的原名及该文刊于《北美评论》的卷数，故特此予以说明。

2 周作人，《陀思妥夫斯奇之小说》之译者按语，《新青年》4卷1号，1918年1月15日。

3 田全金、王圣思，《陀思妥耶夫斯基的三副面孔——对中国陀氏研究的批判性考察》，《武汉科技大学学报（社会科学版）》2006年第2期。

4 夏济安，《致读者》，《夏济安选集》，第210页，辽宁教育出版社，2001年。（原载1953年3月台北《文学杂志》第6卷第1期）

5 陈子善语，见《夏济安选集》之《本书说明》。

6 陶氏即陀思妥耶夫斯基。夏氏兄弟对陀思妥耶夫斯基的称呼并不统一，除了"陶斯道"这个译名之外，有时也称其为"陶思妥以夫斯基"、"陶斯托夫斯基"等。

7《夏志清夏济安书信集》（王洞主编，季进编注）卷一，第35页，香港中文大学出版社，2015年。

几句话，小说可以更紧张。[1]

夏济安的上述关于陀氏的“私评论”（兄弟间的私下交流），有两个方面值得关注。一是他对陀氏评价的转变。在撰写第一封信的时候，他已读完《罪与罚》，但尚在阅读《卡氏兄弟》。因此，他对陀氏小说艺术的评价，主要以《罪与罚》为依据。在他看来，陀氏的小说组织很紧凑，值得效法，但对于人生的认识，不及莎士比亚，且创作态度太严肃（serious），缺乏豁达开阔的胸襟。可是，在读完《卡氏兄弟》之后，他对陀氏的评价随即发生了重大转变。首先，他对《卡氏兄弟》大为佩服，并尊其为“生平所读之最好小说”，其次，他改变了十多天前陀氏不及莎士比亚的评价，转而认为，陀氏的智力（intellect）之高与感情之深刻丰富，超出一般小说家，“可与莎翁媲美”。夏济安以莎士比亚作为评价陀思妥耶夫斯基的参照系，显然是受到了高尔基的影响。高尔基认为，“托尔斯泰和陀思妥耶夫斯基是两个最伟大的天才；他们以自己的天才的力量震撼了全世界，使整个欧洲惊愕地注视着俄罗斯，他们两人都足以与莎士比亚、但丁、塞万提斯、卢梭和歌德这些伟大人物并列。”[2] 高尔基的这个观点对于确立陀氏在世界文坛与中国现代文坛的地位，产生了重要影响。夏济安对陀氏的评价，可以说是对高尔基上述权威论断的检验和求证。在夏济安求学时期，中国学界和文坛对陀思妥耶夫斯基的研究和译介已有相当进展，好几种陀思妥耶夫斯基的作品都有了较好的译本，鲁迅、茅盾等人对陀氏的评论也产生了广泛影响。夏济安虽然是“学院派”，却对鲁迅及左翼文学相当关注，他在北大外文系担任讲师期间开始研读陀氏小说，应当与鲁迅和左翼作家致力于介绍俄国文学有着内在联系。基于“传播被虐待者的苦痛的呼声和激发国人对于强权者的憎恶和愤怒”的需要[3]，鲁迅非常重视俄国文学，“因为从那里面，看见了被压迫者的善良的灵魂，的酸辛，的挣扎”，也从中“明白了一件大事，是世界上有两种人：压迫者和被压迫者！”，他认为这是一个“大发现”，因而称俄国文学为“我们的导师和朋友”。[4] 陀思妥耶夫斯基无疑是鲁迅心目中的重要文学导师，他著有专文介绍的少数几位俄国作家中就包含了陀氏。在1926年和1936年，鲁迅分别撰写了《〈穷人〉小引》和《陀思妥夫斯基的事》这两篇介绍陀氏小说的文章，前者是为韦丛芜翻译的陀氏小说名篇《穷人》所作的序言，后者本是为日本三笠书房《陀思妥夫斯基全集》普及本而作，后又由鲁迅本人译成中文，这两篇评论篇幅都不长，但却颇为深刻地揭示了陀氏的灵魂拷问官立场，以及陀氏小说对被压迫者命运与人类救赎的深切关注，对中国陀学研究产生了深远影响。值得注意的是，夏济安与其弟夏志清对鲁迅及左翼作家推崇的《穷人》、《被侮辱与被损害的》等陀氏小说并未提及，他们也不是从“为人生”的进步作家这一高度评价陀氏，他们更为关注陀氏对“道德罪恶”（moral evil）的刻画[5]，并一致推崇《卡氏兄弟》。如前所述，夏济安盛赞此书为“生平所读之最好小说”，夏志清则在复信中说，“读《卡氏兄弟》与我同感，甚喜，陶斯托夫斯基却［确］为世界第一小说家”。[6]

夏济安对于陀氏所作“私评论”的第二个值得关注的方面是他对《罪与罚》和《卡氏兄弟》这两部小说的优劣比较，及对《卡氏兄弟》中三兄弟特点的分析。在他看来，《罪与罚》所讲述的只是一个神经质且喜沉思（brooding）的青年的故事，“并不十分了不起”，《卡氏兄弟》“则于‘贪嗔痴’描写发挥淋漓尽致”，且“不离人生之真”，的确是“杰作”。《罪与罚》描写彼得堡贫穷的法律系大学生拉斯科尼科夫（Rodion Raskolnikov）自以为是拿破仑式的为世界制定规

1《夏志清夏济安书信集》卷一，第44页。
2 高尔基，《论文学（续集）》（冰夷等译），第50页，人民文学出版社，1983年。
3 鲁迅，《杂忆》，《鲁迅全集》第一卷，第224页，人民文学出版社，1981年。
4 鲁迅，《祝中俄文字之交》，《文学月报》第一卷第五、六号合刊，1932年12月15日。
5《夏志清夏济安书信集》卷一，第92页。
6《夏志清夏济安书信集》卷一，第49页。

则乃至有权力杀人的超人，因而以斧头砍死了吝啬刻薄、在他眼中如吸血虱子般的当铺老板娘，并失手杀死了她的妹妹丽莎维塔。一连杀死两人后，患有忧郁症的拉斯科尼科夫陷入了极度的恐慌和焦虑，后在被迫卖淫的东正教教徒索尼娅的规劝下，投案自首，被判流放西伯利亚，最终皈依东正教。这部小说广泛描写了圣彼得堡的各阶层人物，满怀愤懑和同情地刻画了诸多小人物的悲惨境遇，深刻揭示了拉斯科尼科夫从犯罪后的自我辩护转向忏悔和自我救赎的复杂心理变化。整部作品除了其中的宗教说教略嫌苍白之外，总体上达到了很高的艺术水准。鲁迅对这部小说评价极高，他在1932年12月的一次演讲中自嘲说，"要将现在中国人的东西（包括他自己的小说《阿Q正传》，——笔者注）和外国的东西比较起来，像陀思妥耶夫斯基的《罪与罚》，托尔斯泰的《战争与和平》，果戈理的《死魂灵》，对比起来真是望尘莫及哩！"[1]夏济安仅仅从《罪与罚》中看到了一个问题青年的故事，而忽略了作为故事背景和情节发展有机构成部分的彼得堡众生相和复杂的社会矛盾，进而判定这部小说"并不十分了不起"，一方面是看问题不够全面，另一方面表明了他不愿从身份政治的角度去考察一部文艺作品的潜在批评立场。不过，相对《罪与罚》，《卡氏兄弟》确实更为博大精深。夏济安认为这部小说"于'贪嗔痴'描写发挥淋漓尽致"，在他那个时代，可称独到之见。"贪嗔痴"是佛教所谓三毒、三垢、三不善根，分指贪欲、憎恚、执迷等人性弱点，皆为恶之根源，三者的象征物是鸽子、毒蛇和猪。[2]诚如夏济安所言，《卡氏兄弟》的确淋漓尽致地揭示和描述了卡拉马佐夫父子的"贪嗔痴"三毒。老卡拉马佐夫与长子德米特里（Dmitri）纵情声色、暴躁易怒，并为妓女格鲁申卡争风吃醋、相互憎恨，表现出人性弱点中的"贪"与"嗔"。伊凡（Ivan）怨恨其父，满怀虚无主义思想而执迷不悟，表现出人性弱点中的"嗔"与"痴"，他甚至对阿辽沙说："我不是不接受上帝，阿辽沙，只不过是把入场券恭恭敬敬地退还给他罢了。"[3]私生子斯麦尔佳科夫（Smerdyakov）喜欢收集流浪猫，却只是为了把他们吊死并掩埋，他总是茕茕孑立，却对伊凡甚为钦佩并和他一样接受无神论，为了窃取老卡拉马佐夫为格鲁申卡准备好的3000卢布，他不惜弑父，在他身上，集中体现了"贪嗔痴"三毒。在诸位卡氏兄弟中，只有幼子阿辽沙（Alyosha，即Alexey）虔信上帝，立身高洁，超越了"贪嗔痴"，这一形象既是卡氏家族中的异类，也象征着人类的救赎与希望。值得注意的是，夏济安"顶喜欢"的人物不是阿辽沙或伊凡，而是德米特里这个一般读者眼中的反派角色。他认为，德米特里是"真noble"，阿辽沙则"纯是好人，不大有趣"。阿辽沙与《罪与罚》里的索尼娅一样，同样代表着信仰与救赎，也都是人性悲剧中的一抹亮色，但从形象塑造上来看，这两个人物的确稍嫌苍白，夏济安所谓"不大有趣"，应是有见于此。不过，好色狂躁的德米特里恐怕只是徒有没落贵族身份，却称不上真正的高贵。

除了格外重视人物的心理心性及小说的道德哲学内涵，夏济安也敏锐意识到了陀氏擅长以对话与思想交锋表现小说人物之间的关系与冲突进而推动情节发展的叙事特点，他切中肯綮地指出，陀氏角色都非常"能说会道"，"故事差不多都在对白中进行"。的确，陀氏作品中的诸多人物结合了"深思"（brooding）与"健谈"（articulate）这两个特点，拉斯科尼科夫如此，伊凡如此，佐西马长老也是如此，他们可以说是陀氏本人的化身，代表了他的怀疑、焦虑与探索，也代表了他的不同思想侧面。巴赫金在评论陀氏小说时所揭示的"各种独立的不相混合的声音与意识之多样性"[4]，从深层意义上说，其实是陀氏本人思想上的复调

1 鲁迅，《在上海野风画会的讲演》，《解放军文艺》1957年第2期，题目为编者所加。

2 佛典《成唯识论》称"贪嗔痴"为"根本烦恼"，并一一解释说："云何为贪？于有、有具染着为性，能障无贪，生苦为业，谓有爱力取蕴生故。云何为嗔？于苦、苦具憎恚为性，能障无嗔，不安恶行所依为业，谓嗔必令身心烦恼，起诸恶业不善性故。云何为痴？于诸理事迷暗为性，能碍无痴，一切杂染所依为业。谓由无明起疑、邪定、贪等烦恼、随烦恼、业，能招后生杂染法故。"（详见释大恩、蒲正信《成唯识论注释》，巴蜀书社，2011年）

3 陀思妥耶夫斯基，《卡拉马佐夫兄弟》（耿济之译），第二部第二卷第四节，第367页，人民文学出版社，1981年。

4 巴赫金，《陀斯妥耶夫斯基诗学问题》，刘虎译，第3页，中央编译出版社，2010年。

性与不确定性的体现。

夏济安又指出，《卡氏兄弟》中"Ivan与Dmitri之间的对白太少，我认为是美中不足，他们两个如果一对一的多说几句话，小说可以更紧张。"的确，狂躁的物质主义者德米特里与阴郁的虚无主义者伊凡之间的对话，将会碰撞出炽烈的火花，也会增强小说的叙事张力。但是，德米特里的力量主要体现在他蛮牛般的身体上，而不在他的思想上，因此，他和伊凡的话语冲突只能是意气之争，不大可能具有思想的深度和力度。陀氏更注重思想的冲突和思维的冲创力，因而没有着意刻划德米特里与伊凡之间"一对一"的话语交锋。如果从复调小说理论的角度来看，确有"美中不足"之憾。

夏济安于1950年赴台湾大学外文系任教。6年后，他和吴鲁芹等创办了影响台湾文学深远的《文学杂志》。在该杂志三卷一期，他发表了《旧文化与新小说》一文。在这篇现代文论名篇中，他指出，"五四运动以后，小说在文学史中的地位确立了。但是我们对于小说这项艺术，需要学习之处，还是很多很多"，"我们现在所需要培养的，是小说艺术。小说家还得要努力取法乎上"，而剑桥大学李维斯在《伟大的传统》（*The Great Tradition*）一书中推荐的乔治·艾略特、亨利·詹姆斯、康拉德、珍·奥斯汀、D. H.劳伦斯，以及哥伦比亚大学屈林补充推荐的托尔斯泰和陀思妥耶夫斯基，正是取法对象，他们的人生态度是"不敢玩忽，正视现实"（Reverent openness），他们的小说里有一种很明显的"道德问题的紧张"（Moral intensity）。[1] 从夏济安赞同屈林将陀思妥耶夫斯基纳入西方近现代文学的"伟大传统"可见，自从他在1948年"发现"陀氏之后，一直对他评价很高。他尊其为中国小说家应当取法和研究的"大家"[2]，其实就是奉他为中国新小说家的"导师"。在这一点上，他和鲁迅一脉相承。

二、陀思妥耶夫斯基对夏济安文艺观的影响

陀思妥耶夫斯基的小说以其深切的伦理反思和深邃的宗教情怀而著称于世。夏济安坦陈，看了陀氏的作品又提起他"写小说的兴趣"，而且，他自己的作品亦将很"严肃"（serious），因为他也是"悲天悯人之心切"。[3]事实上，陀氏小说所代表的哲学化写作倾向及其所彰显的道德反省意识，对于夏济安昆仲均有较深影响。夏济安表示，"我这个人有时也喜欢自作多情，找些问题来torment自己，陶斯道用laceration（苦恼）一字，殆即指此。一个人假如seriously的生活，苦闷总免不掉。"[4] 夏志清也承认，"读文学后增加分析的力量，读陶斯道后，生活的看法难免serious。我在沪时确实受了不少陶氏生活严肃态度的影响，……"[5]值得注意的是，陶斯道（即陀思妥耶夫斯基）执着拷问灵魂、深刻分析人生的"严肃态度"，不仅影响了夏济安的生活态度，也对他的文艺观及批评立场产生了深刻影响。

夏济安在与夏志清探讨中国新小说的流派与优劣时指出：

> 中国的新小说有好几派，左派……是声势顶大的一个。……除了左派以外（早期的文学研究会和创造社都汇集而成左派）应该尚有这两派：（一）京派——应该算周作人为盟主，后来就是你所认识的朱光潜、沈从文、袁可嘉他们了。有一个写小说的叫废名，据说有Joyce作风，周作人很捧他，很多人说看不懂，凭你现在的学养，来评这一个中国近代号称艰深的小说家，应该是顶合适的了。（二）海派——上海以前忽生忽灭的文学杂志很多，你记得暨南大学有个文学青年戴敦复不是也办了个杂志吗？上海除了左派

1 夏济安，《致读者》，《夏济安选集》，第12-13页。
2 夏济安，《致读者》，《夏济安选集》，第13页。
3《夏志清夏济安书信集》卷一，第35页。
4《夏志清夏济安书信集》卷一，第55页。
5《夏志清夏济安书信集》卷一，第77页。

和礼拜六派之外，是不是另外还有一派人在写作呢？我记得当年除了一个捧鲁迅的‘文学’（即傅东华、郑振铎、王统照等先后主编的《文学》杂志，——笔者按），还有戴望舒、施蛰存等的‘现代’（即《现代》杂志，——笔者按），影响亦不小。海派和京派似乎都有点art for art's sake的纤巧柔弱作风，……。‘京’‘海’之间有什么分别，我一时也难说，似乎京派的‘中国泥土气’和‘学究气’重些；海派则‘大都市气’（包括slums里的亭子间和霞飞路的‘情调’等）和‘沙龙气’重些。他们两派都敌不过左派，原因当然很多，我以为对于人生态度的是否严肃一点也有关系。左派不管他们背后的哲学是什么……，他们显得都关心人生，至少他们是关心民生疾苦，时代的变迁，人生路径的抉择等等问题的。他们恐怕是迎合了那个时候读者的需求，……。可是‘京’‘海’两派的high seriousness都不够，一种是洋场才子，一种是用文艺来怡情自娱的学究。他们的文学比较personal，而且他们的personal的还只是在aesthetic的一方面，不是moral的一方面。我认为中国近代缺乏一种‘不以society为中心，而以individual为中心的morally serious的文学’。Individual为中心当然仍旧可以impersonal。这些我相信也是你的主张。[1]

夏济安的这一段“私评论”非常值得重视。首先，他别出心裁地将中国新小说分为三派：一是以周作人为盟主、以朱光潜、沈从文、袁可嘉、废名等人为代表的京派，二是以礼拜六派以及戴望舒、施蛰存等人为代表的海派，三是声势最大的一派，也就是由早期的文学研究会和创造社成员汇集而成的左派。在夏济安看来，海派和京派都有“为艺术而艺术”（art for art's sake）的倾向，因而在文风上均偏于“纤巧柔弱”。两者的区别在于，京派的“中国泥土气”和“学究气”较重；海派则“大都市气”和“沙龙气”较重，所谓“大都市气”，包括贫民窟（slums）里的亭子间风味和霞飞路的“情调”等。霞飞路（Avenue Joffre）是民国时期横贯上海法租界的一条主干道，以法国元帅霞飞的名字命名。这条有着“上海香榭丽舍大道”之称的商业街乃是现代中国的时尚之源，也是“上海摩登”的象征，不少旧上海草根阶层的梦想就是从闸北贫民窟搬到霞飞路。白先勇笔下的尹雪艳迁台之后布置其公馆，“从来不肯把它降低于上海霞飞路的排场”。[2]可见，霞飞路凝聚的是一代人对于昔日上海繁华的记忆。夏济安所谓霞飞路的“情调”，应是指绅士作风和异国情调，正和京派的“中国泥土气”也就是国族情怀和乡土气息形成对照。不过，无论是海派的小资文学、沙龙文学，还是京派的乡土怀旧文学与书斋小品，都敌不过左翼文学的影响力。夏济安认为，文学影响力的强弱主要取决于作家的人生态度是否严肃。左派作家虽然各有其思想宗旨，但都关心人生，至少是关心民生疾苦，以及时代的变迁、人生路径的抉择等问题。与之相较，京、海两派都不够庄重严肃（high seriousness），前者是以文艺自娱的学究，后者是洋场才子。因此，京海两派都不足以在大众中产生广泛影响力，唯有左派才能迎合那个时代读者的需求。

夏济安的上述新小说流派优劣论颇有些值得商榷之处，如戴望舒早期的《雨巷》等诗作词藻华丽，情致婉约，确有“为艺术而艺术”的倾向，但他在抗战中所作的《我用残损的手掌》等诗篇，却是壮怀激烈，沉雄悲愤，一改“纤巧柔弱”作风，并且，戴望舒曾为“左联”成员，施蛰存也自居“左派”，主张“政治上左翼，文艺上自由主义”[3]，因而不能将他们简单归类。此外，笔者以为，如果将中国新小说区分为写实派（包括批判写实派、通俗写实派等）、现代派、浪漫派三派，可能更合乎实际，也不容易产生混淆。不过，夏济安的京、海、左三派论称得上是自出机杼的慧悟，至今仍具有相当的启示性和参

1《夏志清夏济安书信集》卷二，第162-163页。
2 白先勇，《永远的尹雪艳》，《台北人》，第8页，广西师范大学出版社，2015年。
3 施蛰存，《沙上的脚迹》，第181页，辽宁教育出版社，1995年。

考价值。从他对中国新小说家的点评可见，他本人是“为人生”派，推崇的是“为人生而艺术”（art for life's sake），而不是“为艺术而艺术”（art for art's sake）。[1] 在他看来，文学家不但要有严肃的人生态度，也要有严肃的创作态度。严肃的人生态度体现在自律、自省，严肃的创作态度体现在关注人生意义、民生疾苦，深思时代的变迁和人生的目标。很显然，无论是他的人生态度，还是他的“为人生”的文艺观，均受到了陀思妥耶夫斯基的深刻影响。夏济安重点研读的陀氏作品为《罪与罚》、《卡拉马佐夫兄弟》，这两部作品所彰显的通过文学叙事深思人类本性与生命价值的创作取向与严肃态度，既与夏济安本人的心性相契合，也一举奠定了夏济安文艺价值观的思想基础。夏济安认为，“中国近代缺乏一种‘不以society为中心，而以individual为中心的morally serious的文学’。Individual为中心当然仍旧可以impersonal。”这一针对中国现代小说的不足所作的批评，显然是以陀氏小说作为参照。《罪与罚》、《卡拉马佐夫兄弟》正是以探究个人的善恶救赎为中心的、在道德反思上极为严肃的文学杰作。此外，这两部小说对拉斯科尼科夫、德米特里、伊凡等人内心世界的探究和揭示，虽然是针对特殊的个体，却又体现出艾略特所推崇的“非个性化”（impersonal）特征，而且具有普遍的启示意义。反观中国现代小说史，的确缺少《罪与罚》、《卡拉马佐夫兄弟》之类深入拷问人性，深切反思罪与罚、罪与赎，从而催人反省的鸿篇巨制。

对于夏济安所谓现代中国文坛缺乏“以个人为中心的严肃的道德反思之作”这一观点，夏志清赞其为“一针见血之语”，并且指出，“多读西洋文学的人，都会感觉到这一点”。[2] 在分析中西文学的这一差异时，夏志清以陀思妥耶夫斯基的《卡氏兄弟》、《白痴》（*Idiot*）等小说为参照[3]，提出了三个重要观点：1）“一个作家不知sin，suffering，love为何物，写出来的东西就一定浅薄。西方作家对罪恶和爱都从耶稣教出发的，中国没有宗教传统，所以生活的真义就很难传达。”[4] 2）在现代中国作家中，许地山“可说是唯一对基督教道理有同情的作家，他战后出版的中篇《玉官》，可算是篇classic，文字极谨严，很能运用Christian dialectic（人的自私和爱的冲突）。”[5] 3）“好的小说剧本，都是读过后觉得作者最后给我们较世俗看法更精细的moral perception的作品”，“《红楼梦》的伟大处是在它的Buddhist philosophy of disillusion”。[6]

夏志清的上述观点基本可以代表夏济安的文艺立场，他们两兄弟就像西晋二陆，公安三袁，对于文学本质和文学价值的认识大体一致。在夏济安看来，好的小说主题（theme）应有哲学深度；好的戏剧应有“心理深度”（psychological depth）；大家之作必定兼有“诗学”和“哲学”的价值（being both poetical & philosophical）。[7]

其实，王国维早在《红楼梦评论》一文中就指出，《红楼梦》之所以是“宇宙之大著述”，是因为它兼有“美学上之价值”和“伦理学上之价值”。[8] 在美学上，《红楼梦》是“悲剧之悲剧”，在伦理学层面，《红楼梦》示人以“解脱之道”——出世，而非自杀。王国维认为，如果贾宝玉“于黛玉既死之后，或感愤而自杀，或放废以终其身，则虽谓此书一无价值可也。”[9] 他因此盛赞《红楼梦》所表现出的“以解脱为理想”的

---

1 夏济安在《文学杂志》创刊号之《致读者》中宣称，“我们不想提倡‘为艺术而艺术’”，因为“艺术不能脱离人生”。（《夏济安选集》，第209页）

2《夏志清夏济安书信集》卷二，第166页。

3 前文已述及，夏志清在回复夏济安的信中说，“读《卡氏兄弟》与我同感，甚喜，陶斯托夫斯基确为世界第一小说家。”（《夏志清夏济安书信集》卷一，第49页）此外，夏志清在对五四以来文学缺乏宗教与道德反省深度表示失望之后，告诉其兄，“最近重读了Dostoevsky的*Idiot*”。（《夏志清夏济安书信集》卷二，第103页）

4《夏志清夏济安书信集》卷二，第103页。

5《夏志清夏济安书信集》卷二，第167页。需要指出的是，对基督教道理有同情的现代中国作家其实不只许地山，还有林语堂、冰心等。

6 分见《夏志清夏济安书信集》卷二，第166页，第103页。

7 分见《夏志清夏济安书信集》卷二，第382页，第417页，第416页。

8《王国维文学论著三种》，第17页，商务印书馆，2001年。

9《王国维文学论著三种》，第18页。

佛教精神，并深刻地阐发说，“夫以人生忧患之如彼，而劳苦之如此，苟有血气者，未有不渴慕救济者也。不求之于实行，犹将求之于美术，独《红楼梦》者同时与吾人以二者之救济。”[1] 此处所谓“救济”，即是今人所说的“救赎”。概而言之，王国维在20世纪之初就已经意识到了宗教精神和伦理反思意识对于文学艺术的重要意义，他也早在夏志清之前揭示了《红楼梦》的伟大处在于体现了“佛教的出世哲学”（Buddhist philosophy of disillusion）。区别在于，王国维主要是在叔本华悲剧美学和唯意志论哲学的烛照下，发现了《红楼梦》的重大价值，并奠定了他的现代性文学价值观的基础；夏氏兄弟的共同导师则是陀思妥耶夫斯基，他们对严肃的创作态度、哲学化小说以及宗教与道德反思意识的推崇，无疑受到了有“灵魂拷问官”之称的东正教教徒陀思妥耶夫斯基的深刻影响。

三、陀思妥耶夫斯基对夏济安创作倾向的影响

与一心从事文学批评的夏志清不同，夏济安在文艺研究之余，还对文学创作有着浓厚兴趣。他在新诗和小说创作这两个领域，都进行了探索和尝试，并和夏志清就其新诗《香港》以及《火》、《传宗接代》（*The Birth of a Son*）、《耶稣会教士的故事》（*The Jesuit's Tale*）等中英文小说作过颇为深入的讨论。如前所述，夏济安是在阅读了《罪与罚》、《卡氏兄弟》之后，重新提起了“写小说的兴趣”。他并且表示，他和陀氏都是“悲天悯人之心切”，因此，他的作品亦将会和陀氏小说一样“严肃”（serious）。

从夏济安的实际创作成果可见，陀思妥耶夫斯基对夏济安的创作倾向与艺术风格的确产生了深刻影响。他的几部小说，或表现玩火狂的心理，或讲述耶稣会士的残酷爱情，或改写佛教故事以批判儒、释文化，从不同角度显现出陀思妥耶夫斯基式的宗教与道德反思意识。夏志清评论《火》这部短篇小说指出：

> 《火》的文字功候已到。描写对话都很简练，没有一点噜苏处，全篇形式也很端正。舅舅、舅母、赵妈对炳新的反应都能有层次地显得他们的性格和布尔乔亚的态度。在我看来，炳新仅是个未成熟没有礼貌的青年，他有他的fascination，又[尤]其在他弄火方面；可是他仅是一个玩火狂，他的言论——关于死、灵魂、灵感种种——只显出他和现实的隔缘。所以我以为《火》是一段很好的sketch，用很完整short story的form来示出一个‘革命’青年所留给中产阶级的一个impact。……我想你conceive炳新这character时，一定另寓深意——火是非常potent的一个symbol……。这篇小说，在中国创作里，可算得是上乘的作品，以后多写，当更有好作品问世。[2]

与陀氏小说相对照，炳新这个人物明显带有拉斯科尼科夫和伊凡的影子。他们同样都是不满现状的叛逆青年，而且都有些神经质。其中，拉斯科尼科夫憎恨贫富悬殊的等级秩序，伊凡怀疑灵魂不朽的宗教信仰，炳新则对传统家族伦理与中产阶级价值观颇为反感。和伊凡一样，炳新耽于幻想，热衷探究死亡、灵魂等终极问题，与现实比较隔膜，他与舅舅、舅母之间的紧张对立，虽和伊凡憎恶其父兄性质不同，却有着一定的同构性。不过，炳新的玩火癖是他独有的。诚如夏志清所言，火是非常“有力”（potent）的“象征”（symbol）。它代表着叛逆、革命与摧毁旧秩序的力量，也代表着炳新的迷惘、困惑。这种叛逆和迷惘并存的精神状态，是大变革、大动荡年代的青年所共有的。

对于《传宗接代》这部英文小说，夏济安自述说：

1《王国维文学论著三种》，第24页。
2《夏志清夏济安书信集》卷二，第147页。

> 这是中国一篇佛教旧故事的改写，没有恋爱，我添了许多感觉描写和Flash-backs。……这比较可以算是一篇philosophical的小说，主要是对两种文化——儒家的与佛家的——的批评。[1]

他又自述《耶稣会教士的故事》的创作思路和创作经历说：

> 这一篇将比较realistic，背景是香港，theme与恋爱有惯[关]（很残酷，这样你更得拭目以待了）！其实这个故事（my own invention）在我脑筋里盘旋已有数年之久，在香港时就想写，到了台湾后写了一个很失败的中文version。惟其因为曾经写过，此次我更sure of success。字数不在第一篇之下，很长，预备花一个月的功夫完成之。所谓好的theme包括哲学意义的depth和suitability to my creative powers。[2]

从上述自述可见，追求哲学深度、创作陀思妥耶夫斯基式的“哲学化小说”（philosophical的小说）是夏济安的基本创作倾向。《传宗接代》着眼于批判塑造了中国人心性的主流价值，《耶稣会教士的故事》着眼于表现“梦魇”（nightmare[3]）般的爱情，均有陀氏小说的影子。此外，夏济安对“残酷”主题的偏爱，也与陀思妥耶夫斯基相通。陀氏被称为“残酷的天才”[4]，一方面是因为他对人性的拷问不遗余力，另一方面是因为他常常选择残忍的恶行或人魔式的人物作为探究罪与罚、罪与赎的考察对象。夏志清评论《耶稣会教士的故事》指出，这部小说“布置安排方面却有Conrad那种谨严”[5]，夏济安自己则说，他的同学斯贝克斯（Spacks）也认为这篇小说很像康拉德（Conrad），而他回头审视这篇小说后发现，该习作“态度严肃”，确实“很像Conrad”。[6] 夏志清又指出，“Conrad的The Secret Agent（中译为《密探》，——笔者注），确是部极好的小说，布局、人物刻划上似受屠斯退夫斯基（即陀思妥耶夫斯基，——笔者注）影响。”[7] 的确，读康拉德的小说很难不联想到陀思妥耶夫斯基，其深刻的心理描写，深沉的“道德意识”（moral perception），主人公与自我的反复较量，贯穿始终的撕裂感，都与陀氏小说一脉相承。因此，夏志清、斯贝克斯虽然只是将夏济安与康拉德相类比，却迂回证明了夏济安的创作倾向与小说美学受陀氏影响之深。

如前所述，夏济安对现代中国文坛缺乏“以个人为中心的严肃的道德反思之作”深以为憾，夏志清则认为，中国没有宗教传统，现代中国作家中也罕有对基督教道理有同情的作家，因此不可能对罪恶、受难与爱（sin，suffering，love）有深刻认识，这就注定了中国文学的浅薄。（参见本文第二节）反观夏济安的小说，《火》这一篇着力表现一个玩火狂对正统与主流价值的挑战，显示出作者创作一部“以个人为中心的严肃的道德反思之作”以弥补他眼中的中国现代文学之缺憾的良苦用心。《传宗接代》、《耶稣会教士的故事》刻意将佛教、基督教纳入其叙事背景，且着意表现爱的残酷，又体现出拯救“浅薄”的中国文学的意图。他后来主办《文学杂志》时倡导“清醒的、理智的”文学，延续了这种深受陀思妥耶夫斯基影响的严肃的文艺观。需要指出的是，夏济安的实验小说恐怕难称杰作，中国的新小说也并非都是“浅薄”之作，不过，中国文坛迄未出现陀氏小说式的博大、厚重、深邃的“道德反思之作”与“哲学化小说”，确是一个值得深思的问题。

综观陀氏对夏济安的影响，不仅体现在理论

1《夏志清夏济安书信集》卷二，第343页。

2《夏志清夏济安书信集》卷二，第382页。

3 夏济安在1955年3月25日致夏志清的信中谈起《传宗接代》时说，“我只怕Carol读了会有nightmare”。（《夏志清夏济安书信集》卷二，第356页）Carol是夏志清的美国夫人。

4 鲁迅《〈穷人〉小引》，《集外集》，第92页。

5《夏志清夏济安书信集》卷二，第447页。

6《夏志清夏济安书信集》卷二，第434页。

7《夏志清夏济安书信集》卷二，第190页。

与创作层面，也体现在个人生活层面。夏济安自述说："我这个人有时也喜欢自作多情，找些问题来torment自己，陶斯道用laceration（苦恼）一字，殆即指此。一个人假如seriously的生活，苦闷总免不掉。"[1] 他又以陀氏小说为参照分析自己的恋爱心理说："我们间并没有《卡氏兄弟》中Liza对Alyosha那一段，将来也不像会有……我对于将来觉得很uncertain，对于现在觉得有些ashamed（ashamed of my person也）。"[2] 对于此后的一段恋爱悲剧，他解析道："我同她都是相当敏感的人，这件事情也很subtle，可以说是没有什么事情，但是仔细分析，里面也有devil作祟（devil——in the religious sense）。大致是：我给她神经上的压力太重了——为什么我要这样做呢？只能归咎于devil了。"[3] 从上述自我审判中所表现出的罪感意识、宗教意识，以及将陀氏小说中的爱情故事与自身的情感经历相对照的下意识反应等方面可见，陀思妥耶夫斯基的美学精神、思辨精神渗透到了夏济安的灵魂深处，这不是外来文化的简单植入，而是一种浸入式的启迪。换言之，陀氏小说不仅拓展了夏济安的文学视野，深刻影响了他的审美思维，也塑造了他的心性和感知世界的方式。

（作者单位：澳门大学人文学院）

1《夏志清夏济安书信集》卷一，第55页。
2《夏志清夏济安书信集》卷一，第54-55页。
3《夏志清夏济安书信集》卷二，第111页。

《世界公民》：格拉布街的中国批评者

陈西军

© 2017 比较文学与跨文化研究（1），94–101 页

内容提要：基于对汉字的崇拜，韦伯等人对中国的历史、政治、道德和宗教进行了理想化，而《世界公民》通过李安济的叙述，否定了韦伯等人对中国的美化，对中国进行了批评。对于盛行的中国风，《世界公民》则从古典主义品味论的角度进行了批评和讽刺。《世界公民》对于中国的批评和讽刺是戈德史密斯在格拉布街对市场的迎合，因此，《世界公民》对于中国的批评更能代表18世纪中叶英国社会对于中国的态度。

关键词：《世界公民》 汉字 品味 格拉布街

奥利弗·戈德史密斯（Oliver Goldsmith）的《世界公民》（*The Citizen of the World*）因为采用了一个中国人李安济（Lien Chi Altangi）为叙述者而倍受中国学者的关注。比较文学学者在研究启蒙时期英国人的中国观的时候，大多都论及了这部作品。国外学者关注文本较多，注重分析研究该作品的修辞等艺术特征，对文本中所涉及的中国关注很少。与此相对应，国内老一辈学者，如方重、陈受颐、钱钟书和范存忠则把注意力主要放在文本内外所涉及的中国。与他们一样，当下的研究者也将注意力主要放在了中国形象上，在主要观点上受范存忠的影响较大。范存忠认为《世界公民》“字里行间未免把一个东方封建帝国理想化了”[1]，因此，戈德史密斯对中国持赞许的态度出现在了随后几乎所有研究者的相关论述中。本文旨在从语言和中国风的角度来分析《世界公民》对中国的批评，并从格拉布街的角度来分析戈德史密斯批评中国的原因。

《世界公民》：语言光环下的阴影

在十七世纪，汉语由于它的独特性，传教士们在中国报道中大多都有所涉及，成为了人们关注的对象。汉字是象形的，通过单个汉字的不同组合表达不同的意思。虽然中国历经战乱和分裂，甚至遭受外族侵略，但是，数量高达七到八万的汉字却保存了下来，是最适合传教的语言[2]。汉语的独特性很快就引起了十七世纪找寻普世语言的人的注意。

根据《圣经》，巴别塔之后，不同族类的语言不再互通。十七世纪的语言学家和圣经学者为了寻找或者创造一个人类共同的语言分别展开了努力。一部分人认为，既然巴别塔之前的语言遭到了上帝的诅咒，那么，人类寻找那个语言的努力在本质上是渎神的，注定是徒劳的，还不如重新发明一个全新的完美语言，让人类重新交流无阻。德国耶稣会士阿塔纳斯·珂雪曾经尝试使用数字语言，笛卡尔和莱布尼茨曾致力于融合不同的语言来创造一种新的语言。培根和罗伯特·博伊尔对于创造一种新的语言充满信心，认为这“有利于弥补人类因为傲慢而在巴别塔失去的东西”[3]。此时，中国汉字引起了人们的注意。他们认为，汉字的表意性具有其他语言文字无可比拟的优势。在汉字象形表意的基础上可以构建一种普世语言。对此最有力的拥趸是约翰·威尔金斯。他在《论真正的文字与哲学语言》中论述了以象形文字为基础的普世语言。然而，汉字数目巨大，让他望而却步。

1 范存忠，《中国文化在启蒙时期的英国》，南京：译林出版社，2010年，第199页。
2 安文思，《中国新史》，何高济译，郑州，大象出版社，2004年，第49页。
3 Thomas Birch, *Life of Robert Boyle,* London: 1741, p.73.

在创造新的普世语言的人一筹莫展之际，另一部分人试图通过重新解释圣经巴别塔的故事来找到那个失去的语言。托马斯·布朗认为人类在巴别塔之后仍有可能存在那个最原始的语言，“如果没有凭借一种普世文字和持续的语言，语言的混淆、混合以及误用就有可能出现，他们就不可能创造出他们声称的那些奇怪的历史记录”[1]，汉语是可能的语言之一。坚信汉语就是最原始语言的是约翰·韦伯。在对《圣经》重新阐释的基础上，他的《从历史角度论证汉语即原始语言的可能性》认为，大洪水之后，诺亚在中国安顿下来，使用的是最原始的语言。他们繁衍生息，并向其他地方扩散，产生并实施了建造巴别塔的设想。但是，生活在中国的诺亚后代没有参与他们的设想，所以，耶和华的谴责没有殃及他们。因此，“毫无疑问，他们的语言就是原始的语言”[2]。他还进一步论证，诺亚就是中国传说中的皇帝尧[3]。这一点对于韦伯具有象征意义，因为：

> 中国的语言为我们确认了一位惟一真实的上帝、由诺亚传授的神学、以及在基督显身之前许多世纪就已经在那个遥远的异国他乡预期了他的出现：虔诚的祈祷，这在基督徒中很难找到（哦，真是可耻呀！）；雄辩的演说，这是希腊或者罗马的演说都不可超越的；战争的技艺，这是汉尼拔和费比乌斯，以及最了不起的队长都要学习的：勇气不输任何人；体格无人比肩；农业超越所有：数学；机械；道德；如果不是出自中国的话，我无话可说。……政府中的政策，给行政长官的规则，为人民制定的法律，……无论是帝国、王国、共和国，还是如今所知的所有体制，都不可能与中国的君主体制相媲美。[4]

17世纪寻找普世语言的热潮对于许多人而言是理性科学精神的结果，一方面代表着“全面登上历史舞台的资产阶级的普世价值体系”[5]，另一方面，它反映了“为了解决宗教和政治冲突而寻找一种完美语言的梦想”[6]。在他们看来，语言的无序和不稳定不仅阻碍了交流，同时也是欧洲政治宗教冲突不断的重要原因。语言的稳定不仅象征着政治宗教稳定，更是政治宗教稳定的必然要求。对于来华传教的耶稣会士和韦伯等人而言，通过论证汉语为普世语言来确立与上帝的关系，进而确立汉语的历史延续性和稳定性，让汉语获得“表征的合法性（representational legitimacy)”[7]，并借此宣扬中国政治和宗教的稳定性和权威性，为宗教政治战乱频仍的西方提供借鉴，为自己的传教活动提供合理性。对于亲身经历过内战、共和、复辟等政治动荡，而且不得志的保皇党人韦伯而言，耶稣会士对于中国的介绍“很显然让韦伯痴迷不已”[8]。在这个背景下，韦伯等人笔下的中国语言被“理想化了”[9]，被戴上了耀眼的光环，代表着悠久且不间断的历史、稳定且具有权威的政治和道德伦理、延续且具有理性的宗教等。

在韦伯的论证中，中国的历史是直接源自于诺亚，也就是源自于上帝的，是独立的历史，具有神圣的渊源和合理性。然而，《世界公民》列举了三种不同的观点：一、认为中国是埃及的殖民

1 Thomas Browne, *Certain Miscellany Tracts,* London: Printed for Charles Mearn, Bookseller to his most Sacred Majesty, 1683, pp. 132-133.

2 John Webb, *The Antiquity of China, or An Historical Essay, Endeavoring a probability that the Language of the Empire of China is the Primitive Language,* London: 1678, p. 32.

3 Ibid, p. 64.

4 Ibid, pp. 206-207.

5 童庆生，知识的贫困和贫困的知识：西方汉语观的生成和发展，张西平主编，《国际汉学》第17辑，郑州：大象出版社，2009年，第115-116页。

6 Umberto Eco, *The Search for the Perfect Language,* Trans. James Fentress, Oxford: Blackwell, 1995, p. 19.

7 David Porter, *Ideographia: The Chinese Cipher in Early Modern Europe*, Stanford, California: Stanford University Press, 2001, 18.

8 Rachel Ramsey, China and the Ideal of Order in John Webb's 'Historical Essay...', *Journal of the History of Ideas,* 2001, (3): 493-503, p. 487.

9 Chen Shouyi, John Webb: A Forgotten Page in the Early History of Sinology in Europe, Ed. Adrian Hsia. *The Vision of China in the English Literature of the Seventeenth and Eighteenth Centuries,* Hong Kong: The Chinese University Press, 1998, p. 111.

地；二、中国直接起源于诺亚；三、与诺亚没有任何关系。第一种观点占据的篇幅最大，论述了珂雪的观点：人类是由诺亚的后代含（Chan）在埃及延续下来，并扩散到世界各地，中国是埃及的殖民地，汉字不过是埃及象形文字的变体而已，“中国不过是埃及的一个殖民地”[1]。韦伯专门驳斥过珂雪的观点，认为中国文字和历史经过诺亚的后代闪（Sem）在东方独立延续下来，与埃及并没有关系。显然，《世界公民》并不认同韦伯的观点。第二个观点只是说有人认为中国是诺亚在洪水之后唯一的栖息地。第三个观点则是一笔带过。这些带有噱头的论述表明，《世界公民》并不赞同韦伯等人所说的中国的历史，中国汉字以及由此推衍出来的中国政治等并不具有神圣的独立性。

作为忠实的保皇派，对语言研究并不在行的韦伯创作这部篇幅不小的作品并不是为了消遣，而是像利玛窦一样，试图通过汉语来说明中国政治和伦理道德的优越性，确立在基督体系中的神圣性和合理性。中国这个古老的王朝起源于上帝，通过世袭，绵延至今，是值得英国仿效的。这也就可以理解韦伯为什么会将这部作品献给查尔斯二世了。在这个背景下，“……道德假如不是起源于中国的话，我就根本无话可说”[2]。中国在政治道德等方面的优越性也得到了其他名人的认可，坦普尔声称，“该国的卓越秩序，不胜枚举，仿佛只有达到理性与智慧极致的人才能构想出来，远非我们在世上其他政府所能企及的”[3]。耶稣会士李明认为中国的政府是“至善至美的政治经典之作”[4]。一时间，“中国成为了支持斯图亚特王朝者在文化上的号角，是保皇党人寻求提拔时最受欢迎的话题”[5]。然而，《世界公民》里的中国政府却完全是另外一幅景象。这部作品中有一位貌似褒扬中国的人物——福鸿（Fum Hoam）。作为北京礼仪学院的第一位院长，而且仍然处在高位，他的角色任务就是与李安济对话，理当对政府表达赞誉。按照韦伯的说法，这样的学院是臣民接受文艺和伦理道德教导的地方，即，接受三纲五常的地方[6]。然而，即使在福鸿对皇帝从善如流的赞誉中，《世界公民》却讽刺了皇帝的残忍，要连续杀害11位大臣之后才开始接受他们的建议；在皇帝爱民的赞誉中，《世界公民》讽刺了皇帝的冷酷，亲手杀害了自己的女儿（第42函）。福鸿称颂皇帝仁慈，但是，在李安济出逃之后，他的妻子、女儿以及财产都被皇帝占为己有了。因此，在中国，基本上是只有皇帝“一人自由，其余的全部为奴隶”[7]。在这样的皇帝和体制下，如果不能像李安济那样逃离中国，那么，福鸿除了“讴歌”皇帝和中国政府之外，他还能说些什么呢？从中国出逃的李安济在沿途的见闻则是与传说中的中国政府和官员大相径庭。中国官员贪赃枉法，滥用职权，强抢民女，当地人则对此早已习以为常，低三下四，强作欢颜（第10函）。如果《世界公民》是一部“有待成型的小说”（novel manqué）[8]的话，这个故事的开头是李安济逃离中国，儿子星伯（Hingpo）也逃离了中国；故事结尾，星伯与黑衣人的侄女泽里丝（Zelis）结婚，他们选择居住在英国，“两人的结合，为李安济……提供了一个他在开头失去了的家和国”[9]。李安济本人也承认他快成为英国人了，开始“在读到他们【英国人】攻下城池或者赢得战斗时很

1 Oliver Goldsmith, *The Citizen of the World* and *The Bee,* London: J. M. Dent & Sons Ltd, 1934, pp. 246-247.

2 John Webb, *The Antiquity of China, or An Historical Essay, Endeavoring a probability that the Language of the Empire of China is the Primitive Language,* London: 1678, p. 206.

3 William Temple, *Miscellanea* (the Second Part), the Third Edition, London: Printed for Ri. Simpson, at the Three Trouts, and Ra. Simpson at the Harp in St. Paul's-Church-Tard, 1692, p. 193.

4 李明，《中国近事报道》，郭强、龙云、李伟译．郑州：大象出版社，2004年，第217页。

5 Robert Markley, *The Far East and English Imagination, 1600-1730,* New York: Cambridge University Press, 2006, p. 76.

6 John Webb, *The Antiquity of China, or An Historical Essay, Endeavoring a probability that the Language of the Empire of China is the Primitive Language,* London: 1678, pp. 101-102.

7 Oliver Goldsmith, *The Citizen of the World* and *The Bee,* London: J. M. Dent & Sons Ltd, 1934, p.13.

8 Wayne C Booth, The Self-Portraiture of Genius: 'The Citizen of the World' and Critical Method, *Modern Philology,* 1976, (4): 85-96, p. 87.

9 Charles A Knight, Ironic Loneliness: The Case of Goldsmith's Chinaman, *The Journal of English and Germanic Philology,*1983, (3): 347-364, p. 348.

开心，并暗自希望所有不列颠的敌人都不如意”[1]。这个故事本身传递着《世界公民》对中国政治的否定。

韦伯等人对于中国语言的赞许包含着对其稳定性的赞许。语言历史悠久的一个重要原因在于政治的稳定。自从诺亚以来，中国没有经历过外来的入侵，也鲜有与外界的交流。这就构成了韦伯等人认为的政府的稳定性。然而，在《世界公民》中，这是中国政府的固步自封。这种政府下的民众也是因循守旧，不愿变革，对革新求变的宰相妄加指责，导致宰相受到了女王的质询，并被放逐了（第101函）。李安济无不落寞地说：“在每一封信中，我都期待中国发生什么变化……可是，……我都……失望了”[2]。中国引以为豪的瓷器制造开始被欧洲超越，曾经万邦来朝的国度已经闭关锁国，“甚至当今的中国自身也在不知不觉中从她古代的伟大中衰败下来；……这个帝国正在快速地堕落进野蛮状态”[3]。

汉语的稳定性从其起源来看，就是因为来自于上帝和诺亚，所以，“它既符合理性，又符合经验”[4]。中国不仅继承了诺亚的文字，而且，还是诺亚的宗教继承者，都是理性的。但是，在李安济的叙述中，对中国惟一的本地神伏羲的崇拜是荒诞的，在边远地区的宗教更是荒诞不经，“他们崇拜邪恶的神灵；害怕他却又崇拜他；他们把他想象成一个凶神恶煞；随时准备害人和接受安抚”[5]。即使“相信万物存在一个永恒起源”的福鸿，在面对“这帮神魂颠倒的人的野蛮仪式”时，也会“哀叹人类的盲目与愚蠢”[6]。风俗也不例外。韦伯盛赞中国对于老人和逝者的尊重，老人去世三年内后人不得吃肉、喝酒、洗澡、不得同房、不得办公，只能睡在地上等等[7]。《世界公民》中，一位贫穷的工匠会在他去世前二十年就花掉半生的积蓄来筹备葬礼，“他拒绝了当下的生活必需，却在不再需要的时候，被给予了充分的满足”[8]。第10函中，李安济提到了中国的葬礼，认为这个风俗与中国的宗教一样荒诞不经。这个风俗要求在人去世的地方停尸三天，之后，将其身子埋入不那么深的坟中，头留在外面，以便在接下来的几天可以为他送上不同的肉食。发现他不吃后，就倒入坟中，以免他以后食用。这种风俗全国都有，李安济忍不住发出感慨：“人的理性在哪里！……这些都是他们最严肃和最具有宗教色彩的行为：这些人有理性吗？还是婆罗洲的猩猩更加明智呢？”[9]韦伯等人推崇汉字、中国历史和政治，就是认为这些都是建立在理性基础上的。理性正好构成了中国政府绵延的基石。《世界公民》对中国宗教和习俗的批评暗含着对于中国愚昧文化的批评，从理性这个基础上批评了韦伯等人对于中国政治的赞歌。

《世界公民》：中国逆风

1690年，约翰·洛克的《人类理解论》给寻找普世语言的热潮泼了一盆冷水。洛克认为，语言并不是指物，而是说话者大脑中的观念，并不连贯的观念在个体的大脑中以一种复杂而且难以解释的方式联系在一起，最终成为形象语言的源泉。个体大脑中所代表的观念与外在的事物并不是精确对应的，而是任意性的，具有明显的个人特征，因此，“我们很容易看到，它们（词语）所指示的是人们的特殊观念的标记，可是有时我们竟然不能用它们来在他人心中刺激起那些观念来”[10]。如此一来，洛克的观点“终止了对普世语

1 Oliver Goldsmith, *The Citizen of the World* and *The Bee,* London: J. M. Dent & Sons Ltd, 1934, p. 234.
2 Ibid, p. 176.
3 Ibid, pp. 176-177.
4 安文思，《中国新史》，何高济译，郑州：大象出版社，2004年，第49页。
5 Oliver Goldsmith, *The Citizen of the World* and *The Bee,* London: J. M. Dent & Sons Ltd, 1934, pp. 26-27.
6 Ibid, p.26.
7 John Webb, *The Antiquity of China, or An Historical Essay, Endeavoring a probability that the Language of the Empire of China is the Primitive Language,* London:1678, p. 102.
8 Oliver Goldsmith, *The Citizen of the World* and *The Bee,* London: J. M. Dent & Sons Ltd, 1934, p. 30.
9 Ibid, p. 27.
10 洛克，《人类理解论》，关文运译，北京：商务印书馆，1983年，第389页。

言的追寻，因为尽管个人之间存在大量的相互重合的观念，但是，没有两个人会有完全相同的观念，因此，不可能达成真正的语言一致”[1]。

洛克的理解论终止了对普世语言的追寻，却为民众对于中国风的认同和接受提供了合理的解释。之前对中国的探讨主要集中在语言、历史、宗教和道德等方面，深奥晦涩，需要大量的知识积累。对这些方面的探讨也只能限于少数贵族和文化精英。中国风的商品则不同，它只需要民众对其有经验即可。这个经验可以——而且的确像对语言的理解一样——因人而异。在这场中国风商品的消费中，商品从出处到文化内涵和历史都不重要，重要的是“它们反映的不是一个具有血统的标志或者渊源的世界……‘世界’具有无限的多样性”[2]。人们通过消费中国风商品达到了他们期望的、原来只有贵族和文化精英才能享有的世界性：商品世界性取代了“贵族世界性”[3]和“历史世界性”[4]。《世界公民》第14函中的杰出女士收集中国瓷器成瘾，包括各种形状的瓷器，有佛像，有佛塔，有龙，还有各式各样的器皿。她不关注这些器皿的实用价值，更不关注其中的文化内涵，只注重外观。中国商品外观的新奇性就足以满足她对于中国的认识。同时，她又通过对中国商品的占有来表现她的品味。她的花园也是由自称最有品味的人设计的，其中自称是中国寺庙的建筑看起来像埃及的金字塔一样。此时的中国商品“将传统上贵族拥有的世界性特权引导到了一个可供更大人群购买的不断增长的商品市场。……中国风……这种消费取代了世袭，成为了身份的基础。”这是一种“文化的重新定位”[5]。这位女士占有的这些中国风商品已经成为了她品味的象征。

品味是指美学欣赏的角度和判断能力。该词经过沙夫茨伯里、休谟、伯克、霍加斯和艾迪生等人的阐发，成为了十八世纪颇具影响力的概念。霍加斯认为，事物的外形是可以产生美感的。中国瓷器等的独特外形比较符合霍加斯对美的要求，通过对外形的想象“让每一件我们考虑之中的物体都被想象成拥有自己的内涵……让它的内涵与外在表面与物体自身的形状正好匹配”[6]。中国风商品的异国情调尤其需要通过想象来填补商品本身的文化内涵，这个过程不仅是视觉享受的过程，同时也是一个思维漫游的过程。在欣赏异国情调的物体遭遇困难的时候，这种困难“为思维提供了一种源泉，提升了快感，并使本来在其他场合是劳役和苦力的事情成为了嬉戏和消遣”[7]。这是洛克理解论的另外一种表述，“人的匆促而无限的想象……能在人心上刻画出几乎无限的花样来”[8]。想象填补了理性的空白，在对事物的认识方面起到了重要的作用。霍加斯还认为，每个人都有美的经验，并且都有权利拥有自己的品味，“对之前的知识缺乏了解并不能阻止人对此（品味和美）进行探究”[9]。霍加斯的品味论为普通民众的审美和谈论自己的品味打开了方便之门，从而“削弱了那些有钱的精英鉴赏阶层对于品味的垄断”[10]。这使那位女士谈论自己的品味成为可能。

但是，霍加斯的品味论也受到了质疑，被认为“专注于经验美学的危险在于，那些与我们对于美或壮丽的感受相关联的精神和道德价值就有可能被忽视”[11]。这正是文化精英们所担心的。在

1 Marilyn Francus, *Converting Imagination: Linguistic Theory and Swift's Satiric Prose,* Carbondale: Southern Illinois University Press, 1994, p. 30

2 Eugenia Zuroski Jenkins, *A Taste for China: English Subjectivity and the Prehistory of Orientalism,* Oxford and New York: Oxford University Press, 2013, p. 61.

3 Ibid, p. 7.

4 David Porter, Sinicizing Early Modernity: The Imperatives of Historical Cosmopolitanism, *Eighteenth-Century Studies,* 2010, (3): 299-306, p. 305.

5 Eugenia Zuroski Jenkins, *A Taste for China: English Subjectivity and the Prehistory of Orientalism,* Oxford and New York: Oxford University Press, 2013, p. 3.

6 William Hogarth, *The Analysis of Beauty, written with a view of fixing the fluctuating Ideas of Taste,* London: 1753, p. 7.

7 Ibid, p. 24.

8 洛克，《人类理解论》，关文运译，北京：商务印书馆，1983年，第68页。

9 William Hogarth, *The Analysis of Beauty, written with a view of fixing the fluctuating Ideas of Taste,* London: 1753, p. 3.

10 David Porter, *The Chinese Taste in Eighteenth-Century England,* Cambridge: Cambridge University Press, 2010, p. 81.

11 H. A. Needham, ed. *Taste and Criticism in Eighteenth Century: A Selection of Texts Illustrating the Evolution of Taste and the Development of Critical Theory,* New York: George G. Harrap & Co. Ltd, 1952, p. 39.

沙夫茨伯里等古典主义的品味论中，美并不存在于物体的外在特性，而是取决于观者的内在天性，只有当一个物体能够让人的心智感到满足的时候才能称为美。沙夫茨伯里认为罗马的建筑、雕塑以及拉斐尔的绘画等才是真正有品位的艺术，可以让人远离"那些艳俗、色情等错误的事物，以及错误品位的事物。"他承认来自东方的稀奇古怪、荒谬丑陋的肖像和其他作品能够给人带来一时的快感，但是，"这种快感对吗？"[1]艾迪生认可想象带来的快感，但是，他批评那种只追求"荒诞不经"和"满足感官的需要"[2]的品味，只能培养观者的惰性，而不进行思考，显得"傻气和荒谬"[3]。第14函中的女士恰恰缺乏古典主义所要求的适度与得体。作为女士，主动邀请陌生男士到访本身就是"有悖于女性通常的礼仪"[4]。而且这位痴迷于中国瓷器的女士的形象是"枯萎的身躯慵懒地歪在沙发上"[5]。当这位女士声称李安济这位真正的中国人"实际是位野蛮人"[6]的时候，戈德史密斯也讽刺了这位女士的"傻气和荒谬"。瓷器不仅代表着女性消费的品味，而且"成为了女性美德和商品文化的物质虚荣的隐喻"[7]。这位杰出女士收藏那么多破损的瓷器则不仅表明了品味的低下，也像《乡下老婆》和《夺发记》等中破损的瓷器一样，暗含了道德的问题。

既然中国风文化只是注重外表，其文化内涵只有依靠想象才能获得，那么，韦伯等人鼓吹的中国法律、伦理、政治等体系也不过是一个吸引人的外在体系而已，与中国风商品的异国情调一样，与内在的真理与美德没有直接关系。中国人充其量不过是这些外在看似完美体系的遵循者，而不是真理与美德的追随者。他们并不具备真正的智慧和道德上的权威，因此，"传说中的中国智慧都是错误的，必须加以拒绝"[8]。《世界公民》讽刺了对外在形式的追求，例如两位路人相遇时行礼的做派（第91函），翁婿见面送别的繁复礼节达到了无以复加的程度（第39函），两者都不表示对彼此的礼貌。第39函中的那位中国杰出女士娅欧阿（Yaoua）对于夫婿的挑选完全就是从外在来评判的。中国人的形象也如同瓷器一样是变形的、夸张的想象。第16函说中国人的形象与只有一只脚、一只眼睛、长着狗头的埃塞俄比亚人和印度人相差无几。如果中国的一切都是一个没有真理和美德的外壳，那么，戈德史密斯在前言中提到要用车推到冰上市场去卖的中国道德，也不过是一个累赘而已，即使在17世纪末的时候受到欢迎，这个时候已经不能被市场接受了。因此，他的手推车从冰上掉下去也就在情理之中了。

在只注重外表、追求异域风情和新奇的风尚中，流露着一股不安定的情绪，会给政治与宗教带来不稳定的因素，暗含着"政治与宗教的危险"[9]。中国风带来的求变、求新、求异的风尚是一个突破现有政治和宗教以及文化框架的源泉。它首先突破的是古典主义的艺术和美学要求，将它们庸俗化，使得任何人都可以通过中国风的商品来对美学和艺术评头论足，打破了古典主义美学的结构。李安济见到的英国人，无论其社会地位如何，都可以以了解中国文化，以美学专家的口吻对中国的瓷器、建筑、饮食、装束甚至中国人的长相发表意见，指责李安济这位中国人长得不像中国人。这表明"中国风在其实质上不是排斥阶级的，因此，也就允许阶级移动，制造麻烦"[10]。在追求稳定性与合法性方面，沙夫茨伯里等人的古典主义主张与韦伯等人通过语言论证的中国政治文化稳定性看似是一致的，其实不同。

1 Anthony Ashley Cooper, Earl of Shaftesbury, *Characteristics of Men, Manners, Opinions, Times,* vol. 1, Ed. John M. Robertson, London: Grant Richards, 1900, p. 218.

2 Joseph Addison, *The Spectator,* vol. 1, Oxford: Clarendon Press, 1965, pp. 22-23.

3 Ibid, p. 23.

4 Oliver Goldsmith, *The Citizen of the World* and *The Bee,* London: J. M. Dent & Sons Ltd, 1934, p. 36.

5 Ibid, p. 36.

6 Ibid, p. 37.

7 David Porter, *The Chinese Taste in Eighteenth-Century England*, Cambridge: Cambridge University Press, 2010, p. 185.

8 Ibid, p. 164.

9 B. Sprague Allen, *Tides in English Taste (1619 – 1800): A Background for the Study of Literature*, vol. I, Cambridge, Massachusetts: Harvard University Press, 1937, p. 240.

10 Christopher Brooks, Goldsmith's Citizen of the World: Knowledge and the Imposture of 'Orientalism', *Texas Studies in Literature and Language,* 1993, (1): 124-144, pp.125-126.

沙夫茨伯里追求的是英国政治的稳定性，否定中国文化对英国社会带来的负面影响，而韦伯等人强调的是中国政治的稳定性，期待中国稳定的政治文化能够给英国带来正面的影响。《世界公民》通过对中国风商品和对中国品味的讽刺，坚持了古典主义品味的主张，揭示了中国对于英国社会稳定带来的负面影响。基于古典主义品味的考虑，一些文化精英对中国风的态度出现了比较大的转变。早年推崇中国文化的贺拉斯·沃波尔取消了草莓山庄建筑中的中国元素，认为中国风格"威胁到了希腊和罗马艺术的简洁……"[1]一向推广中国建筑的威廉·钱伯斯只能"通过对经典欧洲古籍反传统式的重读，将中国园艺中的自然主义【不规则性】加以接收"[2]。美学主张与中国风相近的霍加斯也用"傻气和荒谬"[3]来批评中国风。《世界公民》对于中国风的批评与对法国的鄙视一样，显示的是对英国古典主义品味的自豪。以中国风为标志的商品世界性，在《世界公民》中不过是一场滑稽的表演，对英国社会、英国政治和民众的美学品味有害无益。戈德史密斯将他的《中国人信札》（*Letters from a Chinese Philosopher* 是《世界公民》连载时的名称）更名为《世界公民》也不乏对追求世界性的讽刺，对英国古典主义品味的肯定。

《世界公民》：格拉布街的中国批评者

1699年，英国轮船Macclesfield在澳门靠岸，标志着东印度公司在广州的开端。由英国商人和水手带回有关中国的第一手资料越来越多，逐步取代了耶稣会士的报道，颠覆了英国民众对于中国的想象。与此同时，民众开始厌倦耶稣会士粉饰中国、与现实生活关系不大的报道，这些第一手资料更加贴近他们的生活，对他们有很大的吸引力。乔治·安森（George Anson）在《环球航行记》（*A Voyage round the World*, 1740）中记述了中国官员的贪赃枉法，民众的刁蛮难缠，和自己受到中国商人的欺骗等。安森的游记最先发表在格拉布街的《绅士杂志》上，被当时格拉布街比较有名的杂志，如《环球杂志》和《司各特杂志》等大量转载，对中国的批评影响巨大。此时，格拉布街的报道已经成为民众了解中国的主渠道。

历史上的格拉布街卫生状况差，是伦敦的贫民窟，犯罪行为猖獗。从事写作的人大多是因为各种原因家道中落的，"格拉布街就是这帮倒霉蛋的避风港"[4]。写手们格调不高，收入不稳定，又经常面临诽谤和剽窃的指控，以及来自政府当局的骚扰。约翰逊说："新闻写手就是一个没有德行的人，为一己之利在家里编写谎言。写这些东西既不需要什么天分和知识，也不需要什么勤奋和机智，但是，绝对需要的是对羞耻的蔑视和对真相的无视"[5]。他们的写作完全是商业性的，必须接受任何写作任务，无论那些题目有没有价值，否则无法生存。在这个"文学的无政府状态"[6]中，为了吸引公众的注意和赢取个人的声望，"作者和批评者都不惜彼此诋毁"[7]。戈德史密斯本人在《世界公民》中反复提到了出版写作，频率和篇幅远远超过了中国话题。那正是他所在的格拉布街的处境。

戈德史密斯是一位典型的格拉布街"愚人"(dunce)，他对自己的处境感叹道："我就像是那些孤独的动物中的一员，被迫出了森林，来满足人们的好奇心"[8]。发表在《公薄报：或，商业和资讯的每日登记薄》（*Public Ledger: Or, the DAILY REGISTER of Commerce and Intelligence*）上的《中国人信札》的写作正是如此。如其副标题所言，

1 *The World* , 117 (March 27, 1755), p. 117.

2 Liu Yu, *Seeds of a Different Eden: Chinese Gardening Ideas and a New English Aesthetic Ideal,* Columbia, South Carolina: The University of South Carolina Press, 2008, p. 34.

3 William Hogarth, *Anecdotes,* Ed. J. B. Nichols, London: J. B. Nichols and Sons, 1833, p. 37.

4 Pat Rogers. *Grub Street: Studies in a Subculture.* London: Methuen & Co. Ltd., 1972, p. 208.

5 Bob Clarke, *From Grub Street to Fleet Street: An Illustrated History of English Newspapers to 1899,* Aldershot, Hants: Ashgate Publishing Company, 2004, p. 8.

6 Oliver Goldsmith, *The Citizen of the World* and *The Bee,* London: J. M. Dent & Sons Ltd, 1934, p. 52.

7 Megan Kitching, The Solitary Animal: Professional Authorship and Persona in Goldsmith's *The Citizen of the World, Eighteenth-Century Fiction,* 2012, (1): 175-198, p.188.

8 Oliver Goldsmith, *The Citizen of the World* and *The Bee,* London: J. M. Dent & Sons Ltd, 1934, p. 5.

该报是份商业报刊，主要作为各种商业活动的平台，因此，"它可以不无恰当地被称为询盘所，就像一个中心，将各方聚集在一起"[1]。该日报对开四版，除了第一版发表些编者的话、答读者来信、转载其他报刊的文章和作者发表的文章（例如戈德史密斯的《中国人信札》）之外，其余的三个版面都是一条一条的商业信息和广告。从该报的定位来看，《中国人信札》充其量不过是一个点缀而已。选择中国话题也是一个市场的考虑[2]。格拉布街对于中国的报道也相当频繁，例如，《鉴赏家》、《世界》、《绅士杂志》、《评论》等。大多采用的是讽刺的方式来对中国风进行批评[3]。这一点与英国社会生活对中国产品的热爱形成了鲜明的对比[4]。戈德史密斯对这些都很熟悉。1759年，在评论墨菲的《赵氏孤儿》时说："如果那种奇趣（中国和印度的东方风格）在那些引导着这个时代快感的人中盛行，并且最终引导了时尚，那么，如果连诗歌也跟进，呈现一部按照中国方式构成的作品又有什么奇怪的呢？"[5]尽管如此，戈德史密斯并不欣赏中国的戏剧，"在所有能够感受到智慧女神影响的国家中，中国可能只能是层次最低的一档：他们的创作是能够想象到的最让人无动于衷的。……没有一部作品充满想象，或者富有激情"[6]。

戈德史密斯的写作过程是典型的格拉布街式——挪用和剽窃。除了每周两次的《中国人信札》之外，戈德史密斯还在其他的刊物如《英国杂志》和《淑女杂志》等上写稿。在这种压力下，他经常一稿多投，还大量改编和剽窃其他的作品，其中的人名也都是源自于其他作品。比较典型的有李明的《中国近事报道》和杜赫德的《中国通志》，在几乎每一封信中都可以看到它们的影子[7]。在这种情形之下，普赖尔也表示"无法确定他在多长时间内是将这部作品当做是自己的"[8]。这都表明，《世界公民》对于中国的态度更多的是源自格拉布街。选择中国作为话题不是他的个人喜好，对中国进行批评也不是他的情感冲动，而是格拉布街的写作市场要求的。他对中国的了解来自于格拉布街，又通过格拉布街反映市场对中国的态度。

结语

《世界公民》出版时，尽管英国社会对中国风的热度正盛，但是，英国社会对于中国文化的态度已经发生了巨大的变化。英国国民已经对法国耶稣会士的中国报道不感兴趣，更倾向于阅读由商人和旅行者带回的游记，颠覆了之前对于中国的想象。《世界公民》通过否定韦伯的中国观，否定了耶稣会士宣扬的中国历史、政治、宗教和文化的优越性。同时，也从英国古典文化传统的角度，讽刺了中国风品味的粗俗和荒谬。所有这些对于中国的态度都通过格拉布街的写作得以反映和报道。戈德史密斯尽管对于中国并没有亲身的经历，也谈不上特别的个人喜好，但是，他从格拉布街了解到了社会对于中国的看法，同时，又通过他的格拉布街的写作——《世界公民》——来迎合社会的需求，使得《世界公民》成为格拉布街的中国批评者。也正因为如此，《世界公民》更能反映十八世纪中叶英国社会对于中国的态度。

（作者单位：湖北大学外国语学院）

1 *Public Ledger*, 12 January 1760.

2 James Prior, *The Life of Oliver Goldsmith, M. B.: From A Variety of Original Source,* London: John Murray, Albemarle Street, 1837, p.360; 范存忠，《中国文化在启蒙时期的英国》，南京：译林出版社，2010年，第185-187页；方重，十八世纪的英国文学与中国，《国立武汉大学文哲季刊》，1931第2期，第303-324页。

3 Huge Honour, *Chinoiserie: The Vision of Cathay*, London: John Murray Publishers Ltd, 1961, p.130; B. Sprague Allen, *Tides in English Taste (1619 – 1800): A Background for the Study of Literature,* vol. I, Cambridge, Massachusetts: Harvard University Press, 1937, pp. 234-256.

4 Qian Zhongshu, China in the English Literature of the Eighteenth Century, *A Collection of Qian Zhongshu's English Essays,* Beijing: Foreign Language Teaching and Research Press, 2005, p. 142.

5 Oliver Goldsmith, The Orphan of China, a Tragedy, as it is performed at the Theatre-Royal in Drury-Lane, *Critical Review,* 1759, p.434.

6 Ibid, p. 434.

7 Chen Shouyi, John Webb: A Forgotten Page in the Early History of Sinology in Europe, Ed. Adrian Hsia. *The Vision of China in the English Literature of the Seventeenth and Eighteenth Centuries,* Hong Kong: The Chinese University Press, 1998, p. 287.

8 James Prior, *The Life of Oliver Goldsmith, M. B.: From a Variety of Original Source,* London: John Murray, Albemarle Street, 1837, p. 365.

法国女性书写理论在中国的变异[1]

都岚岚

© 2017 比较文学与跨文化研究（1），102–107页

内容提要：20世纪90年代以来，域外文论在中国发生最显而易见的流变之一是法国女性主义理论家倡导的女性书写理论。通过介绍西苏和伊利格雷所倡导的女性书写理论的含义、该理论旅行至中国后所发生的变异，本文认为，法国的女性书写理论进入中国后，其概念发生浮动，它在中国的女性文学创作中转变为私人化写作，随后在商业语境下被窄化成“身体写作”，甚至畸变为“下半身写作”。这种畸变已经与西苏和伊利格雷所倡导的以书写女性身体来颠覆菲勒斯逻各斯中心主义的初衷相去甚远。对私人化写作的拙劣模仿已成为中国文化语境中的一种文化现象，是中国社会问题浮出地表的症候。

关键词：法国女性主义 女性书写 西苏 私人化写作 身体写作

欧美女性主义文论大致分为英、美、法三家学派。女性主义学者埃莲娜·肖瓦尔特（Elaine Showalter）曾言：“英国女性主义批评基本是马克思主义的，它强调压迫；法国女性主义批评基本上是精神分析学的，它强调压抑；美国女性主义批评基本是文本分析式的，它强调表达。然而，它们都是以妇女为中心的文学批评。”[2]如果说英美女性主义文学批评侧重文本阐释，在对文学经典的重新评价和女性文学传统的建设方面立下汗马功劳的话，那么法国女性主义理论家茱莉娅·克里斯蒂娃（Julia Kristeva）、露西·伊利格雷（Luce Irigaray）和埃莱娜·西苏（Helene Cixous）等人则受精神分析学、解构主义和语言学的影响，更加注重深入话语层面，揭露父权制文化赖以存在的基础和运作规则，并在女性写作的理论方面取得了卓有成效的成就。受精神分析学、当代语言学和符号学理论的启发，这些法国女性主义思想家主张对父权制历史文化的载体即语言进行拆解，并试图建立符合女性真实欲望的女性书写理论。

通过介绍西苏和伊利格雷所倡导的女性书写理论的含义、该理论旅行至中国后所发生的流变，本文认为，法国的女性书写理论进入中国后，其概念发生浮动[3]，它在中国的女性文学创作中转变为私人化写作，随后在商业语境下被窄化成“身体写作”，甚至畸变为“下半身写作”。这种畸变已经与西苏和伊利格雷所倡导的以书写女性身体来颠覆菲勒斯逻各斯中心主义的初衷相去甚远。对私人化写作的拙劣模仿已成为中国文化语境中的一种文化现象，是中国社会问题浮出地表的症候。

反菲勒斯逻各斯中心主义：法国女性书写理论

法国女性书写（écriture feminine）理论的代表作之一是西苏的《美杜莎的笑声》（法文原文发表于1975年，英文发表于1976年*Signs*第4期）。该文认为，父权制文化创造了单一的理性逻辑，这种理性逻辑压抑了女性欲望，使得女性身体在父权制文化中没有得到真实的再现。在对父权制思想中的二元论进行批判性的分析中，西苏发现，奠基西方哲学思想和文化生活的二元对立结构隐

1 本文系国家社科项目朱迪斯·巴特勒的后结构女性主义文论研究（12CWW005）及上海交通大学外国语学院创新项目的阶段性成果。

2 Elaine Showalter, “Feminist critizism in the wilderness”, *Critical Inquiry*, 8. 2 (1981): p. 186.

3 参见宓瑞新，“身体写作”在中国的旅行与反思，《妇女研究论丛》，2010年第4期，第73-79页。

含压迫女性的论断，它们使女性同自己的身体发生异化，将女性欲望导向女巫般蛊惑的妖术。因此要想从无休止的等级式的二元对立体系中突围，就必须改写整个体系，用新的关系拆解和取代以贬低女性为前提的菲勒斯逻各斯中心主义的意识形态。西苏认为，在父权制的象征秩序中，女性没有属于自己的语言。如同被驱离她们自己的身体那样，女性一直处于象征秩序中的他者地位。父权制社会的历史和文化对女性的钳制与对其身体欲望的压制紧密联系在一起，身体被压制的同时，言论和书写的自由也被压抑。女性要想获得解放，就必须回归女性自身的身体和心理体验，真正拥有自己的身体，因此她号召女性用自己的身体表达自己的思想。西苏从女性写作的本源是身体这一立场出发，倡导女性书写应以多元的女性身体欲望这一独特的女性经验为中介进行创作，以达到对抗菲勒斯逻各斯中心主义的根本目的。

为彻底颠覆二元对立的理性逻辑，反对菲勒斯逻各斯中心主义对女性身体的压抑，西苏倡导女性运用感性、诗性的语言言说身体的欲望。在创作传统上，西苏提倡用白色乳汁书写，即从滋养生命、抗拒分离、维系女性纽带的母性品质，从母亲的馈赠中汲取灵感；在创作类型上，她认为诗歌最适合女性写作，这不仅由于诗歌通过潜意识获取力量，而且由于潜意识这个无限的异域空间正是被压迫的女性得以生存的地方。西苏本人在阐述女性书写理论时，就采用了非常诗意的语言，运用了大量的隐喻、双关、文字游戏等等，以不同于男性话语的方式写作。西苏的女性书写富有诗意、具有高度的隐喻性、明确地反理论，是一种反对西方父权文化的理性逻辑、具有女性文本特质的书写风格。而且值得注意的是，西苏所提倡的女性书写是“文本的特质，而非作者的性别”[1]。她在列举法国文学中女性书写的典范时，既提到了像科莱特（Colette）、杜拉斯（Duras）这样的女作家，也谈及热奈（Genet）这样的男作家，说明了男作家也可以创作出富有诗意的女性书写。

对西苏而言，写作是改变女性命运，进入历史的唯一途径，因此她把写作同女性身体相联系，主张女性应从女性力比多汲取营养，用身体表达经验和思想。通过回归身体、感受身体、书写自己的身体，女性可以创造出蕴意丰富的语言，以多元的意义摧毁社会等级和性别隔阂。可以看出，在西苏的女性书写理论中，用诗意的语言抒写女性的身体是反理性和反菲勒斯中心主义的手段，是用女性的身体形成的不同于男性逻辑的“飞翔的姿态”。

另一位法国女性主义思想家伊利格雷也对父权制语言和各再现系统无法再现女人的欲望这一现象进行了深入的分析。伊利格雷认为，在西方文化的再现系统中，女人是被男人排斥的他者，无法得到真实的再现，也不会被赋予主体的地位。在《他者女人的反射镜》（*Speculum of the Other Woman*）（1974年）中，伊利格雷指出，西方形而上学用“同一性”逻辑去诠释女人和世界。[2] 父权制依靠内化的男性形象确立社会关系，根据男性的自我定义去反观女人，把女人建构成男人的他者和对立面。由于依照男人的标准而存在，女人只能映照男人，从而丧失了主体性，沦为父权制中占主导地位的男性的镜像。德里达曾用“菲勒斯-逻各斯中心主义”来说明精神分析话语与西方形而上学传统具有同态性（isomorphism）。[3] 伊利格雷也认为，支撑精神分析话语的正是西方形而上学传统中类似的假定：精神分析学将菲勒斯作为先验的能指，正如西方形而上学以理性和神言作为超验的能指。伊利格雷批判精神分析学的鼻祖弗洛伊德依据单一的男性模式阐释女性特质的做法，认为弗洛伊德根据男性凸显的性器而将女性定义为缺乏是以同一性或与男性主体的认同为基础的。女性被定义为缺乏，是被阉割的男人，其女性特质只能补充男性发展，满足男人的需要，女性因而沦为男人的欲望客体。这种同一性逻辑无法为自身意义上的女人留下生存的空间。

1 刘岩，女性书写，《外国文学》，2012年第6期，第92页。

2 See Luce Irigaray, *Speculum of the Other Woman*, trans. Gillian C. Gill, Ithaca: Cornell University Press, 1985.

3 张玫玫，露丝·伊利格瑞的女性主体性建构之维，《国外文学》，2009年第2期，第13页。

整个西方哲学话语呈现出与男性性征的某种同态性，以至于女性的再现很成问题，因此探究与女性身体和快感同态的新型话语就很必要。伊利格雷一方面将批判的锋芒直指西方哲学的形而上学传统，另一方面积极构建“女人说”（le parler-femme），希望能通过构想女性语言重塑女性的主体性，但是伊利格雷拒绝用描述性的语言去定义“女人说”这种新型话语。她明确表示，“女人说”不主张单一的意义，不偏爱规范的主-谓句法和推理的逻辑结构，不采取等级制组织，因为女人的快感不服从于单个器官，不能遵照同一性原则去界定。再现女性性征的新型话语应具有多样性、流动性和模糊性的特点。伊利格雷曾言：“我从一种普适性的现实开始，即性别差异……这种为二的现实总是一直存在，但是它被呈现为一的强制性逻辑……因此我的做法是用来自现实的一部分的普适性来替代遵循总体性现实的普适性……这促使我重建我们的文化和我们的社会，以便能够同时更真实、更公正、更普适地达成一种文明”。[1]“女人说”的特点是没有中心，难以用理性的逻辑分辨连贯的意义。重复含混、歧义丛生、意义多元、充满隐喻是“女人说”的文体特征。

从根本上讲，法国女性主义思想家所倡导的女性书写旨在解构男权意识形态对女性身体的钳制，从表述女性身体的性欢愉（jouissance）的层面对男性话语进行突围[2]，并为构建女性自身的话语体系做出努力。这种诗意的女性书写的核心是创立一种摆脱父权制文化影响的空间。

身体叙事：本土化的中国私人化写作

20世纪90年代以来，中国文坛出现了以陈染、林白等女作家为代表的私人化写作。所谓私人化写作，主要指90年代以来的一些女作家退守私人空间，以描述女性个体的身体经验为主要内容的创作潮流。陶东风比较全面地总结了“私人化写作”的四个特点：“一、从小说叙述的经验内容上说，私人化写作表达的不是公共经验或群体意识，而是私人经验、私人意识（以及无意识），特别是被社会公共的道德规范与普遍伦理法则抑制、排斥、遮蔽的私人经验，比如同性恋、弑父或恋父情结、恋母情结、自恋情结等等所谓的‘异常经验’、‘阴暗心理’。二、从写作方式上说，私人化写作大多采用了‘新回忆录’或‘新传记式’叙述。无论是陈染的《私人生活》，林白的《一个人的战争》，还是棉棉的《糖》，卫慧的《上海宝贝》，都是以女主人公的经历为叙述的基本框架。三、从作者角色上说，私人化写作的作者是一个小写的‘我’（私人），而不是大写的‘我’（群体、人民或公众代言人），他（她）只是私人经验的表达者与私人欲望的倾诉者，不是大众的生活导师、启蒙领袖、灵魂工程师，也不是社会黑暗的暴露者与批判者。四、从写作动机上说，私人化写作的驱动力是个人心理需要，尤其是无意识与隐秘欲望，与群体无关的私人经验的表达冲动与倾诉欲望。”[3]陈染和林白是女性私人化写作最杰出的代表。陈染曾言，“我只愿意一个人站在角落里，在一个很小的位置上去体会和把握只属于人类个体化的世界。这就是个人化写作或私人写作”。林白在其写作自述《空中的碎片》中声称：“个人化写作是一种真正生命的涌动，是个人的感性与智性、记忆与想象、心灵与身体的飞翔与跳跃，在这种飞翔中真正的、本质的人获得前所未有的解放。”他们的观点说明展示女性身体欲望的身体叙事成为20世纪90年代中国女性写作的独特景观。

陈染的《私人生活》、林白的《一个人的战争》相继以自传体的叙事方式讲述了女性的身体欲望和心灵成长的故事。陈染以独白式的短句搭建起一个自足封闭的私人空间，用回忆倾述式的叙事结构讲述了女性的身体欲望和心灵体验。她

1 Luce Irigaray, *Why Different? A Culture of Two Subjects: Interviews with Luce Irigaray,* Sylvere Lotringer ed. Trans. Camille Collins, New York: Semiotext(e), 2000, pp. 146-147.

2 Ann Rosalind Jones, “Writing the Body: Toward an Understanding of ‘L'Ecriture Feminine’”, *Feminist Studies*, 7.2 (1981), p. 248.

3 详见陶东风，“私人化写作”重识，《福建论坛》，2008年第9期，第92页。

的小说没有对中国社会的现实观照，没有对历史和社会的宏大叙事，而是转向女性个体的生命体验，描述了孤独的女性在封闭幽暗的房间内展示身体、倾听自我的状态。

陈染的写作具有明显的反男权色彩，她的小说中父亲经常是退场或缺席的，体现出明显的恋父或弑父情结。林白的小说则从女性的视角和女性的立场展现女性的身体美，其女主人公多带有一种“自省的凝视”。[1]《致命的飞翔》中的女主人公李莴宣称：“我将以一个女人的目光（我的摄影机也将是一部女性的机器）对着另一个优美而完美的女性，从我手上出现的人体照片一定去尽了男性的欲望，从而散发出来自女性的真正的美。”[2]

身体叙事不仅是女性欲望的真实告白，还应是一种美学品格的表达。它应该令人耳目一新，给读者带来巨大的阅读快感、艺术享受和想象空间。对于女性的性体验，陈染和林白的笔触是唯美的、非写实的。林白《致命的飞翔》也以隐喻的手法描写了女性的身体及欲望：“她感到男人到达了她的上方，她张开她的身体等待得救，她摊开两条胳膊，像一只鸟儿，即将随着一股气流飞上蓝天。”[3]

陈染和林白的创作态度有着鲜明的法国女性书写理论的烙印。陈染曾言：“只有我的身体是我的语言”。这与西苏在《美杜莎的笑声》中所说的“通过写她自己，妇女将回到自己的身体”具有明显的一致性。[4]

对于女性的身体欲望，自古以来无论西方还是中国，都是禁言、讳莫如深的。女性或被固定在唯美、纯洁的位置上被膜拜，或被描述为放荡的红颜祸水加以批判。真实的女性欲望总是被封闭和压抑，成为维护男性秩序最坚固的堡垒。对此西苏曾言：“身体被幽禁、被妥善保存着，完整如初地珍藏于她自己的镜中。”[5]林白在《致命的飞翔》中则说道：“有一些女人就要从镜子里出来了，她们最英勇最活泼，因此最美丽，她们的身体触碰到镜子冰冷的表面，我听见发出了咝咝的声音，这种声音灼伤着她们的皮肤，灼痛着她们的眼睛，但我们最后听到乒的一声，镜子在空中舞蹈着，破碎在地上。”[6]林白延续西苏关于镜子的隐喻，将敢于言说自己身体愉悦的女性描绘为破镜而出，她们尽管可能会遍体鳞伤，但却在用身体讲述女性的真实。这是一种抗拒性的叙事姿态，林白用身体的愉悦去对抗父权制社会对女性的压抑，从创作实践上履行了法国女性书写的主张。因此徐坤的《双调夜行船：90年代的女性写作》一书在论述“女性私语与个性化写作”时认为，林白的《一个人的战争》是“一部完全按照女性主义理论操作的精致女性文本”，“引导和贯穿作品始终的，正是埃莲娜·西苏提出的那种女性书写逻辑：女性躯体的写作——手淫——自慰——自恋——飞翔——文本引起破坏性——重新发现和找回女性自己。”[7]徐坤认为，林白以准自传的记录形式从写作实践的意义上完成了对法国女性书写理论的认同。

然而，如果认为私人化写作是法国女性书写理论在中国的全盘移植则是有失偏颇的。私人化写作不是对法国书写理论亦步亦趋的模仿，它的出现有自己独特的历史文化语境。这就是说，西苏这种女性以她们的身体为媒介消解男性话语，建立女性独有的话语体系的尝试与中国女作家的私人化写作之间有暗合之处，但也有差异之处。暗合之处在于两者都以女性的身体为叙事对象，差异之处则在于私人化写作的诞生有自己的文化语境。对私人经验的表达和再现与20世纪90年代中国市场经济的发展有密切的关系。当时中国正值社会文化、价值观念经历着转型的年代，个体

1 Zheng Yi, "'Personalized Writing' and Its Enthusiastic Critic: Women and Writing of the Chinese 'Post-New Era'", *Tulsa Studies in Women's Literature*, 23.1 (2004), p.51.

2 林白，《林白作品自选集·守望空心岁月》，漓江出版社，1999年，第137-138页。

3 林白，《红艳见闻录》，重庆：重庆出版社，2013年，第34页。

4 关于林白与西苏的对位式阅读，详见杨莉馨，“身体叙事”的历史文化语境与美学特征：林白、埃莱娜·西苏的对读及其它，《中国比较文学》，2002年第1期，第56-68页。

5 张京媛，《当代女性主义文学批评》，北京：北京大学出版社，1992年，第191页。

6 林白，《红艳见闻录》，重庆：重庆出版社，2013年，第28页。

7 徐坤，《双调夜行船：90年代的女性写作》，太原：山西教育出版社，1999年，第75页。

意识开始觉醒。他们告别宏大叙事，躲避崇高，将身体作为存在和感知的基础，与主流话语相疏离。她们的私人化写作旨在用女性的个人经验释放被宏大叙事压抑的个人叙事。她们更加关注的是个人与群体的关系。在她们看来，公共的人是被压抑了个人特性的人，因而她们坚持在主流文学之外的边缘位置上书写真实的个人体验，使个人的感性与智性、记忆与想象、心灵与身体得到前所未有的解放。对此林白在访谈中曾言："对我来说，个人化写作建立在个人体验与个人记忆的基础上……通过个人化的写作，将包括集体叙事视为禁忌的个人性经历从受到压抑的记忆中释放出来，我看到它们来回飞翔，它们的身影在民族、政治的集体话语中显得边缘而陌生，正是这种陌生确立了它的独特性。"[1]

由于过于强调它们表面上看上去十分相似的女性身体叙事，越来越多的中国学者将两者联系起来，并简单地认为法国的女性书写就是身体写作，全然不顾身体写作的隐喻性质。有些人甚至认为女性书写就是女作家以书写身体为目标，于是私人写作又被冠以"身体写作"、"躯体写作"、甚至是"下半身写作"。这尤其是因为私人化写作在受到商业化的冲击后内涵也发生了窄化，它更多地被导向中国语境中个人化的欲望书写。女性书写变成了单纯书写肉体的欲望，身体不是中介，而是目的，已完全没有了西苏女性书写理论中对菲勒斯逻各斯中心主义进行解构的初衷。

畸变：商业模式浸染下的"下半身写作"

在陈染、林白的私人化写作之后，中国文坛出现了对私人化写作的拙劣模仿。如果说陈染和林白的小说对女性隐私心理、女性欲望、性体验的描写仍是唯美的、诗意的，那么"下半身写作"的写手们对女性欲望的书写则是赤裸裸的描述。她们展览女性隐私，以求商业卖点。在这个价值缺席、意义退场的时代，关于女性欲望的话语已然失控。

从卫慧、棉棉[2]这批"美女作家"到九丹的"妓女文学"，从春树的《北京娃娃》的残酷青春宣言到"木子美现象"和竹影青瞳"图文并茂"的大胆出位，这些写手以上海、北京和广东为主要根据地，与市场合谋，借助媒体炒作，极尽描写构成男人欲望对象的年轻、貌美、性感的身体，将身体叙事等同于写身体，将其简化为对欲望和性本能的写作。在她们的文本中，女性人物拒斥情爱欢愉所具有的精神维度，将身体行为偷换为性事活动，身体自由偷换为性事自由，极大满足了消费者的窥私欲望，也鼓胀起文化商人的腰包，为男性欲望话语的狂欢提供了平台。这些写手对私人化写作的拙劣模仿其实是用身体写作的名义掩盖一种实质上的色情文学，因而危害极大。对此穆乃堂认为："当学术界试图为'个人化写作'进行科学的定义时，却又因对创作现象的过度追踪而导致其概念的单向化，其实'女性创作'在由陈染、林白等向卫慧、棉棉等位移时，市场操作使欲望取代身体，纵欲成为身体解放的主要趋势，以前对'个人化写作'所设定的个人感受、价值立场、叙事方式等几个支点，在卫慧、棉棉等人的颓废写作的对照下轰然溃败，'个人化写作'也因对欲望的过度宽容而自掘陷阱，沦入'非写作'的尴尬，这种对'个人化写作'的探讨已走入困境。"[3] 戴锦华认为，女性书写理论在中国发生畸变是因为："一边是急剧推进的现代化、商业化进程，它不仅事实上不断恶化着女性的生存环境，而且使经商业包装而翻新的传统女性规范再度涌流；另一边，男性写作不断丰富着某种阴险莫测、歇斯底里、欲壑难填的女性形象，把其作为一个新的文化停泊地，用以有效地移植自身所承受的创伤体验与社会性焦虑。与此同时，商业化进程所造成的主流社会及话语的裂解与多

---

1 林白，记忆与个人化写作，《林白散文》，杭州：浙江文艺出版社，2001年，第104页。

2 关于卫慧、棉棉的小说如何表现现代都市社会的欲望，参见陈思和，现代都市社会的"欲望"文本：以卫慧和棉棉的创作为例，《小说界》，2000年6月，第165-172页。

3 穆乃堂，90年代以来"个人化写作"研究，《文艺争鸣》，2007年第8期，第69页。

元化，在制造着挤压女性的社会力量的同时，也造就着新的裂隙、诱惑与可能。”[1] 在商业主义泛滥、人文价值失落、功利思想盛行的社会风气下，部分女性写手出于迅速成名和获取商业利润的动机进行自我推销，进而迎合某些消费者的窥私欲望。可以说这些写手所进行的“躯体写作”或“下半身写作”已成为一种文化现象，体现了当代中国物欲横流、利益为先的社会问题。

从法国女性主义的女性书写理论到陈染、林白等人的私人化写作，再到色情文学写手的“下半身写作”，我们看到理论旅行有时不仅会产生积极意义上的重组和改造，也会产生消极意义上的畸变，因此知识分子必须保持清醒的头脑，警惕和阻止文学与消费主义、商业投机同流合污的可能，为改善中国的文化环境做出不懈的努力。

（作者单位：上海交通大学外国语学院）

1 转引自杨莉馨，《异域性与本土化：女性主义诗学在中国的流变与影响》，北京：北京大学出版社，2005年，第238页。

丑非不美：卡森·麦卡勒斯与莫言短篇小说中的审丑比较[1]

孙丹萍

© 2017 比较文学与跨文化研究（1），108–114页

内容提要：本文着重以麦卡勒斯和莫言的短篇小说为例比较分析二者在人物塑造、主题呈现、创作美学等几个方面体现出的审丑倾向之相同点，试图在主题和美学研究范畴对麦卡勒斯与莫言的比较研究进行扩展，并进一步明晰审丑这一美学概念在现代时期的中美文学创作中各自具备的内涵及意义。本文认为，麦卡勒斯和莫言的创作都表明了丑非不美，即丑≠不美，丑≠不+美：丑与美一样，也可以同真、同善；丑的本质并非美的矛盾对立面，丑有其本身存在的价值和意义，"以丑为美"、"化丑为美"在根本上仍是否定丑的存在。

关键词：卡森·麦卡勒斯 莫言 审丑《伤心咖啡馆之歌》《民间音乐》

美国南方女作家卡森·麦卡勒斯（Carson McCullers, 1917-1967）才情卓著，在学界享有"神童"的美誉，"她在20世纪四十年代便完成了她一生中几乎所有的重要作品，"[2]然而早年成名的麦卡勒斯直到去世，其作品才首次被译介到中国，"2005年，中国掀起了一阵'麦卡勒斯'热"，[3]也正是在2005年以后，国内才开始出现对中国作家与麦卡勒的创作比较文章，学界对麦卡勒斯的研究才开始由外国文学领域拓展到了比较文学领域。

一、麦卡勒斯与莫言比较研究综述

截至到目前，国内对麦卡勒斯作品的比较研究主要涉及三位中国作家：张爱玲、苏童和莫言，其中与莫言的比较开始的最晚，主要集中在他获得诺贝尔文学奖之后。对二者的比较研究也主要侧重于对莫言的创作风格和创作历程进行分析探讨，麦卡勒斯则是作为莫言早期创作的模仿对象与之形成参照。

王育松在2014年首次将莫言的短篇小说《民间音乐》与《透明的红萝卜》与麦卡勒斯的短篇小说《伤心咖啡馆之歌》进行了平行比较，探讨二者的相似性和关联性。该文在文本细读中列举并论证多处《民间音乐》及《透明的红萝卜》与《伤心咖啡馆之歌》在情节、人物和描写中的相似之处，认为莫言早期的这两部作品受到《伤心咖啡馆之歌》影响很大，并在创作中体现出一定程度的模仿。作者最后还提出两位作家的几部作品虽然情节相似，但构思并不相同，"如果说莫言这里对麦卡勒斯的借鉴达到了'青出于蓝而胜于蓝'的境界，应当不是过誉之词。"[4]显然，作者比较的目的是为了用麦卡勒斯来烘托莫言对其作品的超越。

最近出现的一篇对麦卡勒斯与莫言的比较文章也是所有比较文章中级别最高的一篇，发表在2016年第二期的《文艺争鸣》上。该文作者张艺田将比较范围缩小到《民间音乐》与《伤心咖啡馆之歌》两部作品之中，从女主人公形象的沿袭及过程中的超越和缺失、外来者的"闯入"、"窥

1 本文为广东外语外贸大学项目"卡森·麦卡勒斯作品在中国的比较研究"的阶段性成果。
2 林斌，卡森·麦卡勒斯20世纪四十年代小说研究述评，《外国文学研究》，2005年第2期，第158页。
3 张莉莉，卡森·麦卡勒斯小说在中国，《牡丹江大学学报》，2008年第7期，第9页。
4 王育松，莫言与麦卡勒斯——以小说《民间音乐》、《透明的红萝卜》和《伤心咖啡馆之歌》为中心，《世界文学评论》2014年第2期，第76页。

视者”的群像与多重主题的呈现等方面论述莫言对麦卡勒斯的模仿与超越，并在文章第三部分对莫言在早期创作中模仿与写作技法的不成熟性进行了分析。文章最后，作者认为“莫言在《民间音乐》中所做的模仿，总体上讲是比较成功的。尤其是与同时期的作品相比，《民间音乐》虽脱胎于其他作者的文本，但始终‘和而不同’，营造了独有的特色和超越点。”[1] 在肯定莫言的模仿不乏对《伤心咖啡馆之歌》的超越性的同时，作者同样指出“也要认识到《民间音乐》中暴露的莫言初期创作的稚嫩，尤其是模仿技巧的拙劣和生搬硬套这一点犹以写作手法方面为最。”[2]可见，该文的目的与第一篇文章相同，都是对莫言的早期创作特点进行研究与总结。

二、麦卡勒斯与莫言的审丑主题

虽然以上两篇文章的作者都将研究的落脚点置于莫言的创作，但其分析过程同样可以证明这样一个事实：麦卡勒斯与莫言的两部短篇小说在很多方面具有相似甚至相同之处，具有高度的可比性。本文试图在此研究基础上，将比较的侧重点略作转移，研究范围虽仍聚焦在麦卡勒斯的短篇小说《伤心咖啡馆之歌》和莫言早期的短篇小说《民间音乐》两部作品上，但比较研究的对象则不会仅仅停留在二者写作技巧的模仿与被模仿关系，而是对作品本身进行审丑这一共同主题的平行观照，以期在主题和美学研究范畴对麦卡勒斯与莫言的比较研究领域进行扩展，并进一步明晰审丑这一美学概念在现代中美文学创作中各自具备的内涵及意义。

畸形怪异的人物形象、肮脏压抑的生活环境、扭曲变态的故事情节、露骨夸张的语言描写等等堪称“丑陋”的现象在麦卡勒斯与莫言的作品中并不少见，《伤心咖啡馆之歌》和《民间音乐》两部作品同样如此。正如美学家阿多诺所言，“艺术中没有原本就是丑的东西。举凡丑的东西，在某一特定的作品里有其自身的职能。另外，举凡丑的东西，一旦艺术摆脱了烹饪享乐主义的态度，便可扬弃自身丑的品性。”[3] 本文就将着力发掘二位作家短篇小说中丑的“职能”，以期实现对二者的艺术创作进行审丑所具有的双重意义：“从主体的方面来讲，所谓审丑，是指个体对丑的判断、品评、鉴赏、批判、宽容、改造等各种能力的总和。从客体方面来讲，审丑是指把握丑的本质及其形态在社会历史中的演变，其中包括作为客观对象的审丑活动本身。”[4] 作为有意识的主体，我们该如何看待丑？丑作为客观存在的现实，又有什么样的“品性”？本文观点认为，麦卡勒斯与莫言的作品体现出这样的审丑观，即丑非不美：丑≠不美，丑≠不+美。丑与美一样，也可以同真、同善；丑的本质并非美的矛盾对立面，丑有其本身存在的价值和意义，“以丑为美”、“化丑为美”在根本上仍是否定丑的存在。下文就将分别从人物塑造、主题呈现、创作美学观点等三个方面来比较分析二者的这种审丑观。

三、人物塑造之“丑”：丑可同真

西方哲学传统总是将真善美合体讨论，一如诗人济慈的名句“美就是真，真就是美”。然而，丑又何尝与真无关？栾栋在论述丑学的体性时便观察到审丑文化的“他在”价值：“‘他在’是文化的‘夹层’，是生活的裂隙，是山川的残迹，是时空的错位。其真切让人悚然，其实在也让人放心。”[5] 丑，不同于美，恰恰可以观照并反映出游离于主流文化之外的“他在”之客观性：多元存在且复杂多变。《伤心咖啡馆之歌》与《民间音乐》这两部作品中人物形象的塑造之丑便充分体现了丑的存在即本真。

1.丑外现了存在的多样性。无论是宇宙星辰、江河湖海，抑或是芸芸众生、凡尘人间，有对称

1 张艺田，《民间音乐》与《伤心咖啡馆之歌》之比较，《文艺争鸣》，2016年第2期，第143页。
2 同上，第143页。
3 阿多诺，《美学理论》，王柯平译，成都：四川人民出版社，1998年，第84页。
4 栾栋，《感性学发微》，北京：商务印书馆，1999年，第27页。
5 栾栋，丑学的体性，《华中师范大学学报》，2003年第3期，第66页。

就会有失衡，有完整就会有残缺，有美就会有丑，样态各异才成就了存在的真实。艺术作品如试图反映现实生活，对客观存在的一切都不应回避也不能无视。麦卡勒斯与莫言都正视存在的客观性，并对传统观念中与美好形象形成对比的“丑”的存在不吝笔墨地书写与刻画。《伤心咖啡馆之歌》中，男主人公李蒙表哥就是一个身材畸形、外形丑陋的弱势群体代表：

> 那人是个驼子，顶多不过四英尺高，穿着一件只盖到膝头的破旧褴褛的外衣。他那双细细的罗圈腿似乎都难以支撑住他的大鸡胸和肩膀后面那只大驼峰。他脑袋也特别大，上面是一双深陷的蓝眼睛和一张薄薄的小嘴。他的脸既松软又显得很粗鲁——此刻，他那张苍白的脸由于扑满了尘土变得黄蜡蜡的，眼底下有浅紫色的阴影。[1]

罗锅的形象虽然不是第一次在文学史中以主人公的身份出现（如《巴黎圣母院》中的卡西莫多），但李蒙表哥的丑却非脸谱化地单纯作为美的参照物而存在，而是性格鲜明、层次丰富、复杂多变。从初到小镇乞讨般的紧张拘谨、可怜兮兮，到得到爱密利亚的爱后“大有本店大老板的傲慢神气”[2]；从咖啡馆绝对的舆论中心：“咖啡馆之所以生意兴隆，还全亏小罗锅。只要他在场，气氛就活跃了”[3]，到初见马文·马西后的谄媚奉承：“罗锅在对马文·马西笑呢，那副恳求的表情简直到了摇尾乞怜的地步。”[4]可见，李蒙表哥的形象并不是一成不变的残缺之躯来映衬他人，相反，他的性格矛盾复杂到让人往往忽略了他身体上的特殊之处。这个被俊美壮硕的马文·马西称为“断脊梁的东西”的罗锅却得到了马西浪子回头都无法换来的爱密利亚的爱；如果说咖啡馆是小镇的活动中心，李蒙无疑是咖啡馆当之无愧的核心人物，“因为有这位爱管闲事的家伙在场，你可说不准什么命运会落到你头上来，也说不准房间里会突然出什么事”[5]。显然，无论是对于爱密利亚还是咖啡馆的常客们来讲，罗锅李蒙都是一个独特到无法忽略的存在。即便是无比厌恶他的马文·马西也做不到完全无视他的存在，甚至还是要在决斗的关键时刻仰仗罗锅的协助最终打败爱密利亚为自己复仇。“丑”得独特而复杂的李蒙正是20世纪上半叶美国南方小镇底层人群的常态模拟，也是在传统主流审美叙事和宏大叙事中最容易被忽略或简单化处理的人物典型。

2.丑证明了存在的复杂性。存在的客观性或曰“真”，除了体现在其形态的多样性，还离不开形态之视觉效果与内在之价值功能两方面相悖离的复杂性。动植物可以通过拟态混淆视觉效果与真实存在，人类对世界的认识也同样易于被视觉蒙蔽和欺骗。外形的丑在视觉上带来的不悦或恐惧很容易被用来等同于文化内涵或道德价值的丑，反之亦然。外观上的丑与文化内涵的丑之间的错位于是证明了存在的复杂性。以莫言在小说《民间音乐》中塑造的残疾人形象——小瞎子为例，他的出场令人一度误认为“像个驴驹子”[6]；无家可归的窘境更是让人嫌弃，“他浑身上下横披竖挂着好些布袋，那些布袋有细长的、有扁平的、有一头大一头小的，全不知道里边装着一些什么玩意。他手里持着一根长长的竹竿，背上还背着一个小铺盖卷。”[7]难怪他提出求宿的要求时被众人一股脑地连番拒绝。只有女主人公花茉莉肯收留他。孔子有云，“非爱其形也，爱使其形者也”，吸引花茉莉的显然并非小瞎子的相貌，“像花茉莉这样一个心高性傲的女人，一般的男子都被她瞧不起，难以设想一个猥琐的小瞎子竟会在短短的时间里唤起她心中的温情”[8]。自从在镇上大展民

1 麦卡勒斯，《伤心咖啡馆之歌》，李文俊译，上海：上海三联书店，2015年，第6页。
2 同上，第18页。
3 同上，第43页。
4 同上，第54页。
5 同上，第43页。
6 莫言，《白狗秋千架》，上海：上海文艺出版社，2009年，第114页。
7 同上，第115页。
8 同上，第119页。

乐奇才之后，“小瞎子已经成了马桑镇上一个神秘莫测、高不可攀的人物，人们欣赏畸形与缺陷的邪恶感情已经不知不觉地被净化了。”[1]小瞎子貌虽丑陋残缺，但天赋异禀、多才多艺，他的表演招徕小镇方圆百里的人们纷纷前来，使花茉莉的酒馆成为“马桑镇商业中心”的中心。当花茉莉提出以身相许嫁给小瞎子时，他却“呜呜咽咽地哭起来”[2]，直言自己配不上花大姐，并最终离开了马桑镇，离开了收留他、善待他、热爱他的花大姐。在这篇小说中，小瞎子的形象充满了内与外、丑与美的对抗和反转的张力，身体残疾和肮脏邋遢的外表掩饰了他才华横溢的本领，寄人篱下和形单影只的境遇却仍未磨灭他生存的尊严。小瞎子复杂矛盾的存在恰恰是客观的常态，美与丑并非绝对，小瞎子的内在美虽然可以让花茉莉“情人眼里出西施”，但却无法改变他外表丑陋的客观现实；反之，有缺陷的身体也并不能阻止他拥有过人的才华和自尊自爱的道德情操。视觉的、外在的丑并不能等同于道德的、内在的丑，反之亦然。丑的客观性存在是不会因为主观意志而转移的，生活的真实并不会因为爱情的浪漫而妥协，小瞎子对花茉莉的拒绝便很好地证明了这一点。

四、主题呈现方式之“丑”：丑可同善

丑非不美，丑除了可以同真，还可同善。丑与真的同理主要是通过正视“他在”的客观性得以实现，而丑对善的弘扬则多为辩证反思的结果与影响。本文所论述的善主要体现在社会的进步与人文精神的自由两个层面，《伤心咖啡馆之歌》与《民间音乐》对丑的描写都呈现了以上主题。

1.丑凭借否定的积极意义推动社会的进步。除旧方可迎新，对落后的、丑陋的社会现状进行描摹与揭露是深具社会意义的：“艺术不只与美相连，而且在现代与丑的联系更加密切；而这种丑艺术是对整个以资本运营和极权巩固为目的的社会的抗议和批判；丑艺术把人类的自我膨胀的贪婪欲加以实现，使人产生一种恐惧——以此使人类变得清醒，这是丑艺术对于异化人类的外在社会的否定学意义之所在。”[3]《伤心咖啡馆之歌》与《民间音乐》的故事背景都设置在大规模工业化建设初具雏形的小镇，作为远近一带商业中心的咖啡馆和小酒馆都仿似人生的舞台，舞台的强光之下形形色色的众生悉数登场，人性的贪婪与丑恶更是一览无余。咖啡馆里的罗锅李蒙倚仗爱密利亚对他的爱肆无忌惮地挥霍无度，“他可以随便从现金柜里取钱，大把大把地拿，对于钱币在他口袋里发出的清脆的叮当声，他是很欣赏的。爱密利亚的一切产业也等于是他的，因为只要他一不高兴，爱密利亚小姐就慌了神，到处去找礼物来送给他，以致到现在，手边已经没剩下什么可以给他的东西了。”[4]爱密利亚也并非无辜的受害者，她虽然精明能干、坚强独立，但面对爱情时却要么冷酷无情，要么丧失自我。对予取予求的李蒙的放纵更是她自己对爱情无止境占有欲的表现；而面对浪子马西真挚而热烈的爱时，她虽明明毫无好感却仍然同意与他结婚，婚后更是以冷暴力对待马西，甚至将他改邪归正来之不易的部分财产堂而皇之地占为己有。可见，爱密利亚的物欲与对感情的索取都是贪婪的，也正是这种贪婪导致了她最终的孤独落魄。

《民间音乐》也对狡猾贪婪的人性有深刻地揭露。小瞎子初到马桑镇的晚上向同在河边纳凉的五个“镇上的风云人物”请求留宿，“五个人谁也没有吭气。他们先是用目光把小瞎子上上下下打量一遍，然后又彼此把目光投射到其他四个轮廓不清的脸上。”[5]除了花茉莉，其他四个人都忙不迭地编了各种借口推脱，得知花茉莉愿意帮忙后，“三个人竟不约而同地舒出了一口如释重负的长气。”[6]同样的这一群人在看到多才多艺的小瞎子

1 同上，第123页。
2 同上，第129页。
3 王洪岳，审丑与否定：现代派文艺的感性学探微，《山东社会科学》，2001年第2期，第78页。
4 麦卡勒斯，《伤心咖啡馆之歌》，李文俊译，上海：上海三联书店，2015年，第40页。
5 莫言，《白狗秋千架》，上海：上海文艺出版社，2009年，第115页。
6 同上，第116页。

帮助花茉莉把生意打点得红红火火时，起初犹避不及的态度发生了一百八十度大转弯，竟纷纷眼红地提出让小瞎子在四家轮流坐庄的建议。在遭到花茉莉的一番抢白后，几个人不惜指责花茉莉“留他常住家中有伤风化”，“让小瞎子为你赚钱却分文不给他，这明明就是剥削，法律不允许。”[1]趋利忘义、不择手段、倚强凌弱的丑恶人性在众人身上暴露无遗。

可见，二文中对人性丑和恶的刻画与揭露同样揭示了整个社会在高速发展的同时对人的异化，使人们无法不直视自己心灵的阴暗，用丑给人以震撼和冲击，唤起人们的批判精神和改变现实的勇气，从而推动社会的进步。

2. 丑需要的包容与接纳体现了人文精神的成熟与自由。鲍桑葵说“随着丑的增值，人们的心灵是更加坚强了，自我是更加丰满了，即令我们被我们自己制造的丑包围起来，我们也有了更大的和更敏锐的美感。”[2] 对丑的接纳与欣赏不仅可以令个人变得更加坚强、更懂审美，对于整个社会来说也同样具有深远意义，“能否审丑不仅是一个哲学智慧问题，也是一个民族或一个时代是否成熟的标志之一。”[3] 对丑的包容和正视无论于个人还是对社会，都是进步而积极的，是一种正能量，当然也是一种“善”。

《伤心咖啡馆之歌》中的李蒙表哥是丑的，他不但外表怪异，性格也很乖张，“是个挑拨离间的能手”[4]，此为不仁；面对收留并照料他的爱密利亚他贪婪放肆，面对爱密利亚的前夫即死敌马西时，他毫无原则地讨好奉承，此为不义；在爱密利亚和马西决斗的关键时刻，他背叛了爱密利亚，还协同马西破坏了爱密利亚的财产甚至是爱密利亚的后半生，此为不忠。然而，如此丑陋的人物却并未妨碍爱密利亚爱上他。当然，女主人公爱密利亚小姐也并非传统意义上的“南方淑女”，“她是个黑黑的高大女人，骨骼和肌肉长得都像个男人。她头发剪得很短，平平地往后梳，那张太阳晒黑的脸上有一种严峻、粗犷的神情。即使如此，她还能算一个好看的女子，倘若不是她稍稍有点斜眼的话。”[5]她的不寻常的“美”也同样俘获了英俊的马西，甚至令他一度浪子回头。可见，无论是对于爱密利亚还是马西来说，丑都不是爱的绊脚石，虽然他们对丑的爱最终并未可得，但正如作者感慨的那样，“这个恋爱者可以是男人、女人、儿童，总之，可以是世界上任何一个人。……任何一次恋爱的价值与质量纯粹取决于恋爱者本身。”[6]爱情作为人类永恒的主题，是人灵魂最深处对自由和美好的向往与追求，爱情面前，无论美丑，这也正是爱情最美丽最可爱的地方。

与之相反，《民间音乐》中女主人公花茉莉对小瞎子的爱却并非人类精神的终极自由，更多地是私欲的占有。花茉莉的前夫“无论各方面都要优越的、面目清秀、年轻有为、在县政府当副科长”[7]，而花茉莉提出离婚的唯一理由是因为“副科长像爱妃子一样爱着她”[8]。可这样的花茉莉却被其貌不扬的小瞎子“触动了灵魂”[9]，显然，花茉莉看重的并非世俗意义上的“般配”或“优秀”，把她看作私有物一般地赏赐性的宠爱是她无法容忍的。然而，在面对小瞎子时，花茉莉却用自己无法接受的方式爱恋对方，把他当作“挂在八月枝头上一颗成熟的果子，她随时都可以把它摘下来一口吞掉。……现在最重要的任务就是要保护这颗果子，以免落入他人之手。”[10] 把小瞎子当作私有财产一般的爱护和占有欲毫无意外地吓跑了小瞎子。可见，花茉莉起初所追求的平等之爱并未在小瞎子身上得以实现，她对小瞎子的爱

1 同上，第128页。
2 鲍桑葵，《美学史》，彭盛译，北京：当代世界出版社，2008年，第302页。
3 栾栋，《感性学发微》，北京：商务印书馆，1999年，第78页。
4 麦卡勒斯，《伤心咖啡馆之歌》，李文俊译，上海：上海三联书店，2015年，第43页。
5 同上，第3页。
6 同上，第28页。
7 莫言，《白狗秋千架》，上海：上海文艺出版社，2009年，第117页。
8 同上，第117页。
9 同上，第117页。
10 同上，第125页。

在根本上并非真正的接纳与包容，而同她前夫所给予她的爱在本质上是相同的，是带有优越感的占有，是“爱妃子一样的宠爱”。

无论是否能真正做到对丑的悦纳，丑的客观存在是无法回避的现实，真正积极进步的态度是正视并接纳、包容同美一样客观存在的丑。很好的认识丑、勇敢地表现丑，展现的是人们不断成熟的智慧、勇气与力量，并最终帮助人文精神不断走向更加自由的境界。

五、创作美学之“丑”：丑即丑，非不美

上文通过比较分析两篇小说中人物塑造的丑和主题呈现的丑论证了丑非不美两个不等式中的第一个，即丑≠不美，亦即丑与美一样，可同真、同善。而丑非不美的第二个不等式——丑≠不+美，所要论证的则是丑并非为了美而存在，丑的价值和意义也并不仅仅是美的对立物，“以丑为美”、“化丑为美”都是在根本上对丑的否定。丑即丑，非不美，丑是独立存在且始终存在的。诚如李斯托威尔所言，“我们不能同意这些人的意见，他们认为丑的唯一功能是作为美的陪衬。丑的那种通过对比而增强了美的光辉的能力，的确是艺术家最重要而又惯常的用法；但是，此外，丑的存在的理由，还由于它有基于本身的优点，那便是表现人格的阴暗面。”[1] 当然，通过上文的分析我们可以发现，丑本身的优点绝不仅仅是“表现人格的阴暗面”，艺术家们选择对丑进行描摹刻画还有更多深刻的原因。

刘东是国内较早系统研究丑学的学者，他在《西方的丑学》一书中也观察到，“丑在近代感性中却具有不同的意义。它越来越清楚地表明，自己并非是美的一种陪衬，因而同样可以独立地吸引艺术家的注意力。”[2]牛宏宝进一步解读了丑吸引艺术家注意力的美学机要，“随着西方近代社会的到来，丑的因素就紧敲着美学的大门，审美中的不和谐的、反合目的性的、非理性的因素，在审美活动中的作用和地位变得越来越强烈和重要，这样，丑就突破了其作为陪衬和发动机的地位，变成了独立的美感经验形态。”[3]

两位美学家都不约而同的强调了近代与丑的紧密关系，一如张中锋总结到的那样，“丑产生于近代的观点已基本上为大家所认可。近代伴随着主体理性的崛起，感性的非理性领域也在扩大。人在感觉自由的快乐同时，自我承担责任的压力和对未来前途命运莫测的恐惧，也带来了主体的孤独感。”[4]近代的经济政治环境、科学技术手段、历史文化背景和思想发展趋势都为审丑提供了土壤，也为时刻关注现实、通过创作反映现实的艺术家们提供了审丑创作的灵感源泉。而“主体的孤独感”作为丑的表征之一也成为众多作家的创作主题，麦卡勒斯就曾在1949年的一篇散文中观察到，“孤独是美国人的一种病。”[5] 在《伤心咖啡馆之歌》中，麦卡勒斯曾这样探讨爱情的孤独特质，“每一个恋爱的人都多少知道这一点。他在灵魂深处感到他的爱恋是一种很孤独的感情。他逐渐体会到一种新的、陌生的孤寂，正是这种发现使他痛苦。”[6] 爱情在文学作品中通常都是以成双成对、你侬我侬的美好团圆的形象出现，而麦卡勒斯却聚焦于爱情的孤独、失败和想得却不可得的无奈，“这会促使读者思考原因、打破心中固有的才子佳人爱情模式并去发现现实生活中的荒谬之处。这种无功利的心理距离，实现了丑从实用性向审美性、从功利性向无功利性的转化，增加了丑的艺术魅力。”[7] 同《伤心咖啡馆之歌》一样，她的其他作品中出现的林林总总畸形病态的人物、颓废荒凉的小镇、暴力怪异的行为等等所谓的“丑”无一不是“[麦卡勒斯]用巧妙的坦诚

1 李斯托威尔，《近代美学史评述》，蒋孔阳译，上海：上海译文出版社，1980年，第234页。
2 刘东，《西方的丑学》，北京：北京大学出版社，2007年，第121页。
3 牛宏宝，《美学概论》，北京：北京大学出版社，1996年，第139页。
4 张中锋，近30年来国内美学界审丑理论研究的新突破，《江西社会科学》，2009年第7期，第64页。
5 Carson McCullers, *The Mortgaged Heart*, London: Penguin Books Ltd, 2008, p. 265.
6 麦卡勒斯，《伤心咖啡馆之歌》，李文俊译，上海：上海三联书店，2015，第27页。
7 张慧仁，《伤心咖啡馆之歌》的审丑探析，《北京航空航天大学学报》，2016年第2期，第94页。

的手法，让我们最最怪异的欲望和不间断的幻想也享有绝对的美学尊严。”[1]

中国作家莫言的作品也被认为是“发起和推动了中国当代文学由审美（狭义的和谐优美）向审丑、审荒诞、审恐怖、审恶心等美学范畴或审美类型演变的文学浪潮”，[2] 然而同麦卡勒斯不同的是，他早期的作品并不被看作是这种审丑美学的代表，“莫言如果沿着这样的路子走下去，他也就是一个二三流的作家。”[3]王文之所以这样论断，是以《民间音乐》为例分析出“瞎子美妙的音乐洞开和消散了古镇人们不乏邪恶的心胸，美和爱情超越了世俗的偏见，音乐给人带来了深刻的启迪与情感的变化，一切都是那么朦胧美好，即使现实中还有很多匪夷所思的不足和邪恶。”[4] 本文并不认同作者此处的观点。如上文所述，《民间音乐》中所描绘的爱情远非“超越了世俗的偏见”般的“朦胧美好”，花茉莉对小瞎子的占有欲更多过于平等自由之爱，小瞎子深知花茉莉的感情实质，更不堪世俗的偏见和自尊的驱使选择了逃离。二人的爱情虽有音乐的感召和抚慰曾经短暂地存在，但自始至终仍掺杂着人性的自私、贪婪、自卑和懦弱，同样是“丑”的表现。王文中也提到，《民间音乐》中不乏对古镇人们很多邪恶心性的揭露和描写，这也是莫言审丑创作的有力证明。虽然《民间音乐》在语言和意象等方面对丑的描写与刻画程度不及其后期的作品如《蛙》、《红高粱》、《酒国》、《天堂蒜薹之歌》等，但其审丑的创作意识和美学观点则是一脉相承的，都体现了莫言的独特风格和写作视角。《民间音乐》这部作品同样可以证明“莫言以其卓越的叙事才能、高超的艺术家眼光、颇具道德甚至宗教般的信念，不但为中国当代文学贡献了丰富而独特的小说艺术，而且为中国当代美学贡献了值得我们深入挖掘、总结和研究的审美类型或范畴。”[5]

综上所述，麦卡勒斯与莫言的两部短篇小说在人物塑造、主题呈现和创作美学等三个方面都证明了丑在艺术创作中的重要地位和作用：丑非不美，丑可同真，丑可同善；丑非不美，丑不是美的反面存在，丑具有自身存在的价值和意义。正如李斯托威尔描述的那样，“在艺术和自然中感知到丑，所引起的是一种不安甚至痛苦的感情。这种感情，立即和我们所能够得到的满足混合在一起，形成一种混合的感情，一种带苦味的愉快，一种肯定染上了痛苦色彩的快乐。”[6] 丑能带给我们的快乐是美所无法给予的，正视并悦纳这种染上痛苦色彩的快乐才能体会人生的真谛。

（作者单位：广东外语外贸大学）

1 Harold Bloom, *Carson McCullers*, New York: Chelsea House Publishers, 1986, p. 5.
2 王洪岳，莫言及其获诺奖的悖论，《红岩》，2012年第3期，第31页。
3 王洪岳，文学家莫言对当代中国美学的拓展与启示，《贵州师范大学学报》，2015年第1期，第37页。
4 同上，第37页。
5 同上，第46页。
6 李斯托威尔，《近代美学史评述》，蒋孔阳译，上海：上海译文出版社，1980年，第233页。

翻译活动与文化自觉

朱振武

© 2017 比较文学与跨文化研究（1），115–119 页

内容提要：中国文化典籍不仅承载着中国的思想、文化，更承载着中国的文艺、美学、价值观和世界观。因此，文化典籍的翻译在内容和形式上重视源语文本是第一要务。这些年来，我们在文化外译时尽量考虑目标语读者的接受习惯和思维方式，却较少注意到我们翻译活动的重心早已出了问题，很大程度上已经失去了自我，失去了文化自觉。文学走出去，译什么和怎么译要同时考量才行，而绝不是一味地仰人鼻息，绝不是一味地唯人马首是瞻。没有创新、没有自己、步人后尘、机械模仿西人外人的作品推出去也不会有什么市场。赵彦春教授近年来一系列的中国文化典籍的英译活动就恰到好处地解决了这些问题。他极为忠实地、原汁原味地把中国经典“直译”成英文的做法体现出的强烈的文化自信和文化自觉正是我们当下所需和所缺的东西。

关键词：中国文化走出去 外译 文化自觉 文化自信 赵彦春

这些年来，特别是改革开放以来的三十多年时间里，我们的翻译事业有了长足的进步，不论是译介活动、翻译研究还是翻译教学，成绩都相当显著。但我们也同时发现这样的情况，那就是我们一味地外译中，却殊少中译外；一心做国外学者的翻译研究和教学，却较少对国内翻译名家的翻译实践做学理上的梳理和诠解；一心研究如何重视国外特别是西方的文学文化，如何在译进时要忠实外来文本，如何在译出时要尽量考虑目标语读者的接受习惯和思维方式，却较少注意到我们翻译活动的重心早已出了问题，很大程度上已经失去了自我，失去了文化自觉。而这一现象在我们外译活动中的表现尤甚。因此看到天津外国语大学赵彦春教授近年来一系列的翻译活动，特别是他极为忠实地、原汁原味地把中国经典“直译”成英文的做法，我感慨颇多。

中国的文化典籍不仅承载着中国的思想、文化，更承载着中国的文艺、美学、价值观和世界观。文化典籍的翻译要忠实于传递原文的文本信息，还要尽可能地再现原文本的诗学特征和美学传统。形式和内容的双重忠实才说得上是好的译本。短小精悍、朗朗上口的《三字经》是中华民族珍贵的文化遗产，与《百家姓》、《千字文》并称为三大国学启蒙读物。《三字经》每行三个字，每一首四行，而且是韵体，翻译的时候在内容和形式上完全与之对应当然比较困难，这也是《三字经》几百年的译介历程中的最大问题。我们现在看到的赵译《英韵三字经》做到了这一点，这是毋庸置疑的。实际上早在明朝万历年间，利玛窦就翻译过《三字经》，后来俄国人、英美人、法国人相继逐译。这些译者大都把《三字经》的题目译作“每行三个词的经典（书）”，但并没有哪个译者严守这个“每行三个词”规则去翻，导致书名和内容严重脱节。另外，西方传教士和外交家译的只是一种口水话式的解释，在内容和形式上都远离了原文，在深层的忠实上则差得更远，并没有像赵译本这样简明扼要，保留原作的神韵、气质和风貌。至于一百多年前翟里斯的译本则更是以解释说明为主，基本上不能叫翻译。

赵彦春还翻译了《千字文》和《弟子规》等多种中国传统文化经典，《增贤广益》、《道德经》等经典古代文化英译作品相继与大家见面。他翻译的三曹的诗歌等也即将付梓。《千字文》翻译的难度首先在于要用一千字英文常用字来逐译，语

义要通，语法要通，句式要通，但还不能有一个字的重复，要做到多方面的对等，其难度可想而知。但赵彦春竟然都做到了。我们无暇把赵彦春翻译国学经典的要义和体会都叙说一遍，但这的确让我们对文化走进与走出的诸种现象进行反思。

回想一下几乎全体国人包括高层媒体等对大不列颠（Great Britain）、美利坚（America）、近东（Near East）、中东（Middle East）、远东（Far East）和圣诞节（Christmas）等许多源自西方语汇或奴性翻译词汇的泰然接受，想一想我们跟着欧洲人把我们西边的地方叫近东和中东，甚至跟着人家把我们自己叫远东，我们就会觉得我们在翻译和接受这些语汇的时候似乎太多欧洲中心论，太多跟着西人的话语走，太缺少权衡和批判意识，太缺少了民族立场和文化自觉。其实，我们都知道，从地理上说那个地方叫西亚，我们的古人则十分准确地把中土西边的地方都叫西域。他们至少还没弄错方向。

这样以西方为立足点进行的翻译还有很多，不仅仅是词语的翻译，还包括翻译活动和翻译理论。不少译者抱着欧洲文化中心论的思想，对自己的文化缺乏自知之明和信心，对本国的文化有自卑心理，甚至羞于将自己国家的文学文化作品译出，羞于将本国文化介绍出去。这与我们一百多年前梁启超等先辈们比起来可就差得很远。

梁启超等众多现代文化的先行者和翻译家们在彼时都有着强烈的文化自觉和翻译自觉。1898年，梁启超在《印译政治小说序》中说："特采外国名儒撰述，而有关于中国时局者，次第译之"。[1]随着国情的变化，以梁启超为代表的知识分子们愈加认识到了文学文化翻译的积极意义。1902年11月，《新小说》杂志在日本横滨创刊。梁启超在所刊的《论小说与群治之关系》中，提出了"欲改良群治，必自小说界革命始，欲新民，必自新小说始"的口号，这是"小说界革命"的开始。梁启超强调了小说对于社会改革和社会进步的积极作用，把经世致用的思想演绎到了极致。译家们已经绝不满足于将一种语言的文学转换成另一种语言的文学，正如王晓平在《近代中日文学交流史稿》中所说，"他们要做生活的评判家、读者的引路人、原作的改造者"。[2]他们对原作的选择、逐译中的增、删、改等各个方面都表现出明显的为当时社会改良服务的思想。当时的翻译观中，"豪杰译"可以算是个代表。"豪杰译"是指"对原作的各个层面做随意改动，如删节、替换、改写、增减及译者的随意发挥"[3]。鲁迅说这是"削鼻挖眼"似的翻译，有人称之为"滥译"，则多少有失公允。梁启超一般被看作是中国"豪杰译"的始作俑者。作为政治活动家和社会改良家，梁启超从事小说翻译的目的极为明确，就是维新救国和开通民智，因此，只要能达到目的，他会对原文做"伤筋动骨"的"大手术"。其实，林纾、苏曼殊、周桂笙、吴檮、陈景韩、包天笑、甚至鲁迅的早期翻译，都是或一定程度上是"豪杰译"的产物。应该说，"豪杰译"是特殊时代的特殊产物。五四运动以后，知识分子们秉承了晚清以来经世致用的传统，西学中用，更积极地译介西方文学作品，以达到对传统文学和传统思维方式进行改造的目的。鲁迅、瞿秋白、矛盾、巴金、郭沫若等就都是从"感时忧国"改造社会的目的出发而从事文学翻译的。但这些先辈们从事翻译活动的共同特点是立足于自己的民族利益，他们都有着强烈的文化自觉，而这种自觉正是我们当下的翻译活动中所严重缺失的。这也是我们应该极力推广和宣传赵彦春式的翻译的要旨所在。

费孝通于1997年在第二届社会文化人类学高级研讨班上告诫大家要有文化自觉，其核心思想就是：生活在一定文化中的人对其文化要有"自知之明"，要明白它的来历、形成过程及其在生活各方面所起的作用。自知之明是为了加强对文化发展的自主能力，取得决定适应新环境时文化选择的自主地位。翻译越来越成为文化自觉的一种

---

1 梁启超，印译政治小说序，《二十世纪中国小说理论资料（1897—1916）》第一卷，陈平原、夏晓红编，北京大学出版社，1989年，第22页。

2 王晓平，《近代中日文学交流史稿》，湖南文艺出版社，1987年，第155页。

3 蒋林，《梁启超"豪杰译"研究》，张柏然、许钧主编，上海译文出版社，2009年，第45页。

形式和表现，译者对本民族文化的自知之明和自信力直接影响到其翻译活动和文本的选择。而文化交流从来都不是平等的，文化和文学的交流总是被经济政治所影响甚至主导，因而翻译不再是与政治和经济斗争无关的事件。但我们的一些翻译评论在很多时候很大程度上为西方人的某种或某些学说甚至是某句话做阐释，做解说，做宣传，全然迷失其中而不觉。

这表现在几个方面。首先是文本选择的不自觉，不接地气。只要是国外认为好的、获奖的作品，我们大都依样引进。其次是翻译中的双重标准，也就是说许多译者在对待英译汉和汉译英时实行截然不同的标准：在英译汉中主张尽量以原作为基础，认为汉语可以包容和接受英美文化，而在汉译英中，则主张以译入语为主，用译入语来表达源语言，从而避免文化冲突。第三是受众意识的双重标准。由于西方文化的浸入和西方价值观的影响，中国许多译者过度倾向西方价值观，过于认同西方文化，认为让外国观众和读者接受和理解是头等大事，而将英语文学译入时则较少考虑中国读者和观众。这点从探讨受众意识的论文的重心和数量上就可看出，讨论中国读者受众意识往往是一笔带过，一言以蔽之。此外，对本民族文化的不自知和不自觉也会直接影响学者对本民族文献、研究资料的不自信，也就很难提出本民族特有的理论和理念。许多学者对西方的各种学说达到顶礼膜拜的地步，其翻译行为不是主动的文化传递，而是成了简单的传声筒，成了“奴译”或曰“仆从译”。从这点来说，我们倒可以把赵彦春式的传统文化翻译称为“豪杰译”，当然与上文所说的随心所欲的翻译迥异，是真正的豪杰的翻译。

的确，这些年来，特别是八十年代中后期以来，我们的文学、文化、翻译批评蓬勃发展，各种各样或者说花样繁多的西方批评理论的引进和译介极大拓展了我们的批评视阈和思考维度，也一定程度上丰富和繁荣了我国的文学、文化和翻译事业。但同时也出现了这样一种情况，即我们的批评活动言必称西方的某某或某某学说，不这样说似乎就落伍了，就不懂批评了，就不是学问了。试想，没有自我意识、特别是自主意识的批评还能称得上真正的批评吗？能够给学界带来有较大价值的学术贡献吗？能够走得很远甚至走向世界吗？有些人说莫言获得诺贝尔文学奖主要是葛浩文的翻译功劳，全然忽略了莫言走向世界的深层原因是其作品植根于家乡土壤，立足于中国传统文化，同时也较好地做到了兼收并蓄，全然忽略了莫言是个有着强烈文化自觉和创作自觉的地道的中国作家。

一些人说莫言获得诺贝尔文学奖主要是基于三个原因。第一个原因是体制内写作，说莫言的作品主要是歌功颂德之作；第二个原因是主要靠学习西方的写作；第三个原因是葛浩文的翻译。其实，我们稍加分析，就知道这三个原因都不成立。

说莫言作品是体制内写作基本上是凭空想象，肯定没读莫言的作品，或是基本上没读过他的作品。因为莫言的确是个很有文人情怀的作家，更有担当和道义，对社会问题乃至黑暗面的描写和揭露，他可能是当下最深刻的作家之一。说他主要是学习西方，这点问题也很大。说莫言的作品主要是学习了马尔克斯的《百年孤独》等拉美的魔幻现实主义和福克纳的《喧哗与骚动》等欧美现代主义意识流小说，这话最多是部分正确。我相信莫言是看过这些小说的，但他最多也就是在个别的地方有所借鉴有所吸纳而已。比如，“东北高密乡”受到了福克纳的“约克纳帕塔法”世系小说的影响；《蛙》在形式上受到了福克纳的《我弥留之际》的启发。但真正仔细研读，我们会发现，莫言的作品更多地还是受到中国本土文学文化特别是其乡土文学文化的影响，比如他的小说有的明显有山东快书的叙事节奏，而其叙事语言显然是得益于鲜活的山东方言。我还强调，莫言向比他大三百多岁的同乡蒲松龄的《聊斋志异》等中国文学经典学习的东西，远超过其向欧美的前辈和同行们学习的东西。他的作品植根于家乡土壤和中国传统文化，立足于社会现实，讲的是纯粹的中国故事，当然同时也很好地做到了转益多师，兼收并蓄，取长补短，不断创新，这是其作品走向世界的深层原因。

说莫言获得诺奖的第三个原因主要是葛浩文的英译的人，其实没有看过或没有认真看过葛浩文的英译。真正研读葛浩文的翻译的人都会佩服葛浩文译笔之高，都会感叹于其对原文的忠实和负责。当然，莫言作品有很多语种的译本，英译当时也只是十几种之一而已。其实，作为翻译家，谁都不可能随意增、改、删，而这么简单的道理其实并不为多数人所知晓或明白。那么，这么说的依据是什么呢？其实这主要是源于葛浩文给莫言的那封信。翻译《丰乳肥臀》时，葛浩文由于不得已要调整、删除和改动一些地方，便给莫言写了那封信。莫言很大度，说你怎么翻译都行。莫言的话当然不能代表葛浩文真地就随便翻译了。那封信其实正说明，葛浩文作为一个严谨的翻译家，由于非常重视原文，尊重作者，于是稍加增、改、删，都要征求原作者的意见。那么我这么强调是要说明什么道理呢？我要说明的是，葛浩文的翻译越是忠实原文，就越说明是莫言获奖；汉学家们的翻译越是忠实原文，越说明是中国文学获了奖。正是葛浩文等汉学家们的信很大程度上成就了有文化自信和创作自觉的莫言等中国作家，使他们的作品比较原汁原味地走向英语世界乃至世界各地。近年，莫言、阎连科、王安忆、贾平凹、曹文轩等中国作家获得了一个个国际大奖正说明了这个问题。但是，我们还强调道，文学走出去，译什么和怎么译要同时考量才行，而绝不是一味地仰人鼻息，绝不是一味地唯人马首是瞻。没有创新、没有自己、步人后尘、机械模仿西人外人的作品推出去也不会有什么市场。

其实，葛浩文曾多次强调不能做一个文化殖民者，他坚决反对个别英美翻译家所采取的完全归化（英语化）的翻译方法。他正是本着这样的精神把莫言作品忠实地翻译到英语世界中去的，为数不多的增、改、删都做得非常审慎。葛浩文的翻译总体来说非常忠实原文，且妙译连连，仔细对比过莫言作品及其英译的人都能认识到这一点。葛浩文越是忠实原文，越是说明莫言作品的自身魅力和独特价值。

我们经常抱怨西方的许多汉学家在中国经典外译中的不忠实和不准确，殊不知他们正是出于他们自己的文化自信自觉和他们的社会所需才那么做的，而我们却过多地从字面意思和机械对等诸方面去做简单的技术评判。正如前面所说，葛浩文的译文越是忠实原文，我们就越能看出莫言作品自身具有的魅力所在，同时也说明像杨宪益等中国自己的翻译家所采用的尽量忠实原文的“直译法”的必要性和存在意义，说明这个时间中国文学文化原汁原味地走出去已经具备了一定的社会语境和国际条件。当然，中国文化走出去绝不是一朝一夕、一厢情愿或一蹴而就的事情，“我们要承认和接受一个循序渐进的过程，在逐渐积累中推动中国文学文化真正走向世界”。[1]在100多年前，翟里斯那样对《三字经》的解释性的翻译在当时是必要的是适当的，而现在，像赵彦春这样逐字逐句对应着“硬译”、“直译”、真正的豪杰译在当下也是必要和适合的！

我们一眼就能看出，翟里斯的译本不论在内容上还是在形式上，抑或是在音节上还是在音韵上，都远离了原文，而赵译显然在几方面都满足了要求。可见，光凭国外汉学家们就想让中国文学文化原汁原味走出去不现实也不可能。由此不难看出，中国文学走出去，是要首先考虑优秀的文学作品要优先走出去，但绝不是有些人认为的那样要改头换面，要曲意逢迎，要削足适履，要委曲求全，要适合西方人的价值观，等等。中国文化走出去绝不是卑躬屈膝地仰人鼻息，绝不是唯西人外人之马首是瞻。我们首先要推出那些有文化自觉和创作自觉的优秀的民族文学作品。可以说，正是葛浩文的“信”很大程度上成就了有文化自信和创作自觉的莫言等中国作家，使他们的作品成功地走向英语世界乃至西方世界。但这给我们的又一重要启示是，从翻译到创作再到批评都应多几分文化上的自信和自觉。

因此，要真正将中国文学文化推向世界，就

1 朱振武、唐春蕾，走出国门的鲁迅与中国文学走出国门——蓝诗玲翻译策略的当下启示，《外国语文》，2015年第6期，第115页。

必须统筹安排、整合和优化翻译资源，同时要改变概念，认清译入和译出的本质差异，形成翻译自觉。的确，无论是作家还是翻译家，只有拥有良好的文化自觉和社会担当，才能够使中国文学文化走得更远，并为学界带来更大价值的学术贡献。当然，中国文学走出去还要求译者不仅要具有扎实的双语能力，还要具备深厚的双语基础和勇敢的社会担当。当然，作为译者，你还要既有深厚的双语文学文化功底，又有强烈的文化使命感和责任担当。

回顾过去的三十多年时间，我国的翻译学者为我国的文学和文化事业做出了卓越贡献。但同时我们也越来越意识到，我们一定程度上，甚至有时是在很大程度上迷失了自我，迷失于西方文学文化批评话语之中而不能自拔。提高自主意识，加强文化自觉和批评自觉，大胆地走自己的翻译实践、翻译批评、翻译研究和翻译教学之路，中国文学文化才能真正走出去，才能更好地立足于世界文坛！

（作者单位：上海师范大学人文与传播学院）

借帆出海：《丹·布朗现象诠释》的文化输出之旅

蓝云春 吴阿敏

© 2017 比较文学与跨文化研究（1），120–124页

内容摘要：在“文化贸易逆差”令人堪忧的情形下，外国文学研究可以“借帆出海”的方式助推中国文化“走出去”。英文学术著作《丹·布朗现象诠释》从中国视角研究举世瞩目的文化悬疑小说家丹·布朗，著者在旁征博引古今中外文学、文化观念解读丹·布朗的过程中，自觉、用心地将中国元素不着斧痕地融入其中。该书的学术本土化视角、全球写作策略和发行模式、以及著者强烈的责任意识和成竹于胸的文化、学术自信为通过外国文学研究推介中国文化“走出去”提供了典型范例。

关键词：丹·布朗《丹·布朗现象诠释》文化“走出去”外国文学研究 本土意识

随着日益富强的中国在国际舞台上扮演的角色越来越重要，作为一项国家战略的中国文化“走出去”早已成为政府、媒体和学界共同关注的一大热点。通过“传播中国文化，推广中国学术”向世界推介全新的中国形象以提升中国文化的软实力，将源远流长的中华民族文化中那些“健康的、有孕育性和前瞻性”的文化精髓，汇入人类具有普世价值的文化海洋中，已成为越来越多人“关心、忧虑甚或焦虑的事情”[1]。学界主要从文学译介角度讨论了中国文化“走出去”的现状、问题以及策略。事实上，国内的外国文学研究同样可以是传播中国文化的重要领域，但遗憾的是，从该角度探讨中国文化“走出去”尚未引起评论界的足够关注。本文通过分析英文学术著作*Dan Brown Craze*（《丹·布朗现象诠释》，以下简称《诠释》）中的“借帆出海”策略，说明从本土视角出发，自觉运用中国文学观念研究外国文学的可行性和价值，对于中国文化“走出去”具有一定启示意义。

一、文献回顾：探寻中国文化“走出去”的有效途径

新中国成立以来，政府领导人迫切希望以译介中国文学作品为载体，向世界呈现新生的共和国形象。从1951年开始的《中国文学》期刊（英法版），到20世界八九十年代由著名翻译家杨宪益先生主持的《熊猫丛书》，再到21世纪国家推出的中英对照版《大中华文库》，充分体现了国家对中国文化“走出去”的高度重视和满腔热忱。

学界对中国文化“走出去”的讨论已进入总结、回顾和反思阶段。鉴于文学译介是“文化交流最为重要的途径之一”[2]，学界对中国文化“走出去”的热烈讨论主要发生在文学和翻译领域。著名翻译家谢天振先生认为尽管已投入大量人力、物力和财力助推中国文学、文化走向世界，但“收效甚微”。[3]有例为证，《中国文学》和《熊猫丛书》均于2000年黯然收场，规模浩大的《大中华文库》也只有个别选题被国外出版社相中。甚

1 赵芸、袁莉，著名翻译家倾谈“文化走出去”，《上海采风》，2010年第3期，第19页。
2 高飞、毕飞宇，文学译介、文化交流与中国文化“走出去”，《中国翻译》，2012年第3期，第49页。
3 谢天振，中国文学走出去：问题与实质，《中国比较文学》，2014年第1期，第2页。

至杨宪益和夫人戴乃迭合作翻译的英译版《红楼梦》，虽然在国内备受赞誉，到了英语世界却也遭遇被冷落的命运。

中国文化为何没有如预期般有效“传出去”？据此，学界进一步探究了如何让中国文化“不光是走出去，还能走进去和融进去”[1]，主要聚焦于谁来译、译什么、如何译、谁出版等问题[2]。诚如学者们所言，在“西方尚未形成对外来文化有强烈需求的接受环境下”[3]，中国文化的“逆势”输出切忌“贪大求全”[4]；在有如恋爱关系的文化交流活动中，更不可“死乞白赖地投怀送抱”[5]。需在充分认识困难和障碍的基础上，遵循文化传播规律、积极努力地寻求化解手段、讲策略、求实效地逐步推进。

文学翻译界的“借帆出海”是媒体对史志康教授翻译《论语》的称颂。史教授在译出每一段孔子语录后都“广征博引西方前贤名哲的经典语录和事迹”[6]，使得“两相辉映，相得益彰”，被认为是“从翻译实践上探索中国文化走出去的有效途径”[7]。借此，译者拉近了中国古代典籍和西方名家思想的距离，有助于在西方“培养中国文学和文化的受众和良好的接受环境”[8]。鉴于西方读者对本土以外的文学作品总是持“傲慢与偏见”态度，“借帆出海”的迂回策略颇值借鉴。

二、与世界接轨的外国文学研究：开拓中国学术、文化不胫而走的新航道

学者们对中国文学作品的译介策略做出的有益探讨，同样适用于通过外国文学研究进行的中国文化“走出去”。在外国文学研究本土意识缺乏、在国际学界基本失语的情形下，中美学者联手推出的《诠释》为国内的外国文学研究与世界接轨提供了可供借鉴的模式。体现在该著作中的中国视角、本土意识为中华文化远播海外开辟了新航道，可成为以“借帆出海”策略推介中国文化、中国学术的典范。选题切入点巧妙，中美知名学者合作撰写，并且由海外优质出版社出版发行，这些优势则为该书“借帆出海”的“文化输出”之航打造了坚实“船体”。

首先，《诠释》从中国视角出发，对举世闻名的美国畅销书作家丹·布朗系列文化悬疑小说进行了解读。中国声音、中国学者迥异于西方评论的见解是该选题的新颖之处。

自2003年《达·芬奇密码》面试以来，丹·布朗已成为誉满全球的作家。他的作品已被译为14国文字；两亿册书的出版量，连美国诺贝尔奖作家托里·莫里森也只能望其项背。《达·芬奇密码》问世造成的“达·芬奇现象”[9]和“丹·布朗热潮”经久不息[10]。其创作引起的轰动和论争实属罕见。在纸质阅读备受冷落的数字时代，布朗的出现让读者重拾书本，在体验阅读愉悦的同时引发深思、启发心智。在美国，布朗创造的文学神话使他一夜爆红的同时成为众矢之的。对宗教和《圣经》的颠覆性解读让他背负“阴谋家”等诸多骂名。仅在《达·芬奇》密码面世后不久，评论界已出版数十部书籍驳斥他对宗教的“亵渎”。[11]

丹·布朗在中国的成功之旅却是一帆风顺的。西方世界的宗教情绪对于中国人相对陌生。自2004年朱振武教授主译的《达·芬奇密码》登陆中国以来，读者们乐于沉浸在布朗那知识加悬疑的世界里尽情汲取西方历史、文化、宗教等知识的养分，“在如沐春风中博文强识”[12]的同时对人类所面临的诸多共同问题进行思考。

1 朱振武、杨世祥，文化“走出去”语境下中国文学英译的误读和重构，《中国翻译》，2015年第1期，第77页。
2 谢天振，换个视角看翻译——从莫言获诺贝尔文学奖谈起，《东方翻译》，2013年第1期，第4-8页。
3 同上，第4页。
4 谢天振，中国文学走出去：问题与实质，《中国比较文学》，2014年第1期，第9页。
5 高飞、毕飞宇，文学译介、文化交流与中国文化“走出去”，《中国翻译》，2012年第3期，第53页。
6 史志康，借帆出海——史译论语选载之一，《东方翻译》，2012年第2期，第66页。
7 同上，第66页。
8 谢天振，换个视角看翻译——从莫言获诺贝尔文学奖谈起，《东方翻译》，2013年第1期，第6页。
9 Zhu Zhenwu, Zhang Aiping, *Dan Brown Craze*, Newcastle: Cambridge Scholars Publishing, 2016, p. 1.
10 Ibid, p. 4.
11 朱振武，《解密丹·布朗》，人民文学出版社，2010年，第32页。
12 同上，第177页。

除了普通读者，丹·布朗在中国学术界引起的高度关注从以下数据中可见一斑：截止2014年，有110篇文章、47篇硕博论文、两本专著论及布朗。[1] 普通读者和学术界齐聚焦，这是布朗在中国创造的诸多效应之一。布朗在中国引发的唯一论争是“严肃文学”和“通俗文学”的分界，学界认为布朗的创作打破了两者的界限，是雅俗合流的成功典范。[2]

由此可见，受历史、传统、文化等诸多因素影响，中国视角的丹·布朗解读迥异于美国，在世界丹·布朗研究中具有独特的价值和意义。《诠释》借鉴古今中外文学观念对布朗的六部小说进行了系统、深入的阐释，介绍和分析了每部小说的情节、人物、背景、主题、密码、知识、机构、创作技巧等，集学术著作、旅游手册和知识库于一身，体现了中国学者的学术自信，以及在世界学界建立当代中国学术立场的识见。通过此书，西方读者可进一步了解中国的文学研究、翻译以及读者的阅读趣味。让世界了解“快速发展、拥有成百上千万的英语学习者和对西方文学感兴趣的人”[3] 的中国意义重大。乘着莫言获诺奖的东风，中国作家正努力向世界呈现中国文学。在海外世界也对源远流长的中国文化兴趣渐浓的情形下，该书旨在“为促进两者之间真诚而有意义的交流做出贡献。”[4]

除了好选题，合适的作者至关重要。《诠释》的中外知名学者合作以及海外知名出版社出版的发行模式值得信赖和推广。该书的第一著者是作家朱振武教授。朱教授长期致力于文学研究、文学翻译和文学翻译研究，且中国古典文学功底深厚。作为丹·布朗“钦定”的简体中文翻译家、其目前所有文化悬疑小说的中文主译者及其作品的研究专家，朱教授的撰写保证了该书的高品质。

著名翻译家们普遍认为，国外汉学家翻译，或者参与翻译的中国文学作品在海外的接受度更高，因为他们“对译入语国家读者的细微的用语习惯、独特的文字偏好、微妙的审美趣味”有更好的把握。[5] 因此，中译外应避免“中国人译外文给外国人看，往往吃力不讨好”的局面。[6] 用英文写作的文学研究专著亦如此。深谙此理，《诠释》诚邀美国哈佛大学博士、加州州立大学文学教授张爱平先生合著，保证了该书在西方英语世界的易接受性。张教授自1984年开始在美国学习、工作，是拥有中美双重身份的知名学者。他不仅熟悉英语读者的审美和阅读兴趣，而且了解西方的学术话语体系。英国汉学家杜博妮认为“对实际读者的阅读及审美要求重视不足”属决策性失误。[7] 张教授的加盟可避免此类错误，有助于该书在目标读者中的有效流通和接受。两位中美知名学者携手经三年努力精心打造的《诠释》具有里程碑意义，将推动布朗研究的新高度。

在对外传播中国文化这一系统工程中，熟悉“国外出版发行体制的惯行方式”、“进入对方的传播体制”亦非常关键。[8] 剑桥学人出版社的倾情出品使《诠释》顺利进入西方主流发行渠道。该出版社通过推出高品质的专业学术著作，致力于传播世界范围内的优秀研究成果。《诠释》的中国视角、全球写作策略对该出版社具有强烈吸引力。其尊重著者，注重图书营销的好声誉同样吸引优秀学者：通过准确的市场定位充分挖掘、发挥学术著作价值，善于通过发表书评推销图书，而且旗下80%的书籍瞄准的是英国以外的市场。在与该出版社精诚合作的过程中，两位作者也以宽广的胸怀做出了让步，将该书的电子版权同步授权，为加强我国学者与国外出版社合作、促进中国学术“借帆出海”起到示范作用。

---

1 Zhu Zhenwu, Zhang Aiping, *Dan Brown Craze*, Newcastle: Cambridge Scholars Publishing, 2016, p. 10.
2 朱振武、周元晓，《达·芬奇密码》：雅俗合流的成功范例，《当代外国文学》，2004年第4期，第109页。
3 Zhu Zhenwu, Zhang Aiping, *Dan Brown Craze,* Newcastle: Cambridge Scholars Publishing, 2016, p. 19.
4 Ibid, p.19.
5 谢天振，中国文学走出去：问题与实质，《中国比较文学》，2014年第1期，第3页。
6 赵芸、袁莉，著名翻译家倾谈“文化走出去”，《上海采风》，2010年第3期，第21页。
7 包相玲，中国当代文学海外传播困境及策略，《中国出版》，2015年第16期，第41页。
8 赵芸、袁莉，著名翻译家倾谈“文化走出去”，《上海采风》，2010年第3期，第17页。

三、外国文学研究的学术本土化：借帆出海、踽踽前行

中国学术界拥有庞大的外国文学研究队伍，但基本状况是学者们花了巨大努力研究西方文化、文学，却并不为外人所知，在国际学界基本处于失声状态。而且，“文化贸易逆差”令人堪忧，外国文学研究却仍处于“自说自话、自娱自乐”的境地。国人做学问“一心只为西”、“国学无点墨”的情形亟待纠正。[1]《诠释》是朱振武教授本人注重学术本土化和学术自觉的最佳注脚，也是他为推动中国文学、文化走出去身体力行的良好例证，为增强我国外国文学研究领域的本土化意识带来启示。

据统计，《诠释》中对中国文学、文化观念、人物、技巧等的引用达60余处。为了帮助西方读者更好地理解，著者对这些中国元素进行了详细的说明或注解；为了照顾到西方读者的阅读需要，对于李渔、金圣叹、李汝珍等知名文学家、文学理论家，每次提及时，著者都不厌其烦地反复解释他们的身份。《诠释》中的中国文学、文化观点引用比起朱教授2010年推出的《解密丹·布朗》中的30余处多出了近一倍。这充分说明了著者的学术本土化意识愈来愈强烈，在与西方学界直接对话时尤其具备学术自觉和文化自信。通过研究举世瞩目的美国作家“借帆出海”，著者用心良苦地将中国文学、文化观念以巧妙的形式融入其中，顺势助推中国文化向外传播。如珍珠般散落在《诠释》中的中国文学、文化观念主要体现在以下方面：用中国文学名著的创作手法佐证丹·布朗创作的非凡功力；借中国历史、文论、美学思想等探析丹·布朗小说的玄妙世界。

首先，在分析丹、布朗的创作手法时，著者将中国文学名著的创作手法与之进行了比较，涉及到的中国文学名著包括《水浒传》、《西厢记》、《三国演义》、《金瓶梅》、《聊斋志异》、《红楼梦》、《镜花缘》等。例如，该书将《聊斋志异》历久弥新的吸引力和《达·芬奇密码》的一鸣惊人相提并论，认为两者的成功均归功于作者高超的写作技艺以及作品的雅俗共赏[2]；为了帮助读者理解《天使与魔鬼》中的教皇和维特拉两个相似人物的设置，以《水浒传》中“犯中见避”的人物塑造方法为例，说明同中见异是突出人物个性最佳途径之一[3]；以《红楼梦》中独属于王熙凤的“未见其人，先闻其身”的出场方式为例，分析《数字城堡》中远程友加甫才出场已是弥留之际的悬念效果，认为布朗深谙“出场各别，均极用意”的道理。[4]

除了用心拉近丹·布朗与中国文学名著之间的距离，《诠释》还不着斧痕地自觉运用中国历史、文论和美学思想阐释丹·布朗创作。刘邦对张良的誉美之词——“运筹帷幄之中，决胜千里之外”，被用来称颂布朗：他在小说布局和结构设计方面的精湛技艺犹如善于排兵布阵的杰出军事家[5]；在论及《骗局》的引人入胜时，则结合清代戏剧理论家李渔的“编戏如缝衣”理论，说明紧密安排行文结构的重要性[6]；“横云断岭、横桥锁溪”，“寒冰破热、凉风扫尘”是毛宗岗对《三国演义》情节结构传神、巧妙的高度概括，《诠释》著者借此酣畅淋漓地点评了《天使与魔鬼》的六条情节线索，分析了该小说张弛有度、井然有序的设置缘何带来奇妙的阅读体验。[7]

在引用古今中外的文学、美学观念和范例解读丹·布朗的过程中，中国文学、文化元素的出现自然、和谐地汇入行文。“百花齐放、百家争鸣”与“大熔炉”并置；阿Q与《巴黎圣母院》中的加西莫多同行；屈原与《神曲》作者但丁同台备受后世赞誉；李汝珍的博学多才足以媲美

1 朱振武，外国文学研究的跨界思考，“《当代外国文学》外国文学的跨界研究研讨会”发言内容，2016-6-15。
2 Zhu Zhenwu, Zhang Aiping, *Dan Brown Craze*, Newcastle: Cambridge Scholars Publishing, 2016, p. 210.
3 Ibid, p. 107.
4 Ibid, p. 63.
5 Ibid, p. 268.
6 Ibid, p. 206.
7 Ibid, p. 155.

《白鲸》作者赫尔曼·麦尔维尔。此类关于中国文化和西方文化并行不悖的例子在书中俯拾即是，体现了著者的煞费苦心以及他们学贯中西、道通古今的功力，同时也彰显了中西文化间的共性，为搭建文化交流之桥凭添了基石。

在一部近四百页的著作中，这些中国文化元素也许尚够不上可观，却无疑是“对外部世界的‘傲慢与偏见’谋定而动、突出重围”[1]的深谋远虑。文化交流有其自身规律，任何一个民族接受外来文化、文学都需要一个渐进的过程。[2]目前，拥有强势文化的西方，对中国“弱势”文化的“拿来”意愿并不强烈。[3]鉴于此，一方面，我们需要“建设自己、壮大自己，吸引人家主动来拿”[4]；另一发面，为了培育西方读者逐步了解和接受中国文化，我们需在不断努力中渐进。遵循文化交流规律，不“贪大求全”，在中国文化“走出去”逆流而上、踽踽前行的航途中，《诠释》呈现的是与西方读者真诚、从容交流的耐心和细致。另外，相比于“居高临下的空降”，陆谷孙先生主张我们的文化输出不如“放低身段融入”。[5]《诠释》中的中西文化沟通则是更为可取的，以亲和、友善的姿态进行的平等对话，尤为可贵。《诠释》的“借帆出海”，让中国文化登上了外国文学研究这艘巨轮。《诠释》的中国视角带来的是双赢局面，既吸引了人家来“拿”，也顺势成功地将我们的文化“送”了过去。

结语

外国文学研究是以“借帆出海”方式进行文化输出的重要领域。用英语写作、从中国视角出发的《诠释》为中国的学术、文化走出去带来诸多启迪。《诠释》让中国学者的声音融入到了世界各族人民的大合唱中，成为其中的重要声部，体现了中国视角的独特价值。正如朱振武[6]教授在《我们需要诗意地栖居》报告中所言：“这部书不是中国的外国文学学者的自说自话，自娱自乐，而是发出了自己的声音，是‘足以为外人道也’的书，是直接与西方学界的对话。”在中国文化“走出去”的远航中，《诠释》启示更多的外国文学研究学者能够以高度的责任心、强烈的的学术本土意识以及成竹在胸的文化自信，一步步引领中国文化卓有成效地走向世界。

（作者单位：杭州电子科技大学）

1 赵芸、袁莉，著名翻译家倾谈“文化走出去”，《上海采风》，2010年第3期，第18页。
2 谢天振，换个视角看翻译——从莫言获诺贝尔文学奖谈起，《东方翻译》，2013年第1期，第8页。
3 同上，第6页。
4 高飞、毕飞宇，文学译介、文化交流与中国文化“走出去”，《中国翻译》，2012年第3期，第52页。
5 赵芸、袁莉，著名翻译家倾谈“文化走出去”，《上海采风》，2010年第3期，第18页。
6 朱振武，我们需要诗意地栖居，“《丹·布朗现象诠释》发布会暨丹·布朗小说在中国研讨会”发言内容，2016-6-19。

身份、选材、思想与评论：宏观解读葛浩文[1]

郭英剑 张丹丹

© 2017 比较文学与跨文化研究（1），125－133 页

内容提要：葛浩文是中国文学的研究者、翻译者和传播者。本文试图从译者身份、译作选材、翻译思想以及译作评论四个方面多维度、多视角解读葛浩文，认为其翻译思想及其翻译实践值得我们在中国文化走出去的国家战略中加以认真研究与借鉴。

关键词：葛浩文 文学翻译 宏观解读

一、引言

葛浩文（Howard Goldblatt，1939-）因中国文学翻译和研究而在英语世界中享有崇高的声誉，这一点在学术界、翻译界几无争议。自20 世纪60年代末投身中国现当代文学英译工作至今，40余年来，葛浩文翻译了萧红、老舍、巴金、白先勇、李昂、贾平凹、李锐、苏童、王朔、莫言、虹影、阿来、朱天文等20 多位我国著名作家的50余部作品，称他为当下英语世界最具影响力的中国当代文学翻译家，葛浩文当之无愧。随着2012年我国著名作家莫言获得诺贝尔文学奖，作为莫言作品主要译者的葛浩文也更加全面地进入到了研究者的视野，随即成为中国学界炙手可热的人物及研究课题。“葛浩文”也随之成为了中国文学走进英语世界的一面旗帜。

就翻译和中国文化“走出去”研究而言，我们不难发现目前对葛浩文的研究主要还停留在语言表面（如对比原文和其译作，然后指出翻译的误译、漏译等问题，进而探讨其翻译方法、策略等），或是品评其译文的翻译伦理问题（如东方主义、英语霸权等），或是对译者进行主观价值判断（如批评葛浩文某些访谈的语言碎片），却较少有从宏观上解读葛浩文及其译作的研究。翻译不只是两种语言之间的转换，更是两种文化之间的周旋。翻译动机和目的影响着翻译选材、翻译策略和翻译方法的选择，翻译过程不只是由译者一人独立完成，编辑与赞助人都会影响译者的翻译选择。此外，后续出版工作以及市场也会是翻译产品最终样貌呈现的关键因素。因此，翻译活动整个过程牵涉的因素众多，是一个宏观、繁复的工程。为此，葛浩文曾经感叹到：“我仍然比较乐意看到宏观式的剖析，希望他们能从更宽的视角评论我的译作”。[2] 鉴于此，本文从葛浩文的译者身份、译作选材、翻译思想以及译作评论四个方面，试图多维度、多视角解读葛浩文，希望对其翻译进行一个宏观性研究。

二、译者身份：学习者、研究者与传播者

围绕着身为翻译家的葛浩文，其身份实际上是多元的。而这些多元的身份，有些容易被研究者忽略。

首先，他是一位学习者。葛浩文是犹太后裔，生长于美国加州南部城市长堤（Long Beach，又译长滩），大学时就读的也是加州州立大学长堤分校。但在校时，葛浩文是一名差生，对学习毫无兴趣。毕业后因为不知道自己要做什么，于是直接参军入伍，加入了美国海军。因为连他也感到阴差阳错的原因，葛浩文迅速被派到对他来说是一无所知的中国台湾。但恰恰是在服役期间，他才真正开始对学习感兴趣，也开始真正地学习中

1 本文为“中央高校基本科研业务费专项资金资助”项目的相关成果。
2 葛浩文，我行我素：葛浩文与浩文葛（史国强译），《中国比较文学》，2014年第1期，第41页。

文。后来，因为父亲病危，葛浩文返回美国。回国后，他进入了旧金山州立大学（San Francisco State University）攻读中国文学专业的硕士，随后又进入印第安纳大学（Indiana University）攻读中国文学博士学位。在此期间，葛浩文认为自己找到了人生的目标，从此开始了长达将近半个世纪的翻译人生。这些经历，为葛浩文的双语能力和翻译能力打下了深厚的基础。

其次，他是一位研究者。葛浩文从攻读博士学位时研究萧红入手，研究过中国古典小说、元杂剧、鲁迅和左翼作家作品、田汉的戏剧、朱自清的散文、萧军、萧红的小说等等，对于中国当代文学，特别是当代小说创作，有着更为深入的研究，与当代众多著名作家如莫言、刘震云、苏童等有密切交往。所以，称其对中国文学传统有宏观的把控，并非言过其实。

作为研究者，葛浩文有不少研究性论著问世。1979年，葛浩文在*World Literature Today*（《今日世界文学》）上发表了“Contemporary Chinese Literature and the New *Wenyi Bao*”（《当代中国文学和新<文艺报>》），通过《文艺报》1978年7月复刊一事，向西方世界介绍中国当代文学史上这一具有历史意义的标志性事件，认为这预示着中国文学艺术领域思想的解放，标志着中国文学创作的新生（Goldblatt，1979）。两年后的1981年，葛浩文又在《今日世界文学》上发表“Fresh flowers abloom again: Chinese literature on the rebound”（《鲜花再度绽放：中国文学又一春》），向西方学者展示中国文学已经走进了一个新的发展阶段（Goldblatt，1981）。同年，他的论文“Modern Chinese fiction: 1917-1949”（《现代中国小说：1917-1949》）对中国现代小说做了全面梳理，并被收入Yang, Winston, L.Y. & Nathan K. Mao主编的*Modern Chinese fiction: a guide to its study and appreciation: essays and bibliographies*（《现代中国小说研究与欣赏导引——随笔与文献》。此外，他和George Chen合著的“Selected bibliography of modern Chinese fiction”（《现代中国小说文献目录选》）被收入1981年哥伦比亚大学出版社出版，刘绍铭、夏志清和李欧梵合编的*Modern Chinese stories and novellas, 1919-1949*（《中国现代中短篇小说：1919-1949》）。1989年，葛浩文在*Manoa*第一卷的第一、二期合刊上发表“The return of art”（《艺术的回归》），向西方社会介绍中国文学的发展，指出中国文学已经渐渐走出了“文革”，走出了政治、经济和文化的低谷（Goldblatt，1989）。2000年，葛浩文在《今日世界文学》再度发文，题为“The ‘Saturnicon’: forbidden food of Mo Yan”（《莫言的违禁食品》）的论文，探讨了莫言小说在寓言和讽刺意义上所涉及的“吃人”问题，并指出莫言是最有想象力的，也是最频繁涉及该主题的作家（Goldblatt，2000），这对西方学术界了解和理解莫言不无裨益，也是葛浩文将莫言引介到西方迈出的重要一步。正因为有了如此深入的学术性研究，葛浩文才能从更深层次上理解中西文学的差异与不同风格，也才有了其所主张的独特的翻译理论与实践。

再次，他是一位传播者。葛浩文编选了不少中国现当代文学选集，其中不少都是中国现当代文坛、作家、作品等的介绍性和研究性著述。一方面，他在向英语世界的读者介绍和推广中国现当代文学，另一方面，他也站在西方的角度反观和反省中国文学。这些著述包括*Chinese Literature for the 1980s: The Fourth Congress of Writers & Artists*（《80年代中国文学：第四届文艺工作者会议文集》）（1982）、*Worlds apart: recent Chinese writing and its audiences*（《分离的世界：近期中国文学写作及读者》）（1990）、与刘绍铭（Joseph S. M. Lau）合编的*The Columbia Anthology of Modern Chinese Literature*（《哥伦比亚中国现代文学作品选集》）（1995；2007）、*Chairman Mao Would Not Be Amused*（《毛主席看了会不高兴》）（1995）、与Aili Mu、Julie Chiuh合编的*Loud Sparrows*（《吵闹的麻雀》）（2006）等。葛浩文的最新文集《葛浩文文集：论中国文学》[1] 则收录了他从1975年至2013年近40年的论文。这是葛浩文对中国现当

1 葛浩文，《葛浩文文集：论中国文学》，北京：现代出版社，2014年。

代文学的一种个人化梳理和研究，也称得上是中国现当代文学发展的一种见证。特别是近十几年来，葛浩文经常到中国来，也经常出现在国际学术会议上，热情奔走于各种场合去畅谈中国文学。他的演讲不仅让西方世界了解其研究和译作及中国文学的最新动态，还让中国学界了解英语世界对中国文学的态度和接受情况。正因为如此，葛浩文在翻译中，才不仅仅是作为翻译家来从事翻译，而是考虑了诸多的因素，特别是将中国文学如何传播出去、如何被西方英语世界所接受，并将这样的理念体现在了个人的翻译实践之中。

由此，我们可以说，葛浩文是具有复合型身份特征的翻译家。正是因为既兼具中国文学的研究者和传播者身份，其研究先于翻译并服务于翻译，并成为其翻译的基础，才使葛浩文成为了中国现当代文学译入英语世界的顶尖翻译家。

三、译作选材：作者、读者与市场

近年来，中国文化走出去已经成为国家战略，也是学术界和翻译界讨论众多的一个话题。在中国文化走出去的战略中，中国文学如何走出去成为其中重要的一个分支。然而，一个毫无争议的事实是，多年来，中国文学虽然有不少外文译本，英语译本在其中占了很大的比例，但这些译本在海外特别是英语世界当中，几乎没有影响力。其结果是，中国文学在国外不为人知，未得到其应有的地位。有不少了解中国文学传统者（中外皆有），都将这一结果归咎于中国文学的翻译水平太低所致。

虽然也有学者认为，中国文学之所以在海外影响力不尽如人意，最大的原因还是语言文化的天然隔阂，中西文学不同的文化传统、语言形式和叙事方式，决定了中西文学之间巨大的鸿沟。比如我们看来十分优美动人的篇章，也许在外国读者眼中就会变成连篇累牍、不知所云的“天书”。[1]这种解说不能说没有道理，但中国文学翻译的整体水平不高，似乎也是一个不争的事实。纵观自鸦片战争以来的中国文学译介简史，我们不难发现，除了由西方人所主导的中国文学（包括中国文化）的经典之外，其他主要以中国翻译家为主所翻译的中国现当代文学作品，在英语世界中少有影响，更没有被英语世界所接受，遑论成为英语世界中所公认的优秀或者经典之作了。

应该说，直到葛浩文为代表的翻译家出现，才使得中国文学真正开始被英语世界所认识、接受并欣赏，而不再被单纯地作为“他者”去看待。特别是在莫言获得诺贝尔文学奖之后，葛浩文的译本自然成为我国现当代文学译入英语世界最成功的典范。为此，我们应该对他的翻译选材标准进行客观地、深入地探讨，看他究竟怎样去选材，有着怎样的翻译思想，又采用了什么样的翻译策略。

根据我们的观察，葛浩文的复合型身份特征造就了他特有的翻译选材标准。这些标准，主要体现在以下两个方面：

第一，讲究“天时地利人和”。美国文学翻译家协会主席、蒙特雷国际研究学院高级翻译学院陶忘机（John Balcom）教授指出，文学翻译在美国仅占3%的市场份额，而中国文学英译作品大约是每年出版一本（2012）。[2]与此相呼应，2014年4月20-22日在上海华东师范大学召开的“镜中之镜：中国当代文学及其译介研讨会”上，葛浩文曾直言“近十多年来，中国小说在英、美等国英语世界不是特别受欢迎，出版社不太愿意出版中文小说的翻译，即使出版了也甚少做促销活动。”[3]那么，如何改变这一现状呢？换句话说，怎么样才能更加实际有效地使得翻译为人所接受呢？

在葛浩文看来，首先应该考虑的是选择作品的标准。对此，葛浩文强调的是“介绍谁、翻译什么、何时介绍，何时翻译”[1]，这也就是主张翻

1 季进，作为世界文学的中国文学——以当代文学的英译与传播为例，《中国比较文学》，2014年第1期，第31页。
2 转引自马会娟，英语世界中国现当代文学翻译：现状与问题，《中国翻译》，2013年第1期，第65页。
3 傅小平，中国作家的思想还未真正走向世界？《文学报》，2014年5月9日。

译选材要讲究“天时地利人和”。在这其中，“介绍谁和翻译什么”，自然是说要选择优秀作家的优秀作品。在葛浩文看来，如果没有一批题材宽泛、技巧出众的中国小说和诗歌的英译本，中国作品很难在艺术上感染西方作家。[2] 同时，何时介绍与何时翻译，也是重要的一个因素。没有适时的推介，没有合适的时间节点，跟不上时代的发展节拍，即便是有好的译本，也难以产生理想的效果。他以其翻译的后现代小说苏童的《米》、莫言的《酒国》、王朔的《玩的就是心跳》为例，诠释了翻译选材的适宜性。[3]

第二，市场导向和“洋人”眼光。相对于中国文学，以英语文学为代表的西方文学处于强势地位并有着发达而自足的文学传统、阅读取向和评判标准。而与此同时，正如一些学者所认为的，中国当代文学本身发展得并不充分，在整体思想深度和艺术价值上难以与西方相抗衡，加上西方读者长期以来对中国可能具有的固有偏见，也就对当下中国人的真实经验与审美表达不可避免地带有“他者”乃至东方主义式的凝视。在这样的实际语境下，如何有效地让中国文学走向世界，被西方英语世界的读者所接受，就既要有纵观全局的眼光，也要有深知西方英语世界后而采取的应对策略。

葛浩文曾直言：“我看一个作品，哪怕中国人特喜欢，如果我觉得国外没有市场，我也不翻，我基本上还是以一个‘洋人’的眼光来看。”[4] 在这里，葛浩文的这句直白的话，可能令不少中国人感到不悦。但我们认为，透过字面意思，大体上可以看到葛浩文的翻译选材理念：首先，在选材上，他会提前考虑该书的市场走向，也可以说是其选材有以市场为导向的特征；其次，在选材上，他强调自己作为西方人的身份，实际上是站在读者的角度，在考虑未来读者的接受度与接受面的问题。最后，无论是市场还是读者，其背后的重要因素，还应该归结为作品本身的力量，是否具有在英语世界中被接受的可能性，从某种程度上，也可以看作是是否具有世界性。由此而言，葛浩文的选材标准与“功利主义”无关，往小的方面说，是在探讨译作未来的命运，往大的方面说，则与译作的传播学有关。从译介学和接受美学的角度来看，没有被阅读的文本无法产生任何影响，实际上等于不存在。翻译绝对不是个单向过程，译入语文化也绝不是被动的、只能接受、没有付出的一种体系。事实正相反，译入语文化往往是主宰译作的最大因素。翻译可以说是两种语言文化就某一命题所作的谈判，虽然是互为消长，但也缺一不能成其事。如果说译作是果，则原文的语言文化与译入语的语言文化同样是因，所以，假如译者抱着传教士式的热诚去推广原文文化，而妄顾译入语文化的即成规范，努力就会是徒然的。[5] 就此而言，葛浩文的选材标准，值得我们深入思考。

由以上两种标准，人们是否可以认为，葛浩文只是以这两种标准为唯一标准、而对哪怕是中国最优秀的作品也不管不顾呢？是否是仅仅照顾英语世界的读者的阅读兴趣、并以此为选材的全部标准呢？事实并非如此。

迄今为止，葛浩文已经出版了50多部译著，有些是出于他的兴趣，有些则是出版社的约稿。“我（葛浩文）抽屉里有五六本小说，已经翻译得差不多了或者已经翻译到一半了，（之所以没有继续进行，）很简单，就是卖不出去”，成了“压在手里的好货”。[6] 从其翻译作品来看，葛浩文的选材确实是比较符合美国和英语世界读者的阅读期待和兴趣，但并不能因此就认为他在翻译中国文学时，就是坚守一条底线，必须得以描写和揭露黑暗为主，进而有着一种“东方主义”的文学翻译观。这其中的原因，除了上述葛浩文所具有的清晰的选材思路与标准之外，我们还必须认识到：

1 葛浩文，《葛浩文文集：论中国文学》，北京：现代出版社，2014年，第197页。
2 同上，第198页。
3 参见葛浩文，《葛浩文文集：论中国文学》，北京：现代出版社，2014年，第199-203页。
4 转引自姜玉琴、乔国强，葛浩文的“东方主义”文学翻译观，《文学报》，2014年3月13日。
5 孔慧怡，《翻译·文学·文化》，北京：北京大学出版社，1999年，第88页。
6 赋格、张英，葛浩文谈中国文学，《南方周末报》，2008年3月27日。

首先，我们中国的作家就是这样写的（比如作品以描写和揭露黑暗为主），就不能怪翻译家这样选择，还不要说这样的作品本身在国内（我们不提国外）早已是得过大奖、深受读者的喜爱了；其次，任何人都有猎奇心理，尤其是大众读者，这与一个人的国籍无关。况且自古以来，中国乃至东方在西方人眼里就笼罩着一层神秘的面纱，致使西方人对中国乃至东方一直保有一种猎奇心理，这是历史所造就的。现在，距“东方主义”的提出已经近30年，随着全球化观念的深入以及凭借中国现在的国际地位和经济实力，如果我们自己仍时时刻刻硬拿“东方主义”去解构西方人（包括译者）所谓的对中国和中国人的猎奇心理和认知态度，那是不是说“东方主义”在被更多的中国人模式化及异化了之后，已经成为了“中国人的东方主义”，成为了中国人视自我亦或西方对中国意识形态的一种固化模式呢？

葛浩文的选材标准带给我们的一个启示是，中国文学由翻译而进入世界文学，为世界所理解，所接受，所欣赏，并使所有人都理所当然地认为中国文学是世界文学不可分割的组成部分，还需要一个长期的过程。清末民初，西学的引进促进了国内文学翻译的大潮，进入20世纪后，翻译文学作品逐渐增多，而且呈直线上升趋势。[1] 此时，我国本土作家对待域外小说的态度，大致经历了从漠视到消极接受，到积极接受，到自觉模仿，再到力图摆脱模仿走向独立创造的发展过程，形成了一个颇为完整的接受外国文学的活动周期。[2] 我们换位思考，中国文学在西方世界的传播、接受和影响也同样需要一个过程，不可能立竿见影。就中国文学在西方世界的现状而言，还处于与西方文学传统、诗学、意识形态及观念碰撞的初级阶段，我们可以分步骤、分阶段、有计划地译介中国文学与中国文化。在目前的初级阶段，我们需要汉学家和母语为译入语的译者选择适合译入语国家读者口味的作品先行翻译。

正是在这样的意义上，葛浩文的选材标准应该得到客观深入的探讨和评价。英语世界的译入语文化规范、诗学以及西方社会的意识形态等因素在翻译和接受过程中所发挥的作用，也应该值得我们认真研究。

四、翻译思想：游走于译者与作者之间

就翻译思想而言，葛浩文对此有过众多的论述，研究者对此也有很多评论。比如，他曾经说过，“毋庸置疑，翻译作品的性质和质量，对跨语言传播/跨文化交际的可能性是至关重要的。[……]忠实性（准确），理解性和文学性等要素能确定译文的高下。”[3] 像这样近乎四平八稳的论述人们还可以找到很多，但在我们看来，葛浩文翻译思想的精髓，就落在“读者”和“作者”这两个层面，但首先是“读者”。

葛浩文非常强调读者的重要性。他在一次接受采访时说道，译者就像编辑一样，其首要的职责是对读者不是对作者负责。[4] 正因为如此，他曾经明确表示，“意译”派在出版方面更胜一筹，因为在那些“可译的”小说里，“可读性好”的译作才能出版。[5] 由此可见，在翻译上他是“意译派”，看重的是文学作品的“可译性”和“可读性”。在我们看来，他所以强调读者的重要性，原因有二，第一，他所强调的“可译的”和“可读性好”都是从译入语的语言/文学规范和译入语的读者接受角度进行筛选和考量的。而这种翻译思想又与前述的选材标准相契合。第二，他深知作为译者的使命所在，也深知译者的位置在哪里。正如他所说：“作者是为中国人写作，而我是为外国人翻译。”[1] 毫无疑问，这里的“外国人”其实主要是

1 郭延礼，《中国近代翻译文学概论》，武汉：湖北教育出版社，2005年，第23页。

2 陈平原，《二十世纪中国小说史》（第一卷），北京：北京大学出版社，1989年，第23页。

3 葛浩文，《葛浩文文集：论中国文学》，北京：现代出版社，2014年，第199页。

4 Andrea Lingenfelter, “Howard Goldblatt on How the Navy Saved His Life and Why Literary Translation Matters,” *Full Tilt: A Journal of East-Asian Poetry, Translation and Arts*, Summer 2007 issue of “the Interview Issue.” See: http://fulltilt.ncu.edu.tw/Content.asp?I_No=16&Period=2

5 葛浩文，《葛浩文文集：论中国文学》，北京：现代出版社，2014年，第199页。

指外国读者。

虽然葛浩文首先强调读者的重要性，但并不是忽略作者的重要性，作者同样重要，不过是有先后顺序之不同。正如葛浩文曾经直言不讳地说过那样，翻译要服侍的是两个主人，作者和读者。[2] 葛浩文重视作者主要体现在两个方面，第一，哪些优秀的作家值得翻译到英语世界之中？第二，哪些优秀的作品应该翻译也可以经过翻译进入到英语世界之中？为此，他曾提出翻译要“对得起作者”的说法。[3] 他曾对伊万·金将老舍《骆驼祥子》的悲剧结局改为喜剧结局不予认可，提出重译《骆驼祥子》计划，并表示“原因很明确，并不在于原译本过于陈旧等历史原因，而是要‘对得起’老舍”，“译本既不能‘歪曲了原著’，也不能‘没了老舍作品的味儿’”。[4]

在我们看来，译者能够游走于读者与作者之间，实际上就是游走在两国文化之间。这需要对两国历史文化以及现实世界有深刻的了解才可以做到。我们知道，葛浩文的文学翻译主要是小说翻译。他对中西小说的历史发展有着清醒的认识，这才形成了他独有的翻译思想。

与诗词歌赋相比，小说并非中国正统的文化传统。单单就数量而言，也就是到了20世纪上半叶，小说（特别是白话小说）才获得了正式的文学地位，逐渐在中国成了气候，中国成为小说大国那已经是20世纪下半叶的事情了。与此同时，西方的小说发展则完全不同。西方小说（novel）经过长时期的演变到了二十世纪已经基本定形了，怎么写才算是好作品，有不成文的约定[5]。中国的小说和西方的novel之间存在差异，中国小说翻译成英文，意味着翻译文学进入了英语世界小说系统，英语读者和评论家是以novel的标准看待及评判的。因此，中国小说的一些写法在中国作家和读者看来理所当然，但放到西方novel的文学传统里有时就变成一种缺失。[6] 这样的差异性认识，对于翻译来说，不可或缺。当一部作品想要走出边界并得到译入语国家读者的认可，尤其是弱势或边缘文学想要走进强势或中心文学系统时，如果主体文化没有内部的革新需求，也许是绕不过强势文学系统中的一些“潜规则”的。中国小说迁移到英语文化中并由英语文化系统加以重新呈现时，其原有的文化内涵必然会由完全不同的语言符号造成损伤。如果认为不同文化在语言的迁移中是等值的，或是忽略这种迁移中的变异，那么对两种文化都是不公平的。理解这一点，对于理解葛浩文的翻译思想至关重要。

那么，葛浩文是如何将这样的翻译思想体现在其翻译作品之中的呢？换句话说，在考虑到读者接受和作者原意传达的基础上，葛浩文怎样去体现其翻译思想呢？

第一，在征询作者意见的基础上，在翻译中局部地对作品加以改变。葛浩文在接受采访时，曾经多次提到这样的案例。比如，他在翻译刘震云的小说《手机》时，曾经提议作者允许他将第二部分的第一节，大概有6-8页的样子，放在小说的起首。因为该小说采取的是时间先后的叙述方式，从30年前回忆起，等到进入现代社会时，就已经是在40页之后了。在他看来，在中文世界中，这没有问题，因为中国人喜欢按时间顺序讲故事，但在英语世界中，读者一定会认为这本小说很无聊。经他改变之后，小说先从当代社会谈起，然后再有倒叙的方式，这在英语世界中，读者完全可以接受。[7] 事实证明，葛浩文的翻译策略是正确的。在与他合作的中国作家之中，这种现象是常见的。他曾经谈到说，莫言曾经跟他说，这个作品已经不是我的了，这个作品是您的了，

1 转引自曹顺庆、王苗苗，翻译与变异——与葛浩文教授的交谈及关于翻译与变异的思考，《清华大学学报》，2015年第1期，第126页。

2 葛浩文，我行我素：葛浩文与浩文葛（史国强译），《中国比较文学》，2014年第1期，第45页。

3 胡安江，中国文学“走出去”之译者模式及翻译策略研究，《中国翻译》，2010年第6期，第13页。

4 刘云虹、许钧，文学翻译模式与中国文学对外译介——关于葛浩文的翻译，《外国语》，2014年第3期，第12-13页。

5 葛浩文，中国文学如何走出去，《文学报》，2014年7月3日。

6 同上。

7 Andrea Lingenfelter, “Howard Goldblatt on How the Navy Saved His Life and Why Literary Translation Matters,” *Full Tilt: A Journal of East-Asian Poetry, Translation and Arts*, Summer 2007 issue of “the Interview Issue.” See: http://fulltilt.ncu.edu.tw/Content.asp?I_No=16&Period=2

它只不过写有我的名字和作品上有我的版权而已，但（您在翻译时），它就是您的了。葛浩文对这样的态度极为赞赏。[1]像这样的翻译，是带有葛浩文标志的“翻译”。并非所有翻译家都可以与作家有如此密切之关系，也未必能获得作家如此这般的信任。

第二，在具体文本之中，我们也可以想见，葛浩文绝不会采用所谓忠实于原文的直译法，而是我们通常所说的“意译”，甚至比“意译”还要更严重一点，他的翻译在某些地方或者某些部分，采用的是“改写”（rewrite）式的翻译。在我们看来，所谓“改写式翻译”，是根据原文的深刻内涵，在译入语中寻求更加恰当的、地道的语汇而非仅只是与原文词语对应的语汇去呈现。

比如，在姜戎的《狼图腾》中有这样一句话：“熊可牵，虎可牵，狮可牵，大象也可牵。蒙古草原狼不可牵。”葛浩文对此的译文是：“You can tame a bear, a tiger, a lion, and an elephant, but you cannot tame a Mongolian wolf.”针对“牵”字的翻译，就连懂英语的作者（姜戎）都认为，应该用“pull”（拉、拽、牵），因为“tame”（驯服）这个词不够有力，无法表达狼在被绳索拉紧后，四爪流血但还是一动不动的犟。还有人建议用“tug”（猛拉、猛拽、用力扯）。也许从字面意义上讲“pull”和“tug”与汉语“牵”字的意象比“tame”更加吻合，但是对英语读者来说，“pull”把一个严肃的场景变成了一个滑稽的画面。要是动物不乐意的话是拉不走的，所以葛氏认为用“pull”来翻译“拉”是行不通的。而在英语中，“tame”所诠释的就是狼的桀骜不驯，马戏团可以看到驯过的熊、老虎、狮子或大象，但是没有驯过的狼。因此“tame”所传递的信息已经很清楚了。[2]

再如，葛浩文在姜戎《狼图腾》的翻译过程中，甚至对原文中过多涉及中国历史与文学典故的部分，一律做了删减处理；而在可能妨碍读者接受的地方，又有意识地在正文相应部分增补相关背景信息。[3] 在2013年5月美国普渡大学（Purdue University）举办的第六届中美比较文学研讨会上，葛浩文在做主旨发言后回答问题时，曾提到中国小说中经常出现一些短句如：“他坐在桌子旁边。他站了起来。他走到门口。”他认为，在英语翻译时，他根本无法参照原文这样去“忠实地”翻译，而只能按照英语思维把这些短句整合成英语读者熟悉的一个长句，以免看上去支离破碎又拖沓冗长。

当然，对于这样的“改写式翻译”，人们的评价就显得千差万别，褒贬不一了。有学者认为，葛浩文的翻译特殊，不是逐字逐句逐段的翻译，而是“连译带改”。[4] 有学者认为，经过葛浩文翻译的小说，已经不再是中国文学，而是带有英美文学特征了。还有学者通过基于语料库的考察，从数字上更有力地证明了葛氏的翻译小说具有明显的美国英语原创文本的特征，而且与普遍的英语翻译文本有明显的差异。[5]

葛浩文对此的辩解是，“我做翻译不须借助高深的理论，而是像作家或诗人那样，一边写，一边摸索最恰当的表达方式”。[6] 有学者指出，葛浩文在翻译中国小说之余大量阅读本土英语小说，学习了解作者如何遣词造句，同时指出很多做翻译的人英文书籍读得不够。[7] 我们对此的解读是，宏观而言，葛浩文作为译者不仅仅关心所译文本的内容，更关怀文本之外的接受世界，尤其是译入语为母语的文学作品的语言特征和文学规范。就遣词造句来说，葛浩文更注重原文在英语语境中的微妙之处，他希望只有英语为母语的人能够

1 Andrea Lingenfelter, “Howard Goldblatt on How the Navy Saved His Life and Why Literary Translation Matters,” *Full Tilt: A Journal of East-Asian Poetry, Translation and Arts*, Summer 2007 issue of “the Interview Issue.” See: http://fulltilt.ncu.edu.tw/Content.asp?I_No=16&Period=2

2 葛浩文，我行我素：葛浩文与浩文葛（史国强译），《中国比较文学》，2014年第1期，第47页。

3 胡安江，中国文学“走出去”之译者模式及翻译策略研究，《中国翻译》，2010年第6期，第13页。

4 谢天振，莫言作品“外译”成功的启示，《文汇读书周报》，2012年12月14日。

5 侯羽、刘泽权、刘鼎甲，基于语料库的葛浩文译者风格分析——以莫言小说英译本为例，《外语与外语教学》，2014年第2期，第72-78页。

6 葛浩文，我行我素：葛浩文与浩文葛（史国强译），《中国比较文学》，2014年第1期，第37页。

7 李文静，中国文学英译的合作、协商与文化传播——汉英翻译家葛浩文与林丽君访谈录，《中国翻译》，2012年第1期，第57页。

看得懂翻译文本并会产生共鸣，进而拉近读者与翻译文本之间以及和原作者之间的距离。

葛浩文曾说，“译者是人类精神的信使。翻译是不同文化的融合，是创造性的价值生成。虽然翻译中对原著而言会失去一些东西，但这不是译者的错，翻译是必须的。有人说，90%的翻译是不好的。但是，谁不想做那余下的10%呢？”[1]从葛浩文的话中，我们看到了译者的伟大以及无奈。原作随着出版的那一刻就已经冰封凝结，而翻译却是永无止境的工程。尽管翻译是欠额的，但也只有依靠翻译，我们才能在时间、空间上延续优秀作品的生命[2]。这，当然是译者所肩负的神圣使命。

五、译作评论：复杂性、世界性与主观性

长期以来，在学术界和翻译界对葛浩文的诸多评价之中，有人热捧、有人中立，但更多的似乎是各种批评。为此，葛浩文希望人们对他的研究进行宏观式的剖析，从更宽的视角评论其译作[3]。本文对这位近半个世纪以来一直投身中国文学的研究者、翻译者和传播者进行较为全面的宏观评价，不敢自诩客观、公平，但从对他的各种研究特别是对其译作的评论中，我们至少可以看到如下三个方面，是过去在翻译批评当中被忽视的，或者说强调得还不够的，因此，也是值得我们深入思考或者进一步深入思考的问题。

第一，翻译的复杂性。翻译不仅是属于翻译家的产品与成果，它还是翻译过程的一种呈现，其中包含了作者、编辑、经纪人、出版社乃至学者与读者等各种因素。虽然人们常说翻译是个费力不讨好的工作，翻译得好，读者会认为是原作好，译者的功劳往往会被忘记或者忽略，但一旦被认为翻译得不好，译者就要承担所有的骂名。这其中的逻辑是把翻译完全归结为译者一人所为。其实，现当代历史上的翻译，早已不再是过去的模样了。我们不妨来看看葛浩文是如何翻译杨绛的《干校六记》的。最终以英文呈现的*Six Chapters from My Life “Downunder”*，实则为葛浩文、编辑、出版商、作者、学者以及读者合力而为[4]（参见许诗焱，2016）。该书英文题目，先由葛浩文与高克毅（George Kao）和宋琪（Stephen Soong）这两位编辑共同讨论，然后又征询了当时在香港中文大学翻译研究中心访学的闵福德（John Minford）的意见，这才最后确定下来。该书中六个小标题的翻译，葛浩文也都征求了上述两位编辑的意见后才确定。此外，作者杨绛也参与了译稿的修改。《干校六记》的原文只有大约33000字，而流通于《干校六记》翻译过程中的互动信件就多达83封，远远超出了原文字数的数倍。这其中包括小到一字一词的商讨，大到有关历史、文化内容译介的权衡。由此，这篇译作所折射出的译者、编辑、作者、学者等人的努力可见一斑。今天，翻译产品承载的也许不仅仅是译者从源语到译语的简单转换，还包括其他参与人的意见、两种文化之间的周旋、以及多种翻译选择权衡下的妥协和考量等丰富内涵。因此，翻译批评若绕开翻译过程的研究，而只把译本完全归结于译者，恐怕难以探究翻译本质，难免导致翻译批评不客观。

第二，翻译的世界性。除了单纯从语言角度去认识翻译与翻译批评之外，我们还应该从世界文学的角度去反思翻译及其批评。现如今，在倡导“世界文学”的语境下，把“世界文学”划分为国别文学乃至东西方文学，划分为第一世界和第三世界文学，更多的应该是为了学科划分、学术研究之需要，虽然历史上确有西方文学高于东方文学这类充满歧视的现象，也确实有霸权文化与反霸权文化的斗争，但在全球化的今天，在世

1 朱自奋、葛浩文：作者与译者之间是一种不安、互惠互利的关系，《文汇读书周报》，2014年1月8日。
2 Howard Goldblatt, The Writing Life, *The Washington Post*, Sunday, April 28, 2002.
3 葛浩文，我行我素：葛浩文与浩文葛（史国强译），《中国比较文学》，2014年第1期，第41页。
4 参见许诗焱，基于翻译过程的葛浩文翻译研究——以《干校六记》英译本的翻译过程为例，《外国语》，2016年第5期，第95-103页。

界文学被广泛接受的今天，过分强调第三世界文学被边缘化，并且为此要不断进行文化上的反渗透，反倒会让人觉得有俯视亦或自卑于第三世界文学之嫌。葛浩文在批评作家刘索拉的话“这个世界严重西化，凡事都要以‘欧洲标准’或‘美国标准’来评断”时就曾指出:“尽管‘世界文学’这个概念充满了经济的，乃至帝国主义和霸权主义的色彩，但是过分片面地强调各自的文化，又何尝没有一种东方主义或偶尔与之相对的西方主义味道呢？”[1]人人平等的理想永远存在，但在一个并不平等且拥有极端复杂性的世界文学的版图中，如何看待各国文学及其文学遗产，如何使各国文学传统进入世界文学之中，如何使他们可以得到公平的评价，则值得进一步深思。

第三，评价的主观性。翻译批评难免带有个人好恶，评价中彰显主体性也在情理之中，评价中每个人所使用的标准也难以统一。与此相矛盾的是，翻译本身就是仁智互见的过程，而重要的译作或者经典译作往往是一个复杂的集合体，是译者、赞助人、翻译目的、社会文化语境、诗学观念等各种内外冲力碰撞后的产物。如此一来，我们看到的悖论的一面就是，翻译评价总是会远远超出好坏、对错二元分明的评论维度。我们以为，对于像葛浩文这样的翻译家来说，评价他及其译作是个复杂的问题，需要以历史为经，以译介各因素为纬进行多维度的解读。只有这样，才能给出经得起时间检验的客观公正的评价。

结语

本文从译者身份、译作选材、翻译思想以及译作评论这四个方面，试图多维度多视角地解读翻译家葛浩文。作为中国文学的研究者、翻译者和传播者，葛浩文熟识中国文学传统，又能以其独特的翻译技巧去赢得英语世界中读者的共鸣，进而达到推介中国文学与中国文化的目的，其翻译思想及其翻译实践值得我们在中国文化走出去的国家战略中加以认真研究与借鉴。葛浩文无疑对中国文学和中国文化走出国门起到了至关重要的作用，同时也做出了巨大的贡献。我们需要像葛浩文这样热爱并能驾驭中国语言与文学，同时又深谙英语及英语世界诗学、意识形态等要素，并数十年如一日持续关注、研究中国作家、作品并不间断翻译和加以推介的翻译家。在对这样的翻译家及其译作进行评价时，除了关注和细读文本外，还应该多维度、多侧面、系统化地诠释译者及译作，也应该以宏观的视野和更宽广的视角研究译者和其译作。

（作者单位：郭英剑，中国人民大学外国语学院；张丹丹，齐齐哈尔大学外国语学院）

---

1 葛浩文，《葛浩文文集：论中国文学》，北京：现代出版社，2014年，第198-199页。

传承与变异：莱德译本与季羡林译本《沙恭达罗》舞台改编比较研究

刘建树

© 2017 比较文学与跨文化研究（1），134–142 页

内容提要：《沙恭达罗》在英汉语世界的接受中表现的突出特征是多译本竞争与译本变异。1957年季羡林从梵语直译为汉语的《沙恭达罗》出版之前中国已经出现10个左右汉译本。截至1956年，包括英国、美国以及印度境内的《沙恭达罗》英译本已经多达50种。英语世界的《沙恭达罗》被搬演或改编的译本数目多，场次频繁。本文的研究对象是两个典型的英汉语译本。莱德英译本与季羡林汉译本《沙恭达罗》分别在英、汉语文化圈有很强的影响力，并且不止一次被改编为舞台演出的脚本。通过对它们在底本语言、舞台改编、艺术接受等方面进行平行比较，文章探究特定阶段的《沙恭达罗》英汉译本的变异特征、东西方戏剧异同性以及汉英两种文化在舞台接受《沙恭达罗》中表现出的不同文化取向。

关键词：《沙恭达罗》译本 传承 变异

《沙恭达罗》汉译本变异首先体现为译本的转译现象。从梵语直译为汉语的《沙恭达罗》，始于季羡林的译本。1957年该译本由人民文学出版社出版，1980年人民文学出版社出版了《沙恭达罗》复译本。这期间以及之后出版的季羡林译本虽然有不同的印刷方式，但依据的都是1980年版本。在中国大陆首次出现从梵语直译的《沙恭达罗》译本的时候，英语世界从梵语译出的《沙恭达罗》英译本已经呈现出多译本竞争的局面。根据《迦梨陀娑研究参考资料集》记录，截至1956年，包括英国、美国以及印度境内的《沙恭达罗》英译本已经多达50种；仅在季羡林译本出版的20世纪50年代左右，就有9种英译本译出。[1] 可见《沙恭达罗》的英汉语译本在数量上明显不平衡。另一方面，仅就舞台表演来说，英语世界的《沙恭达罗》不仅被搬演的译本或者改编本数目多，场次也很频繁。威廉姆斯在自己的《沙恭达罗》译本前言中曾提及当时印度的报纸对搬演《沙恭达罗》盛况的报道[2]。在整个欧洲、尤其在德国，《沙恭达罗》曾被频繁搬演于舞台：A v Wolzogen、Max Muller等人的舞台改编尽量剔除剧中的超自然内容、弱化剧本叙述性特征以及对神话因素的规避，导致了演出的失败；L von Schroeder的改编则保留《沙恭达罗》原剧的叙事特征，所以演出效果还得到一定的认可。[3] 在美国，莱德译本以及约翰逊译本也曾被搬上舞台，后者在翻译之初就是为舞台准备的[4]。本文的研究对象是在英汉语两个世界很有影响力的两个《沙恭达罗》译本。莱德译本与季羡林译本《沙恭达罗》都曾被改编为舞台演出的脚本。通过对它们在底本语言、舞台改编、艺术接受等方面进行平行比较，探究特定阶段的《沙恭达罗》英汉译本的变异特征以及由此反映的东西方戏剧异同性。

1 Satya Pal Narang, *Kalidasa Bibliography*, New Delhi : Heritage Publishers, 1976, pp. 169-173.

2 M. M. Williams Kalidasa, *Sakoontala or The Lost Ring*, Hertford: Stephen Austin, 1855, pp. ix-x.

3 Maurice Winternitz, Moriz Winternitz, *History of Indian Literature: Classical Sanskrit Literature (III)*, trans. S. Jha, New Delhi: Motilal Banarsidass Publ., 1986, pp. 242, 243.

4 W. J. Johnson Kalidasa, *The Recognition of Sakuntala*, Oxford: Oxford University Press, 2001, p. xxxii.

一、《沙恭达罗》在英汉语世界舞台搬演底本比较研究

莱德英译本《沙恭达罗》初版于1912年，1959年重印本《沙恭达罗》序言的作者G. L. Anderson在序言之后同时提供了一个参考文献目录，而且对当时已经出版的各种英译本的《沙恭达罗》进行了系统评价。G. L. Anderson认为在这份译本名单中莱德英译本《沙恭达罗》是最出色的；其他如威廉姆斯的1876年版英译本因其注释的独特价值、皮舍尔校订本因质量更可靠而榜上有名。[1]卡利的英译注释本在印度国内被认为校订得最可靠，而威廉姆斯译本以及莱德译本也是很受欢迎的英译本。在汉语界，尤其中国大陆，自从季羡林译本《沙恭达罗》问世以来，其他英法转译本《沙恭达罗》都已基本退出读者视野[2]。因此从译本的地位来看，把季羡林译本与莱德译本《沙恭达罗》的舞台改编与接受现象进行比较，一定程度上反映了《沙恭达罗》在英汉语世界舞台搬演的概貌。为了解二者的舞台改编文本情况，我们需要对它们所依据的剧作底本，尤其对从同一种传本——孟加拉传本——梵语译入英汉两种目的语的《沙恭达罗》在语言风格上和文化翻译上的异同略作了解。

季羡林翻译的《沙恭达罗》中剧本语言基本采用直译，而莱德的译本中基本遵循意译的原则。与此相对应，《沙恭达罗》汉译行文较生硬，而英语更加注重语言的音韵等舞台语言效果。

御者（看着国王和鹿）万岁呀！
我看到那只黑斑的鹿，又看到你弯弓欲射，
我就仿佛看到了追赶着一只鹿的湿婆。（季羡林）

Charioteer (looking at the king and the deer). Your Majesty,	
I see you hunt the spotted deer	我看您追猎满身花斑的鹿
With shafts to end his race,	您的箭要终止它飞奔的脚步
As though God Shiva should appear	仿佛湿婆神出现
In his immortal chase.[3]	在追赶神仙（A. W. Ryder）[4]

季羡林译文不仅描述人物动作，也详细地交代了细节，所以信息全面；莱德译文则注意戏剧语言的音韵美，在句式结构上尽量对仗，而且四句唱词采用ABAB的整齐韵脚，戏文朗朗上口。同时，英译文把原文中的典故化入译文，通过“追赶神仙”暗示了湿婆追赶祭神的史诗典故[5]。

优美地弯起脖子，不时对着追在身后的车子看上一眼，
拼命把后半个身子向前缩，害怕射过来的飞箭，
累得张开了嘴，把嚼了一半的青草撒满了一地，
看呀！它跳得很高，简直不是在地上跑，而是要飞上天。（季羡林）

His neck in beauty bends	它转过脖子显出优雅。

1 A. W. Ryder Kalidasa, *Shakuntala and Other Writings*, New York, E. P. Dutton, 1959, p. xxxii.

2 安徽人民出版社2012年年底作为“双璧文丛”之一种，出版了王维克1932年译本《沙恭达罗》，配以Arthur W. Ryder英文译本，但并未就英文译本、译者做特别说明。

3 本节所引用两种译文分别出自以下两种版本：迦梨陀娑著，季羡林译，《沙恭达罗》. 北京：人民文学出版社，1980；Arthur W. Ryder Kālidāsa, *The Recognition of Sakuntala*, New York: Dover Publications, INC., 2003.

4 文中所有戏文英文由本文作者回译为汉语，作比照之用；限于笔力，可惜英文的意蕴美在译文中尽失。

5 印度史诗神话中，湿婆没有被邀请去参加自己的岳父陀刹举行的祭祀而非常生气，尤其当他的妻子自焚而亡，湿婆非常愤怒，现身于祭祀的现场，搅乱了祭祀，并追上了化身为鹿匆匆逃亡的祭祀神，砍掉了他的头。参看：薛克翘，《印度古代神话》，北京：北京大学出版社，1999年，第233-245页。

As backward looks he sends
At my pursuing car
That threatens death from far.
Fear shrinks to half the body small;
See how he fears the arrow's fall!
The path he takes is strewed
With blades of grass half-chewed
From jaws wide with the stress
Of fevered weariness.
He leaps so often and so high,
He does not seem to run, but fly.

视线转向后方，
盯着紧紧跟随的猎车不放，
仿佛担心自己要把命丧。
惊恐让它缩小了一半，
利箭叫它如此不安。
它逃过的路上，
散乱开的草咀嚼了一半。
鹿儿已经惊恐得无暇顾及。
疲于奔命，气息奄奄；
仓惶蹦跳不得喘息，
仿佛就要飞起。(A. W. Ryder)

此处汉译文也在极力追求原文音韵整齐的特点，如一、二、四行结尾"眼"、"箭"、"天"的押韵就很整齐；与英译相比，在节奏、韵脚方面略逊色。以下的两种译文也有这样的特点：

我眼睛里看着小的东西忽然大了起来。
分成两半的东西仿佛又重新合拢。
天生是弯的东西在我眼睛里变成直的。
远近没有一件东西停留住，哪怕只是一秒钟。(季羡林)

As onward and onward the chariot flies,
The small flashes large to my dizzy eyes.
What is cleft in twain, seems to blur and mate;
What is crooked in nature, seems to be straight.
Things at my side in an instant appear
Distant, and things in the distance, near.

马车腾起飞奔向前，
双眼晕眩物象万千。
分明割开，却似合拢；
分明弯曲，却似笔直。
分明近在咫尺，瞬息渐远，
分明远不可及，却又近前。(A. W. Ryder)

英汉两种《沙恭达罗》译本在各自的文化语境中，除了对语言的不同处理之外，对剧中相关文化内容的传达中也采用了不同的策略。季羡林翻译的《沙恭达罗》对剧情中的文化内容大多采用页脚注释，而莱德的译本基本采用文内意译，将相关的文化内涵化入文内，或者忽略不译。试举数例：

国王这个女孩子可能是一个跟父亲不同种姓的母亲生的。但是我也可能想错了。

她无疑地可以跟一个刹帝利结婚。

我简直是为她颠倒了神魂。(季羡林)

King. May I hope that she is the hermit's daughter by a mother of a different caste? But it must be so. 她该是隐士的女儿，但她的母亲必定是另一种姓。

Surely, she may become a warrior's bride; 她也就自然可以嫁给武士。(A. W. Ryder)

在汉语译文中，译者在页脚注释中解释了关于印度种姓制度对跨种姓婚姻的相关规定：印度习俗不允许种姓间的通婚。国王疑心沙恭达罗属于婆罗门种姓（而自己属于刹帝利种姓，因而不能通婚）。[1] 而英语译文则忽略了可能给读者带来

1 迦梨陀娑著，《沙恭达罗》，季羡林译，北京：人民文学出版社，1980年，第11页。

阅读障碍的文化信息。[1]

它是苦修的一个有形体的障碍，驱散了鹿群。

御车惊起了一只大象闯进了法林。（季羡林）

He puts the deer to flight; some evil thing
He seems, that comes our peaceful life to mar,
Fleeing in terror from the royal car. (A. W. Ryder)

它惊得鹿群四散逃奔。
它如罪恶之躯，要侵扰我们的静修生活；
受了王家列队的追猎，正惊慌逃窜。

在英译文中，大象被比喻为“罪恶之躯”，但并无文化象征意义；在汉译文中，季羡林的注释对侵扰静修者的侵入者进行了分类：“对‘苦修’来说，一般的障碍都是魔鬼造成的，因而是无形的。这只大象却是一个有形体的东西。”这一注释除了对古印度净修林这一文化现象的一些细节进行说明之外，主要是丰富了剧情内涵，并与上文沙恭达罗身世叙述中，仙人“苦修”受到弥娜迦干扰这一细节形成互文。

尽管从梵语直译的英汉语《沙恭达罗》译本在文化翻译中采用不同策略，在文化内涵与戏剧艺术的表达方面也不无遗憾，但依据它们改编出的舞台剧本，尤其是汉语的舞台版《沙恭达罗》，受到观众的热烈欢迎。

二、《沙恭达罗》在英汉语世界舞台搬演中的变异比较研究

由于国内外对《沙恭达罗》在理解与接受上的差异，以及文化传统、文化政策诸多方面的不同，《沙恭达罗》英汉舞台改编本的接受也就产生了一些分野。其中，英语世界的《沙恭达罗》舞台改编本大多都公开发行，可资参考、研究[2]；中国曾于1957年、1982年两度在话剧舞台搬演《沙恭达罗》，[3]虽然舞台搬演本与季羡林译本差异悬殊，但并未见公开出版[4]。因此下文有关舞台搬演中的变异比较研究，所依据的材料并不对等：英语世界的舞台研究主要基于莱德与Garnet Holme合作的改编本，汉译《沙恭达罗》舞台改编则是围绕有关1957年演出的一些直接或间接的材料。下文除追踪两种舞台本的语言特点以及文化意蕴的表现之外，主要探索英汉舞台改编对《沙恭达罗》在戏剧结构、人物角色以及印度文化特色的接受与变异情况。

关于《沙恭达罗》英汉改编本的戏剧语言特点比较，因为两种语体的变化过大，我们只能选择普通读本与舞台本相互比照的方式进行。在普通阅读本中出现的国王与车夫之间的对话，舞台本中已经略去，歌唱、吟诵的内容被大量裁剪，戏文中主要是舞台对话的内容，因此韵脚整齐的诗体已不多见，但保留下来的内容仍然保持了优美的诗体语言特点，不仅清晰、易懂，形式上也保留着整齐的韵脚：

1 Ryder graduated from Harvard and took his Ph.D. in Germany, and then worked with C. R. Lanman on Sanskrit texts for the Harvard Oriental Series before coming to Berkeley(Ryder本人毕业于哈佛，在德国获得博士学位，随后与C. R. Lanman共事，一同研究翻译《哈佛东方古典系列》，随后来加州大学伯克利分校供职。时值1905年左右). 见Classics at Berkeley: The First Century 1869-1970: 25 Fontenrose, Joseph E, [EB/OL]. http://escholarship.org/uc/item/5066c75h#page-2 2013-01-16.

2 据Satya Pal Narang研究，1826年，Gilchrist J. B. 曾出过舞台本，Wright, Alice Morgan 曾于1904年依据 M. M. Williams译本对该剧进行翻译改编。见Satya Pal Narang, *Kalidasa Bibliography*, New Delhi: Heritage Publishers, 1976. pp. 193, 194。Laurence Binyon and Kedar Nath Das Gupta, *Sakuntala*. London: Macmillan & Co., 1920; Arthur William Ryder Kālidāsa, *Shakuntala: an acting version in three acts*, Berkeley: California University Press, 1914；W. J. Johnson Kalidasa, *The Recognition of Sakuntala*, Oxford: Oxford University Press, 2001.

3 季羡林在“喜看《沙恭达罗》重新公演”一文中曾提及“印度古典名剧《沙恭达罗》继1957年和1959年两度上演之后，又在我们舞台上演出了”。见：季羡林，《季羡林文集（13）》，南昌：江西教育出版社，1982年，第403页。又林克欢等编《吴雪七十年的戏剧生涯》中，只提及1957年导演并参加演出《沙恭达罗》，并未有关于1959年导演与演出的相关信息。

4 据笔者了解，该舞台改编本截至2012年底，收藏于国家话剧院，并不对外界公开，也不得复制。

It is my body leaves my love，not I;	身体离开的心上人，人还在那里；
My body moves away, but not my mind;	身体离开的心上人，心里还想念。
For back to her my struggling fancies fly	脑海里我总与她形影不离，
Like silken banners borne against the wind.	如同风吹动旗帜，但吹不动旗杆。
(A. W. Ryder)	

在文化信息层面，改编者强调改编本的重点之一在“突出西方观众比较陌生的地方”。与译本《沙恭达罗》比较，改编本中有关的神话内容，比如陀哩商古的典故也已经被删除；因此英语的编译者对舞台上的《沙恭达罗》并未严格执行所谓“突出西方观众比较陌生的地方”的改编原则。这种“去印度化”、“去神话化”的取向在整个英语改编本中贯穿到底。例如，改编本第一幕第一场中省去干婆为沙恭达罗祈福消灾、婆罗门净修林的净化、净修士特别着装以及婆罗门招待客人提供洗脚水的情节……[1]剧情中能反映出印度古代独特文化的内容，基本都被删除或者弱化。“去印度化”很突出的表现形式之一，是改编本为了突出剧本的动作性，表现出紧凑的剧情节奏，原剧中大量优美的、韵体抒情诗都被删去。偶有保留，也是剔除印度文化内涵的部分而保留比较中性的描写或抒情语句。

从总体特征来看，英语舞台改编本《沙恭达罗》较之于阅读本，具有以下几个突出特点：

第一，如上所说，改编本“去印度化”、“去神话化”的改编取向十分明显，其中重要的内容还包括舍弃了与当时英语世界很不相同的充满道德教化意味的大量台词；“去印度化”的倾向还表现为对原剧中充满描写女性外表的、充满艳情的抒情诗句的删减，尤其第一幕中隐身树后的国王看到沙恭达罗之后各种场景中的感情抒发。

第二，在戏剧情节方面，改编本也较原剧有非常大的改动：不仅在分场上采用与原剧完全不同的标准，而且在剧情发展、情节的内涵方面都对原剧进行了非常明显的变异。改编本的场次变化采用落幕的方式而不是原剧中的人物退场。在分场上，改编本主要依据剧情发生的场景变换，把原来的七幕剧改编为三幕，其中原剧中的前四幕剧情基本都被归入改编本的第一幕，因为期间的故事情节主要在净修林展开；这样处理后剧情的动作性、戏剧节奏大大加速；第二幕的两场戏分别在净修林和王宫中展开，第一场浓缩了原剧第四幕林中送别的动人景象，主要省略了原剧中抒情性的诗体内容以及有关沙恭达罗未婚先孕、干婆“苦修”等印度古文化特色的内容。但送别情景在围着圣火的送行仪式中戛然而止，显得唐突。第二场第二幕约略相当原剧第五幕中沙恭达罗宫廷遭拒的情节，但其中的送行人物改成了干婆本人。第三幕第一场主要是审讯渔夫场景，虽然与全剧爱情发展的主线无关，算作侧线，但舞台改编本裁剪的内容反而少，所以占了该场戏的很大篇幅，大概是因为这场戏舞台动作性很充足的缘故。第二场主要是国王审阅海商无子案件引发的悲伤情调，剧情在国王的哀叹中又戛然而止。第二场算是全剧中从原本到舞台本变异最大的部分，也更体现出西方戏剧对印度戏剧的“改造”：戏剧场景选择在原剧的第七幕中天上的圣林中，开场因陀罗的车夫玛塔利采用独白的形式，以韵体诗语言叙述了沙恭达罗与豆扇陀分离之后的情景，先用诅咒引出沙恭达罗与豆扇陀六年前的分离，随后沙恭达罗被带上天生子、教子、受苦、解脱，而豆扇陀则经历奥德赛式寻妻历险，然后诅咒解除，夫妻、父子三人团聚。除了玛塔利歌队领队式的叙述体外，改编本在这一场特别安排歌队在剧情空当低声吟唱，[2]并伴有音乐、灯光等舞台效果。但情节改编也带来了与原剧差异悬殊的内容：国王豆扇陀的真实身份在原剧中一直很

---

1 Arthur William Ryder Kālidāsa, *Shakuntala*: *An Acting Version in Three Acts*, Berkeley: California University Press, 1914, p. 6, p. 7.

2 罗念生说，“古希腊悲剧的结构形式是很严密的，介绍剧情的一场叫‘开场’，此后是歌队的‘进场歌’……喜剧中有‘插曲’，歌队长在‘插曲’中代表诗人发表政治见解或个人牢骚……。改编本《沙恭达罗》虽然在歌队的功能上与此有差别，但是在舞台形式上很显然是采用梵语戏剧“归化”欧洲戏剧的模式。参看：罗念生，古希腊戏剧的演出，《戏剧报》，1961（Z9），第56页。

模糊，但改编本的国王身份在第一幕第一场国王想替沙恭达罗解围时通过自己独特的语言特征透露给三个静修女；而人物身份问题是《沙恭达罗》丰富内涵的一部分，却在第一幕就戛然而止，改编产生了与原剧不同的艺术效果。原本中沙恭达罗与豆扇陀离别情节并未明写，改写本却改为沙恭达罗送给豆扇陀画像以示提醒。诸多变异不一而足。

在本剧中，编者对剧情的变异还体现为通过移用原剧作者的其他剧作内容来改编情节——因为作为改编者之一的莱德，英译过迦梨陀娑的所有作品，他有充分的资源可资利用。例如改编本最后一幕中的颂神篇就取自迦梨陀娑的《罗祜世系》，只不过进行了缩减。[1]另外，改编者还通过重新创作对情节进行浓缩，比如全剧最后一幕中的叙述情节。

在人物形象的塑造方面，改编本中大量的神话人物（比如原剧中第六幕隐身的天女）以及出场人物身上强烈的宗教文化色彩（比如干婆的"苦修"的动作）都被淡化或者省略，改编本《沙恭达罗》中男主角的大量具有抒情色彩的诗体语言，连同人物在该情景中的角色，都在改编中省略；而在某些细节上，却有意突出女主角。例如原剧中第一幕幕后的声音并未明示是"沙恭达罗"，但改编本增加了"沙恭达罗的幕后声音"的细节，突出女性的声音。

在英语戏剧改编中，一方面通过删减剧中抒情性的吟诵内容，另一方面则通过增加情节的动作性来增强作品剧场性。在序幕中，颂神诗结束之后，舞台改编本在原剧基础上增加了下面的舞台说明："在最后两行颂诗结束之前，舞台经理从右边上"；在舞台经理与女演员都上场之后，增加了舞台说明"二人鞠躬"。为了降低舞台表演的难度，改编了原剧中国王乘车出猎的情节，剧情变为国王与手下徒步出猎，这样自然也就省略了原剧中丑的语言描写。同样，为了实现舞台剧场性，原剧中的一些道具实物化：原剧中只说隐身，改编本增加"树后"的细节，便于道具的使用。同时，在不改变人物个数的情况下，原剧中由两人一起完成的动作，改编本都分别由两人各自完成，增加了演员的动作性；还有，原剧中大量的人物独白，也大都改编为人物对话。

综合而言，莱德改编本《沙恭达罗》是在译本基础上对原作"去印度化"的过程，用西方戏剧模式变异了《沙恭达罗》，包括人物形象、戏剧情节、戏剧意蕴以及"去印度化"的文化取向。与至今仍然在英语世界流行、畅销的纸质译本相比，莱德英译本《沙恭达罗》舞台改编本的艺术魅力已经逊色不少。有关这次改编的演出情况，媒体与受众方面反映的记录并不多见，在2007年秋季版的加州大学伯克利分校南亚研究中心的《新闻简报》中略有涉及：

莱德翻译的《沙恭达罗》是"希腊剧院"（继《小泥车》之后）上演的第二部印度戏剧，剧中的角色、道具、布景包括了几只小熊、一只小鹿、几只孔雀；舞台上还布置了一个莲花池以及两个实景瀑布。[2]

与英语世界《沙恭达罗》的舞台搬演相比较，中国话剧舞台上的《沙恭达罗》，因为没有直接的舞台改编本作为研究对象，我们只能借助一些二手材料来努力还原当时话剧舞台上《沙恭达罗》的文化与艺术特色。从当时的一些媒体报道，以及后来参加演出的演员们的回忆中，可以了解到当时的演出非常成功。[3]

---

1 A. W. Ryder Kalidasa, *The Recognition of Sakuntala*, New York: Dover Publications, Inc. 1959, p. 138.

2 The next Sanskrit epic appeared at the Greek in 1914. A. W. Ryder's translation of Shakuntala was the text for a performance that included bear cubs, a fawn, peacocks, and an onstage lotus pool with two real waterfalls. This show was anticipated throughout the state, as evidenced by a preview in the *Los Angeles Times*. A. W. Ryder translated Shakuntala into English from Kalidasa's Sanskrit original and then created an "acting version" in collaboration with Garnet Holme. The production was staged at the Greek Theater in Berkeley in 1914. [EB/OL]. http://vcro-vm-i002-dev08.berkeley.edu/sites/default/files/Sanskrit.pdf2013-1-21.

3《人民日报》1957-05-20第一版刊载："印度大使举行酒会庆祝中印友协成立五周年周总理和印大使祝'沙恭达罗'的演出"，其中有报道内容"尼赫鲁大使……热烈地祝贺'沙恭达罗'在中国舞台上的成就"。又《人民日报》1957-05-09至1957-05-18每期都刊载中国青年艺术剧院《沙恭达罗》在北京不同剧院上演的信息，其中往往提前两天"票已售完"的信息，有时同一人、同一单位也有限购门票的规定；例如《人民日报》1957-05-09第8版载：今日中午12时售11，12日（只限郊区单位）13，14日团体票，每单位限购50张，携款购票。又《人民日报》1957-09-06至1957-09-08三期连载了《沙恭达罗》完成巡回演出后在首都的三次上演的信息。

首先，我们从各种资源间接了解了当时剧作搬演时的音乐魅力、语言魅力、戏剧结构的成功、以及演出的整体效果；参与戏剧的接受研究的主要是该剧的演员、导演、音乐创作者、戏剧艺术指导以及媒体。这些研究从各个层面比较全面地反映出当时国内对话剧舞台上的《沙恭达罗》的接受情况。

当时，女主角白珊的一段回忆可以让我们感受到当时话剧版《沙恭达罗》的艺术魅力。在白珊的回忆中，1957年上演的《沙恭达罗》话剧版给她留下“动人的情节，鲜明的形象，诗的语言，画的意境”的美好印象。[1]当时担任场记同时担任演出任务的崔秀英在回忆时用四美来形容当时《沙恭达罗》的成功演出：整体美、演员美、音乐美、台词美。她讲到台词美时是这样描述的：“在经过两个多月的排练后，有着音乐韵律的诗句台词洋溢在舞台的仙境中，是那样和谐，听着如此悦耳动听的台词，真是一种美好享受。”[2]而演员白珊对戏剧的语言美有更深的体会：

> “演员……应注意人物语言的韵律、节奏、节拍感。导演对人物语言的要求成为此剧演出风格的一个重要方面……剧本台词是作者写的，但创造性说台词的是演员。”[3]

中国话剧舞台上演员创作性是《沙恭达罗》舞台变异成功接受的重要因素。

《沙恭达罗》的舞台配乐是由刘炽完成的。1951年刘炽曾自己设计《荷花颂》舞蹈，自己作曲，出色完成为迎接印度代表团访华谱写乐曲的任务。在欢迎印度友好代表团的晚会上，《荷花颂》演出时，印度代表团团员们陶醉在荷花仙女那美妙清秀的舞姿和宛转悠扬的舞曲声中；1951年8月，在柏林举行的第三届世界青年联欢会上，《荷花舞》获得了舞蹈和音乐的双奖。[4]这一切预设了刘炽配乐的话剧版《沙恭达罗》的艺术魅力。

《沙恭达罗》配乐的成功，部分是刘炽对印度电影《流浪者》、《两亩地》、《章西女皇》等印度影片音乐研究的结果，又借助《沙恭达罗》导演吴雪从印度使馆借来的一些印度古典音乐，经过聆听与研究，与当时的录音师计永康合作完成的。

《沙恭达罗》演出后不久，印度使馆宴请《沙恭达罗》剧组，周恩来也参加了设在当时和平宾馆宴会厅的宴请。“印度使馆给吴雪（导演）、白珊（女主角）、梅熹（男主角）分别赠送了礼品，最后给刘炽赠送了一尊舞蹈女神，一盒印度全套的古典乐器模型。印度使馆的官员对刘炽说：‘这个剧的配乐，时间划分这么清楚，人物感情表现这么恰当，就是我们印度的音乐家也未必能做到。’”[5]这也从印度文化视角体现出季羡林译本《沙恭达罗》话剧版的成功变异。

《沙恭达罗》话剧版导演对其中印度文化因素的再现非常重视。吴雪为了成功表现剧作的文化艺术魅力，特别邀请了对印度文化与艺术有研究的专家学者，包括季羡林、金克木、吴晓铃、石素真、巫白慧、常任侠等对印度语言、文化、艺术造诣深厚的专家，帮助演员学习《沙恭达罗》当中有关印度生活习俗、种姓制度等知识。除此之外，1957年9月7日的《北京日报》特别刊载了《沙恭达罗》的导演一篇“为《沙恭达罗》作些注解”的文章，吴雪就自己对《沙恭达罗》的结构处理、剧中主要人物沙恭达罗、豆扇陀、宠臣（丑）、男女侍从、干婆、教母、天女等的身份以及各自在剧中的角色、作用等向观众详细说明，以帮助观众更好地欣赏剧作演出。在戏剧情节方面，针对普通观众对《沙恭达罗》情节不太熟悉的情况，吴雪不仅交代了剧情的来源，介绍了剧作的艺术特色以及剧中印度独特的神话故事等，相当于为舞台观众提供了“舞台导视”。毫无疑问，这一“导视”效果对观众欣赏与接受《沙

---

1 白珊，春华瑰丽的《沙恭达罗》，《人民日报》，1982-05-09，第5页。
2 崔秀英，从《沙恭达罗》忆起，《吴雪七十年的戏剧生涯》，林克欢等编，北京：中国戏剧出版社，2001年，第350页。
3 白珊，吴雪导演《沙恭达罗》琐记，《吴雪七十年的戏剧生涯》，林克欢等编，北京：中国戏剧出版社，2001年，第168页。
4 赵征溶，《让我们荡起双桨——追寻刘炽和他的旋律》，北京：人民音乐出版社，2001年，第189页。
5 同上，第210页。

恭达罗》具有重要的铺垫作用，也是《沙恭达罗》受到观众欢迎的重要因素。需要指出的是，在英语世界搬演《沙恭达罗》中，删除王太后派遣信使引出的印度神话因素时，中国话剧舞台却保留了这一情节（通过对比季羡林译本演员表与《沙恭达罗》话剧演员表可知由王培扮演的太后信使伽罗拔伽仍在演员表上）；可惜没有改编本，无法获知详细信息。

当时，研究印度戏剧的专家吴晓铃曾经就这一舞台接受的艺术价值，进行过细致而精到的分析。吴晓铃作为戏剧专家[1]，又精通中国戏剧史，结合中国古代与近现代改编戏剧的经验，谈到如何在异文化环境中搬演《沙恭达罗》的可行性——主要是在斟酌损益原著的过程中，不伤害或者歪曲原作的精神和情趣。明代李景云改编王德信的“西厢记”采取的是保留曲辞、变动场次的作法，从而增加剧本的剧场性；欧阳予倩把清代孔尚任的“桃花扇”由传统歌剧改编成为现代话剧则是实现了戏剧表现手法的成功转换，从而便于观众欣赏、理解。《沙恭达罗》搬上中国现代话剧舞台时，许多台词被删去了，许多人物被舍弃了；但导演在剧中又加进去了一些原作里所没有的东西，主要是四场舞蹈，从而增加了原剧的动作性，同时突出印度作品的歌舞性。面对充满印度神话色彩的《沙恭达罗》，导演把原剧中天上人间最终相会的团圆情景化入女主角的梦境中，从而在保留原作浪漫主义精神的基础上，让中国观众更容易接受。[2]考虑到中印戏剧之间的差异，以及《沙恭达罗》本身剧场适应性特点[3]，中国话剧舞台上的《沙恭达罗》实在是伟大的艺术性变异。如果再考虑到戏剧在中英文化中接受传统的差异以及中英两国当时对印度文化熟悉程度的差异，那么话剧舞台上《沙恭达罗》的成功就更有其突出的艺术价值[4]。

当然，如我们就汉英两种文化对《沙恭达罗》的舞台接受进行平行比较时，发现二者在某些层面存在某些相似性，例如都对情节进行了一定的缩水或改动，也都适当地增加了剧作的动作性；在搬演的初期，都曾有印度文化的艺术家直接或间接地协助演出[5]。但二者在两点上有十分明显的差异：英国舞台上的《沙恭达罗》是去印度化了的《沙恭达罗》，改编中印度文化意蕴尽失；中国舞台上的《沙恭达罗》是在具体表演实践中，结合中国传统戏曲表演手法，而又通过音乐、舞蹈手段充分展现印度戏剧艺术魅力的尝试。在人物塑造上，英语舞台上的《沙恭达罗》突出沙恭达罗形象是以消弱男主角豆扇陀形象为代价的，而中国舞台上的《沙恭达罗》却做到对主要人物充分的、丰满的塑造。[6]

最后就《沙恭达罗》汉语舞台变异中戏剧体例选择问题稍加说明。如前文所述，卢前译本已经译成南戏体例，1957年上演的《沙恭达罗》却采用话剧体例。这可以从主观的选择性与客观的限制性来理解。主观上，一方面，话剧作为新生剧种，适合反映新的艺术内容；另一方面，在当时新中国“百花齐放，百家争鸣”的文艺方针下，

1 金克木论及自己的学问近况时，曾谦虚地提及，“吠陀近读数章，译为六言八言，实难信雅。晓铃兄专攻梵剧，或当有成。”参见金克木，致沈从文，《风烛灰：思想的旋律》，北京：三联书店，2000年，第215页。

2 吴晓铃，谈“沙恭达罗”的导演处理，《吴雪七十年的戏剧生涯》，林克欢等编，北京：中国戏剧出版社，2001年，第163-166页。

3 Arthur Anthony Macdonell, *A History of Sanskrit Literature*, New York: D. Appleton and Company. 1900, p. 299：“迦梨陀娑的最好剧作都不适合于舞台演出，一方面由于剧中人物的细腻情感无法通过舞台表现，另一方面剧情本身也缺乏动作性，所以舞台演出很难给观众呈现如剧本给读者呈现的那种文学效果。”

4《剧本》1959年04期第60页：首都各剧院演出和将演出的外国戏——春天以来，首都各剧院为了满足广大观众的需要，在演出我国剧目的同时，也排演了一些外国剧目。中国青年艺术剧院已先后再度上演了该院保留节目“沙恭达罗”和“娜拉”，该院今年还将演出“第一次打击”。

5 “1912年William Poel再次把《沙恭达罗》搬上英国舞台。这次演出采用室内复合景舞台，参加演出和协助演出的是英国人和印度人。”见刘建树，《沙恭达罗》在英美戏剧舞台的演出传播史研究，西安电子科技大学学报（社会科学版），2013（1）：67-73；《人民日报》1957-05-09第8版刊载《沙恭达罗》首演信息中，有关演职人员一览有“舞蹈编排：辛格夫人”字样。又《人民日报》1957-04-03第6版刊载“印度舞蹈家卡玛拉·拉克希曼访问演出”的消息；吴雪在“《艺耕集》序”译文中提到“在剧院排练《沙恭达罗》……的过程中导演和演员们还曾和印度……等国的艺术家们进行过学术交流和探讨。”见：林克欢等编．吴雪七十年的戏剧生涯．北京：中国戏剧出版社，2001年，第99页。

6 有关英汉两种译本的《沙恭达罗》搬上舞台后的人物形象比较，请参看本文“附录六英汉语世界《沙恭达罗》舞台人物形象比较”。

可以通过外国戏剧的内容来丰富中国话剧的发展，而当时话剧表演中比较开放的政策也促成了《沙恭达罗》的舞台搬演[1]。从客观的限制性来说，用传统戏曲形式搬演外国戏剧，存在着很大的艺术形式的限制。1956年左右国内才开始了探索话剧艺术向传统戏曲学习与借鉴的步伐，[2]因此在当时的条件下，用传统戏曲改编《沙恭达罗》，艺术形式之间的差异也形成客观的限制。

（作者单位：西安电子科技大学外国语学院）

1 葛一虹，《中国话剧通史》，北京：文化艺术出版社，1997年，第355，364，380页。
2 同上，第381页。

English Abstracts

Several Issues on Contemporary Foreign Literature

Abstract: After smashing the old tradition, foreign literature and literary theory are far from being innovative. Although there have been many "turns", they lead only to dispersive pluralism. Hence, the phenomenon of "Actors Perform in succession" becomes a synchronic carnival. This situation is the normal state not only at present, but also an "internationalized" normal state in the predictable future, which corresponds to the development of transnational capitalism. In the meantime we should be aware that many foreign scholars, including western scholars, still spare no efforts to explore literary canons, or resort to "ontological interpretation" and "traditional methodology". Equipped with all kinds of contemporary literary theory, they tend to take a utilitarian attitude: if a certain theory is useful, they make use of it; otherwise, they abandon it. However, recently some scholars of foreign literary studies in China, with or without intention, conflate Goethe's cosmopolitanism with Marxist internationalism, thus blurring the borders between utopianism and science.

Key words: turn; cosmopolitanism; internationalization

On Academic History of Oceanic Literature in Multicultural Perspective

Abstract: Oceanic literature marked by multicultural characteristics is a componential part of world literature, the achievements of which catch more and more attention of readers worldwide. It is found that, ever since 1970s, two striking shifts in Oceanic literary criticism, from the pragmatic to the theoretical, then to the cross-disciplinary are becoming all the more transparent. These changes are propelled by the social intellectual movements in the area and the globalization trend as well. This article attempts to expound its features of the academic thoughts transformation and the values of studies of Oceanic literature in multicultural perspective through data analysis of multicultural phenomenon, Oceanic literary theories, histories of literature, and criticism on writers and works.

Key words: Oceanic literature; the multicultural; literature of Australia; literature of New Zealand; literature of South Pacific Islands

A Message on Cultural Inclusiveness from Australia One Century ago: E. W. Cole and *Better Side of the Chinese Character*

Abstract: E. W. Cole is an Australian scholar and publisher. When "White Australian Policy" was in power he courageously challenged the prevailing ideas, doubting the rationality of this policy and criticizing the discrimination against Asian, especially Chinese people. In 1905, he published a book titled *Better Side of Chinese Character*, pointing out that the Chinese were not barbarians, and the reason lies in certain people's fear towards the Chinese. This essay will study the book and search for the roots of the discrimination, analyzing who are the real barbarians from an etymological point of view, and also exploring the relationship between the book and the Chinese national spirit. The paper aims to shed light on how to understand and deal with the current refugee problems and the difficulties in the mutual understanding between different cultures. This essay maintains that the solution proposed by Cole is to return to humanity – "kindness", "love" and "sympathy". Although his idea is ahead of both his time and the present time, his own publishing achievement, especially children's books, embodies the forces of humanity and extends human horizons.

Key words: Barbarian; Humanity; Fear; Chinese national spirit; Cole

Cloudstreet: A Magical Realistic Novel Recollecting the History

Abstract: *Cloudstreet* is a historic novel about splitting and reconciliation, a magical realistic novel about aboriginal culture. It mainly describes Australian history, although it seems just about the ordinary people's life around two Australian families. The novel is imbued with so many themes and humorous language that readers can realize classic glamour and the main characters' sadness, loneliness and even suffering. Winton tries to highlight the impact of aboriginal culture on white Australian culture and achieve the multicultural harmony by means of the compromise, tolerance, fusion and reconciliation of both aboriginals and white Australians.

Key words: *Cloudstreet*; history; intertextuality; magical realism; aboriginal

Identity Anxiety and Sortie: Milan Kundera's Transcendence on Immigration Identity

Abstract: With the appearance of globalization, immigration has become remarkable, and the problem of "identity recognition crisis" has been increasingly concerned. As an immigrant writer, Kundera's experience is quite representative, and at the same time, he is also a writer who thinks deeply about the problem of identity recognition. In Kundera's creation, identity, recognition, return is an important topic of his concern. Returning to his homeland and fully becoming an immigrant could not eliminate the sense of anxiety that has been accompanying him, but he tries to transcend identity crisis through deconstruction, and create a home for himself. The first one is to create novels by the exploration of "existence" to transcend ethnic, national and social identity. The second one is through the construction of "grand European novel history" to establish a location of his own novels in the novel history. Through the above two ways, he tries to fight against identity anxiety and return home.

Key words: Milan Kundera; identity; recognition crisis; existence

Gains and Losses of Russian Symbolist Drama within the Context of "Green Tea Bitch"

Abstract: A series of female characters with a heavenly appearance but immoral behavior could be found in Russian symbolist drama. They reflect the thoughts of Russian symbolist playwrights on people and world in the system of metaphysics. Ignoring the context leads to the misunderstanding of the characteristics of Russian symbolist drama. Starting from the unique female character, the paper will examine three new elements of symbolist drama and the certain result of innovation.

Keywords: Russian symbolist drama; Eternal feminine; non-adversarial relation; ritualized drama scene

On the Tension of "Becoming" in *Fraud*

Abstract: The contemporary woman writer Anita Brookner is remarkable for her depiction of the single intellectual woman Anna Durrant in *Fraud.* From a small outdated apartment to the open metropolis Paris, the protagonist Anna smashes the traditional shackles and reconstructs the spiritual homeland, conforming to Deleuze's thought of "becoming". Through a closing reading of *Fraud,* this essay attempts to trace the protagonist's growth trajectory from the perspective of Deleuze's philosophy of "becoming-woman". Furthermore, this paper analyses the mode that the dynamic "becoming" is presented in the portrayal of the protagonist: from Anna's depression, suppression and the collision of the particles during the process of becoming differences to the tension of "becoming-woman", "becoming" stimulates the desire whose continuous force injects the new vitality into the marginalized women, which brings hope for a bright future.

Key words: Anita Brookner; *Fraud*; Deleuze; becoming-woman; line of flight

Symbols, Morality and Becoming: Animals in Iris Murdoch's Novels

Abstract: In Iris Murdoch's novels, the images of animals are closely related to characters and plots. Animals created by Murdoch are metaphors of her characters, symbolizing their being and relationships with others on one hand, and on the other hand they serve as a moral guide for Murdoch's characters as well. For those characters who are in fantasy, Murdoch's animals not only play the role of moral judge and witness in the progress of their moral growth, but also help them get rid of fantasy and refresh their being through what Deleuze calls becoming-animal. Murdoch's depiction of animals and human-animal relations in her novels reveals both the fall of anthropocentricism and the recognition of animal's subject in postwar Britain, and her moral ideas of learning, and her concern with details and the particulars.

Key words: Iris Murdoch; animal; symbol; moral witness; becoming-animal

Memory of Violence and Female Identity in Duffy's Poetry

Abstract: Carol Ann Duffy, the present Poet Laureate of Great Britain, has represented four kinds of female characters in memories of patriarchal violence in the form of dramatic monologue: frail and silent under violence, or coming back to life to recount the political violence they suffered when alive, or coming to tragedy after committing crimes of violence, or heroically fighting male dominance with violence. Through these dramatic monologues, the poet exposed, criticized and subverted patriarchy.

Key words: Poetry by Duffy; memory of violence; female identity; patriarchy; subversion

Sound of Loneliness: Research on the Misreading of Auden's Early Poem

Lü Bing.. 68

Abstract: This article focuses on the misreading of W. H. Auden's early poem "O, what is that sound" and makes an intertextual interpretation between the poem itself, the painting it refers to and the bible metaphor it signifies on the basis of Auden's own words. Then the author analyzes the dualism between divinity and humanity, science and literature of the poem, and reconciles these relations from the aspect of religion in terms of "agape" and "Jen" of Confucianism. After that, the author gets the conclusion that Auden's religious conversion in 1940s is not abrupt and interprets the culture motivation behind the misreading——the decline of England's religious culture.

Key words: Auden; religion; misreading

Grotesqueness and Terror: Aesthetic Effect of Burkean Sublimity in *Absalom, Absalom!*

Hu Ying.. 77

Abstract: In *Absalom, Absalom!*, William Faulkner vividly depicts the ugliness of human nature reflected in the terrible, old American South. The ugliness of the dead world thus brings such painful feelings as grotesqueness, terror, and death to the readers. However, the readers, rather than discouraged, have been constantly challenged and fascinated by the fictional world. How can we account for this phenomenon? Edmund Burk's theory of the sublime, which focuses on "terror" and "death", provides a unique perspective to Faulkner's exposure and criticism of the "ugliness" and "evil" of the Southern patriarchal culture. By employing such elements as power, darkness, ugliness, grotesqueness, terror, and death, Faulkner managed to probe into the fates of the male and the female as well as the tragedy of the family. In this process, an aesthetic effect of Burkean sublimity is created in the work, revealing the writer's criticism of the injustice of the patriarchal society and his intention to save it. Ultimately, the conflict between the ugliness of the fictional world and the beauty of the artifact is reconciled.

Key words: Edmund Burke; sublime; William Faulkner; *Absalom, Absalom!*

Aesthetics and Religious Spirit: on Dostoyevsky's Influence on Tsi-an Hsia

Gong Gang.. 84

Abstract: The Russian novel master Dostoyevsky and his works have a great influence on the circle of Chinese literature and art. This influence is a fairly important issue relating to the introspection and innovation of Chinese literature, and even of Chinese culture. According to the lately published *The Epistles of Chih-tsing Hsia and Tsi-an Hsia* (The Chinese University Press, 2015), it is obvious that the Xia brothers, who are the representatives of the field of overseas Chinese-language literature criticism, are deeply influenced by Dostoyevsky, especially Tsi-an Hsia. The novels of Dostoyevsky have not only expanded Tsi-an Hsia's literary vision, affecting his aesthetic thinking, but also have shaped his disposition and his way of perceiving the world. This is an immersive enlightenment instead of an implantation of foreign culture. Tsi-an Hsia greatly respected Dostoyevsky and considered him as the mentor of modern Chinese novelists in the same way as Lu Xun did. The writing orientation which is to ponder over human nature and the value of life through literary narration and his serious writing style manifested in Dostoyevsky's novels were in concordance with Tsi-an Hsia's disposition, and became the ideological basis of Tsi-an Hsia's values of literature and art. Referring to *Crime & Punishment* and *The Brothers Karamazov*, Tsi-an Hsia pointed out: "Modern China lacks a kind of morally serious literature that is individual-centered rather than a society-centered kind." This viewpoint accords with Lu Xun's plaint that modern Chinese novels are "so far behind" of masterpieces like *Crime & Punishment*. In the history of modern Chinese novels, it is true that modern China lacks masterpieces that interrogate human nature and deeply introspect crime and punishment as well as crime and redemption so as to urge readers to introspect themselves. Even in contemporary China, such vast, complex and profound "moral introspection works" and "philosophical novels" have not appeared yet. This essay looks into Dostoyevsky's influence on Tsi-an Hsia, and elaborates the illuminations of Dostoyevsky's Aesthetics and Religious Spirit to Chinese literature through three perspectives: Tsi-an Hsia's reception of Dostoyevsky and his criticism on Dostoyevsky, Dostoyevsky's influence on Tsi-an Hsia's view on literature and art, and Dostoyevsky's influence on Tsi-an Hsia's writing orientation as well as life attitude.

Key words: Tsi-an Hsia; Chih-tsing Hsia; *The Epistles of Chih-tsing Hsia and Tsi-an Hsia*; Dostoyevsky; philosophical novels; moral introspection works; religious spirit; defects of modern Chinese literature

The Citizen of the World: China's Critic in Grubstreet

Abstract: Through their understandings of Chinese language, people like Webb idealize China's history, political system, morality, and religion, but *The Citizen of the World* denies and criticizes their idealization of China. It also criticizes and satirizes the prevalent chinoiserie in Britain from the point of view of classicist aestheticism. The criticism and satire of China in *The Citizen of the World* is Goldsmith's catering for the reading market as a dunce in Grubstreet. In this sense, the criticism of China in *The Citizen of the World* is more representative of the public opinion in the middle 18th century Britain.

Key words: *The Citizen of the World*; Chinese language; taste; Grubstreet

Transformation of French écriture féminine in China

Abstract: Since the 1990s, one of the most obvious transformations of western literary theories in China is that of the French écriture féminine. By introducing its major ideas and transformation in China, this essay argues that French écriture féminine has been localized as personalized writing in Chinese creative writing and that in Chinese commercialized context the personalized writing has been perverted into "body writing", or even "pussy writing". This perversion is far more distant from Cixous and Irigaray's original purpose of advocating écriture féminine. As a cultural phenomenon, the clumsy imitation of personalized writing is symptomatic of some Chinese social problems.

Key words: French Feminism; écriture féminine; Cixous; personalized writing; body writing

Ugliness: Unequal to Inaesthetic—A Comparative Study on the Uglitic Appreciation in short stories by Carson McCullers and Mo Yan

Abstract: This paper attempts to compare the similarities of the uglitic appreciation in Mo Yan's Folk Music and McCullers' *A Ballad of the Sad Café* from three aspects: the characterization, the thematic presentation and the aesthetic views on literary creation. It aims for an enlarged room for comparative study on McCullers and Mo Yan, as well as a better understanding of the uglitic appreciation in both Chinese and American modern literature. It is believed that both McCullers and Mo demonstrate the inequation: Ugliness is unequal to inaesthetic, which means that ugliness is not equal to the opposite of beauty, nor is it equal to non beauty. Ugliness, the same with beauty, can also generate truth and kindness. The nature of ugliness is not the opposite of beauty, but its own value and significance. Neither "Treating Ugliness as Beauty" nor "Turn Ugliness into Beauty" affirms the objective being of ugliness.

Key words: Carson McCullers; Mo Yan; uglitic appreciation; *A Ballad of the Sad Café; Folk Music*

Translation: An Activity That Cannot Do Without Cultural Awareness

Abstract: China's cultural classics are a carrier of the country's ideology and culture as well as its art, aesthetics, values and world views, thus, a translation that is faithful to the source text in both content and form becomes vital important. But, these years, many translators at home seldom take notice that our translation efforts have long been off the track and have been lost together with their cultural awareness, a phenomenon especially rampant in the translation of Chinese classics into foreign languages. To introduce Chinese literature to the rest of the world, we should make overall arrangements, integrate and optimize translation resources and at the same time fully understand the essential differences between translating into and from Chinese so as to develop a strong translation awareness. Only when writers and translators have a strong sense of cultural awareness and social responsibility can they help Chinese literature go further and contribute more to the country's literary world. Surely, to make Chinese literature known abroad also requires translators to have a solid bilingual and bicultural foundation and have no hesitation to shoulder social responsibilities, like professor Zhao Yanchun, who is especially known for his faithful, seemingly interlinear, reproduction of Chinese classics, and whose efforts indeed solve the problems mentioned and inspire us to reflect on the phenomena pervasive in the bringing in of foreign cultures and going out of our own culture.

Key words: outgoing of our Chinese culture; cultural awareness; cultural confidence; Zhao Yanchun

On Exporting Chinese Culture in Foreign Literary Studies — Based on *Dan Brown Craze*

Abstract: China has a great deficit in cultural trade. In order to improve the worrying situation, scholars are encouraged to export Chinese culture in foreign literature studies. In *Dan Brown Craze*, an English academic work, which studies the world wide famous erudite suspense novels by Dan Brown, the authors, Zhenwu Zhu and Aiping Zhang consciously and conscientiously incorporated many Chinese elements into their writing while analyzing Dan Brown and his works by quoting copiously literary and cultural concepts and ideas from different times and cultures. The book is based on native perspective. Together with its global writing strategies and release model, the authors' good sense of responsibility and strong cultural and academic confidence, it has set up a quintessence for foreign literature researchers to export Chinese culture.

Key Words: Dan Brown; *Dan Brown Craze*; Chinese Culture Diffusion; Foreign Literature Studies; Native Sense

Interpreting Howard Goldblatt from a Macro-perspective

Guo Yingjian & Zhang Dandan

Abstract: Howard Goldblatt is a great translator, researcher and promoter of Chinese literature. This paper intends to interpret Goldblatt from four aspects: translator's identity, criteria of text selection, translation theories and translation reviews. It is believed that Goldblatt's translation thought and practice can be an immense asset to the national strategy of "Going Out" of Chinese culture.

Key words: Howard Goldblatt; literary translation; translator's identity; criteria of text selection; translation theories; translation reviews

Transition and Variation: a Comparative Examination of the Stage Adaptations of *Sakuntala* from Its Translations by Arthur Ryder and Ji Xianlin

Liu Jianshu

Abstract: The English translations of *Sakuntala* distinguish themselves from their Chinese counterparts with more versions and more variations in content. About ten Chinese versions of *Sakuntala* had been present in China before Ji Xianlin rendered the dramatic piece from Sanskrit into Chinese in 1957 for the first time, and the English versions of *Sakuntala* completed in such English-speaking areas as the Great Britain, America and India about the same time reached fifty in number, with quite a few stage-adapted versions from them. The two versions examined in the paper stand out in English- and Chinese-speaking worlds respectively with their strong influence and repeated stage adaptations. In a comparative study of the script lines, adaptation strategies, and reception, the paper intends to explore the different approaches to variations, adaptations, and cultural differences in English and Chinese translations and receptions of *Sakuntala*.

Key words: *Sakuntala*; translation; transition; variation

图书在版编目（CIP）数据

比较文学与跨文化研究. 2017.1 / 彭青龙主编. -- 北京 ：外语教学与研究出版社，2017.8
ISBN 978-7-5135-9392-2

Ⅰ. ①比… Ⅱ. ①彭… Ⅲ. ①比较文学－文集②比较文化－文集 Ⅳ. ①I0-03②G04-53

中国版本图书馆 CIP 数据核字 (2017) 第 202321 号

出 版 人 蔡剑峰
责任编辑 程 序
封面设计 黄 浩
出版发行 外语教学与研究出版社
社 址 北京市西三环北路 19 号（100089）
网 址 http://www.fltrp.com
印 刷 北京九州迅驰传媒文化有限公司
开 本 889×1194 1/16
印 张 9.75
版 次 2017 年 9 月第 1 版 2017 年 9 月第 1 次印刷
书 号 ISBN 978-7-5135-9392-2
定 价 35.90 元

购书咨询：（010）88819926 电子邮箱：club@fltrp.com
外研书店：https://waiyants.tmall.com
凡印刷、装订质量问题，请联系我社印制部
联系电话：（010）61207896 电子邮箱：zhijian@fltrp.com
凡侵权、盗版书籍线索，请联系我社法律事务部
举报电话：（010）88817519 电子邮箱：banquan@fltrp.com
法律顾问：立方律师事务所 刘旭东律师
中咨律师事务所 殷 斌律师
物料号：293920001